Die aufgegebene Reform

Theodor Schneider

Die aufgegebene Reform

Vergessene Impulse und bleibender Auftrag des Zweiten Vatikanums

Matthias Grünewald Verlag

Diese Publikation wurde gedruckt mit Unterstützung der Laubach-Stiftung, Mainz.

MIX
Papier aus verantwortungsvollen Quellen
FSC® C006701

Für die Schwabenverlag AG ist Nachhaltigkeit ein wichtiger Maßstab ihres Handelns. Wir achten daher auf den Einsatz umweltschonender Ressourcen und Materialien. Dieses Buch wurde auf FSC®-zertifiziertem Papier gedruckt. FSC (Forest Stewardship Council®) ist eine nicht staatliche, gemeinnützige Organisation, die sich für eine ökologische und sozial verantwortliche Nutzung der Wälder unserer Erde einsetzt.

Bibliografische Information der Deutschen Nationalbibliothek
Die Deutsche Nationalbibliothek verzeichnet diese Publikation in der Deutschen Nationalbibliografie; detaillierte bibliografische Daten sind im Internet über http://dnb.d-nb.de abrufbar.

www.gruenewaldverlag.de

Umschlaggestaltung: Finken & Bumiller, Stuttgart
Umschlagabbildung: KNA-Bild
Druck: CPI – Ebner & Spiegel, Ulm
Hergestellt in Deutschland
ISBN 978-3-7867-2922-8

Inhalt

8 Die Dokumente des II. Vatikanischen Konzils
9 Vorwort
13 Einleitung

30 I. Gottes Dienst an uns
30 Hinführung
32 1. Gottes Schöpfung – unsere Lebenswelt
36 2. Jesus Christus – Gottes letztes Wort
38 3. Apostolisches Zeugnis
39 4. Die Heilige Schrift als Mitte
41 5. Lebendige Überlieferung des Evangeliums

45 II. Dienende Kirche
45 Hinführung
48 1. Dreifaltige Gründung
49 2. Kirche als »Sakrament«
50 3. Volk Gottes
52 4. Auf dem Weg ständiger Buße und Erneuerung
55 5. Die eine Kirche an vielen Orten
56 6. Sendung und Verheißung
58 7. Maria – Bild der Kirche
59 8. Gestufte Kirchengliedschaft

63 III. Ökumene
63 Hinführung
64 1. Ärgernis der Spaltung
66 2. Auf der Suche nach Gemeinschaft
69 3. Bekehrung zum Miteinander
70 4. Ökumenische Theologie
72 5. Kirchen des Ostens
76 6. Kirchen im Westen

79 IV. Situation: Die heutige Welt
79 Hinführung
81 1. Inmitten der Gesellschaft

83 2. Auf der Suche nach Solidarität
84 3. Gleichgewichtsstörungen
86 4. Atheismus
90 5. Ringen um das Menschenbild
93 6. Gleiche Würde aller

98 V. Religionen in Begegnung
98 Hinführung
99 1. Religionsfreiheit
103 2. Bereit zum Dialog
103 3. Das Verhältnis zu den Juden
105 4. Andere Religionen (Hinduismus, Buddhismus, Islam)

108 VI. Grundvollzug: Zeugendienst (martyria)
108 Hinführung
109 1. Weitergabe des Evangeliums
111 2. Heilige Schrift und Verkündigung
114 3. Gefährdeter Auftrag

117 VII. Grundvollzug: Gottesdienst (leiturgia)
117 Hinführung
119 1. Gegenwart des Pascha-Mysteriums
121 2. Tätige Teilnahme aller
122 3. Verständliche Riten
123 4. Sakramentale Existenz
125 5. Taufe
128 6. Eucharistie

131 VIII. Grundvollzug: Menschendienst (diakonia)
131 Hinführung
132 1. Hilfe zur Weltgestaltung
134 2. Anwalt der Menschenwürde
136 3. Eheliche Liebe
138 4. Kirche und Kultur
142 5. Wirtschaften zum Wohl aller Menschen
146 6. Christen und Politik
148 7. Dienst am Frieden

154 IX. Sendung der »Laien«
154 Hinführung
156 1. Gemeinsame Würde aller Getauften
157 2. Apostolat der Laien
160 3. Prophetisches Zeugnis in Kirche und Welt
163 4. Gemeinsames Priestertum
166 5. Teilhabe am »Königsamt« Christi

169 X. Aufgaben der Bischöfe
169 Hinführung
171 1. In der Nachfolge der Apostel
173 2. Kollegialität der Bischöfe
176 3. Boten des Evangeliums
177 4. Hirten der Ortskirchen

180 XI. Dienst der Priester
180 Hinführung
183 1. Zu amtlichen Dienern eingesetzt
185 2. Predigt des Wortes
185 3. Bereitung der Opfergabe
186 4. Sorge um die Gemeinde
188 5. Geistliche Bildung
190 6. Ehelose und verheiratete Priester

193 XII. Diakone und Katechisten
193 Hinführung
194 1. Ständiger Diakonat
195 2. Männer und Frauen als Katechisten/Katecheten

199 XIII. Nachfolge im Ordensstand
199 Hinführung
199 1. Leben nach den evangelischen Räten
200 2. Gott übereignet
201 3. Ehelosigkeit
202 4. Armut
202 5. Gehorsam
203 6. Zeitgemäße Erneuerung

206 XIV. Unsere Hoffnung

207 Karl Rahner, Gebet für die Kirche

Die Dokumente des II. Vatikanischen Konzils

AA Dekret über das Laienapostolat »Apostolicam actuositatem«
AG Dekret über die Missionstätigkeit der Kirche »Ad gentes«
CD Dekret über die Hirtenaufgabe der Bischöfe in der Kirche »Christus Dominus«
DH Erklärung über die Religionsfreiheit »Dignitatis humanae«
DV Dogmatische Konstitution über die göttliche Offenbarung »Dei Verbum«
GE Erklärung über die christliche Erziehung »Gravissimum educationis«
GS Pastorale Konstitution über die Kirche in der Welt von heute »Gaudium et spes«
LG Dogmatische Konstitution über die Kirche »Lumen gentium«
IM Dekret über die sozialen Kommunikationsmittel »Inter mirifica«
NA Erklärung über das Verhältnis der Kirche zu den nichtchristlichen Religionen »Nostra aetate«
OE Dekret über die katholischen Ostkirchen »Orientalium Ecclesiarum«
OT Dekret über die Ausbildung der Priester »Optatam totius«
PC Dekret über die zeitgemäße Erneuerung des Ordenslebens »Perfectae caritatis«
PO Dekret über Dienst und Leben der Priester »Presbyterorum ordinis«
SC Konstitution über die heilige Liturgie »Sacrosanctum Concilium«
UR Dekret über den Ökumenismus »Unitatis redintegratio«

Vorwort

Dies ist ein »Konzils-Lesebuch«, zusammengestellt aus sorgfältig ausgewählten und thematisch geordneten Abschnitten der Konstitutionen, Dekrete und Erklärungen des II. Vatikanums. In der langen Reihe der Allgemeinen Konzilien und Generalversammlungen des Abendlandes ist das II. Vatikanische Konzil das einundzwanzigste und bisher letzte. Es fand vom 11. Oktober 1962 bis zum 8. Dezember 1965 im Vatikan in Rom statt. Sein Beginn jährt sich also in diesem Jahr 2012 zum 50. Mal.
Das Wort »aufgegeben« im Titel ist mit Bedacht gewählt wegen seiner Doppeldeutigkeit in unserer deutschen Sprache: Wir können hochherzige, gute Vorsätze »aufgeben«, aus welchen Gründen auch immer; wir können Schwierigkeiten angehen, deren Lösung uns »aufgegeben« ist. Einerseits ist in manchen Bereichen unserer Kirche die Tendenz festzustellen, das letzte Konzil als etwas Vergangenes festzuschreiben, seine Anstößigkeiten zu zähmen, ja, seine Reformansätze gezielt zurückzudrängen und bewusst aufzugeben. Andererseits sind viele vom letzten Konzil geweckte konkrete Hoffnungen auf eine Erneuerung unseres Glaubens und Lebens aus der Kraft des Heiligen Geistes noch weitgehend unabgegolten; wesentliche Reformimpulse der Konzilsbeschlüsse sind noch nicht wirksam aufgegriffen.
Mit erheblichem Aufwand an Zeit und Kraft und theologischer Kompetenz hatten die Bischöfe der römisch-katholischen Weltkirche und ihre theologischen Berater versucht, sich den Herausforderungen des ausgehenden 20. Jahrhunderts zu stellen, die theoretischen und praktischen Probleme der Gegenwart und Zukunft unserer Kirche anzugehen und eine tatkräftige Erneuerung in die Wege zu leiten.
Alle Bischöfe des II. Vatikanums und die meisten ihrer damaligen theologischen Berater sind inzwischen verstorben. Ihr Anliegen einer durchgreifenden Kirchenreform ist uns Heutigen in der Krisensituation des begonnenen 21. Jahrhunderts als Vermächtnis übergeben und als herausfordernde Aufgabe gestellt.

Die Anordnung der Texte in diesem Buch folgt nicht der Konzilschronologie, also nicht der eher zufälligen Abfolge der einzelnen Beschlüsse, sondern einem systematischen Aufriss, der aus den Akzentsetzungen des Konzils selber gewonnen ist. Daraus ergibt sich, dass inhaltlich verwandte Abschnitte aus verschiedenen Konzilsbeschlüssen zusammengefügt werden; stellenweise wurde auch die Abfolge von Texten desselben Dekrets verändert, von dem Bemühen geleitet, den Gedankengang zu verdeutlichen.

Die Abkürzungen am Rand der Texte geben den ursprünglichen Ort an. Die vollständigen Titel finden sich im Abkürzungsverzeichnis im Anschluss an das Inhaltsverzeichnis. Im Schrägdruck erscheinen Sätze, die – im Rahmen der Gesamtüberlieferung unseres Glaubens – besondere Akzentsetzungen des Konzils deutlich werden lassen. Diese drucktechnische Hervorhebung erspart längere Erläuterungen in den Anmerkungen und will eine Lese- und Verstehenshilfe sein. Die kurzen »Hinführungen« vor den einzelnen thematischen Abschnitten versuchen einen Zugang aus heutiger Perspektive. Sie wollen natürlich keinen Kommentar ersetzen und erst recht keine Fortschreibung der jeweiligen theologischen Problematik sein.

Die deutsche Fassung der Konzilstexte entspricht der im Auftrag der damaligen Deutschen Bischofskonferenz erstellten Übersetzung des jeweiligen lateinischen Originals. Sie findet sich in den drei Ergänzungsbänden zum Lexikon für Theologie und Kirche (2. Auflage, Freiburg 1966–1968), sowie in dem (vielfach aufgelegten und immer noch greifbaren) von Karl Rahner und Herbert Vorgrimler herausgegebenen »Kleinen Konzilskompendium« (Freiburg 1966 u.ö.).

Dort sind auch die zahlreichen Anmerkungen mit Verweisen auf Quellentexte und Belegstellen nachzulesen, die hier weggelassen sind, weil dieses Lesebuch vor allem für die praktische Arbeit gedacht ist.

Für ein ausführlicheres, vertieftes Studium der Themen des Konzils sind zu empfehlen:

- die gründlichen, umfangreichen Ausführungen in den von Peter Hünermann und Bernd Jochen Hilberath herausgegebenen fünf Bänden »Herders Theologischer Kommentar zum Zweiten Vatikanischen Konzil«, Freiburg 2004–2005
- die immer noch hilfreichen – nahe am zeitlichen Ursprung der Beschlüsse verfassten – Kommentare in den genannten »Ergänzungsbänden«
- die ausführlichen Einleitungen im »Kleinen Konzilskompendium«
- das an Informationen und persönlichen Erinnerungen reiche Buch von Otto Hermann Pesch, Das Zweite Vatikanische Konzil. Vorgeschichte –

Verlauf – Ergebnisse – Nachgeschichte, Würzburg 2001, das jetzt auch als Topos-plus Taschenbuch erhältlich ist.

Ich danke meiner lieben Kollegin, Frau Professorin Dr. Dorothea Sattler, Münster, für hilfreiche Hinweise und manchen guten Rat, Thomas Frase, Armsheim, dem PC-Spezialisten für unersetzliche Mitarbeit und Hilfe. Vor allem aber gilt mein Dank der Verlagsleitung des Matthias Grünewald Verlags, Ostfildern, Frau Gertrud Widmann und ihrem theologischen Lektor Herrn Volker Sühs für die Bereitschaft, diese gründlich erarbeitete Neufassung des Konzils-Lesebuchs, das in einer ersten Gestalt unter dem Titel »Der verdrängte Aufbruch« 1985 in Mainz erschien, in ihr jetziges Programm aufzunehmen.

Armsheim, 23. Februar 2012 Theodor Schneider

Einleitung

Unser Konzil?

All die gläubigen Frauen und Männer, die heute in kirchlichen Gruppen und Räten das Leben in unseren Pfarrgemeinden mitgestalten und prägen, auch die meisten der heute amtierenden Pfarrer sowie manche der jüngeren Bischöfe in unserem Land waren zur Zeit des letzten Konzils noch gar nicht geboren oder steckten noch in ihren Kinderschuhen. Fünfzig Jahre sind vergangen, seit die schier endlose Prozession der über zweieinhalbtausend Mitraträger am 11. Oktober 1962 in den Petersdom einzog, zum festlichen Beginn des II. Vatikanischen Konzils.

Diese fünfzig Jahre, eine scheinbar geringe Zeitspanne im Lebenslauf unserer bald zweitausend Jahre alten Glaubensgemeinschaft, machen aber für die nachgewachsene Generation die Erinnerung an dieses bedeutende Ereignis zu einem Rückblick in die Kirchengeschichte. Wie der Zustand unserer Kirche und die konkreten Verhältnisse in den Pfarrgemeinden in der Zeit vor dem Konzil waren, ist ihnen – wenn überhaupt – nur aus dem Erzählen der Alten oder aus gelegentlicher, gar zufälliger Lektüre bekannt.

Da ist es kaum verwunderlich, dass – angesichts des Redens und Verhaltens mancher, auch hochrangiger Amtsträger – sich der Eindruck aufdrängt, diese hätten wichtige, richtungsweisende Beschlüsse des II. Vatikanums gar nicht zur Kenntnis genommen, geschweige denn gründlich studiert und als Maßstab eigenen Denkens und Handelns aufgenommen.

Das Konzil erneut zu Gehör bringen

Nun ist nicht sicher, ob dieser Situation dadurch begegnet werden kann, dass der »Originalton« des Vatikanum II erneut zu Gehör gebracht wird. Genau dies aber ist das Anliegen der folgenden Textzusammenstellung: Zunächst möchte sie all denjenigen Interessierten, die das einschneidende Ereignis des letzten Konzils weder aus eigenem Miterleben noch aus eingehendem Studium genauer kennen, die theologischen Anliegen und die pastoralen Wegweisungen der folgenreichen Kirchenversammlung im »Urtext« und im Zusammenhang nahebringen. Gewiss ist dem Kundigen das Kompendium aller Dokumente – auch in offizieller Gesamtausgabe und mit ausführlichem, genauem Kommentar – nach wie vor zugänglich. Aber welcher junge Pfarrer, welche Pastoralreferentin hat wirklich die Zeit (oder ist entsprechend versiert, um auf Anhieb) in den umfänglichen Dekreten die für die eigene Arbeit grundlegenden und zukunftsträchtigen Aussagen aufzuspüren? Dass dies aber – fünfzig Jahre danach – nicht nur möglich, sondern dringend geboten ist, dies ist meine feste Überzeugung. Wir haben allen Grund, uns erneut den Texten des II. Vatikanischen Konzils auszusetzen und uns damit zu konfrontieren! Seit Jahren mehren sich nämlich die kleinen und größeren Anzeichen für eine atmosphärische Tendenzwende. Fünfzig Jahre haben Welt und Kirche verändert.

Ich meine zunächst folgendes: Die Äußerungen des letzten Konzils über das kirchliche Selbstverständnis, über die Aufgabe der Christen in unserer Welt waren zweifellos geprägt von einer schwungvollen Weltzuwendung, von einer optimistischen Zuversicht, dass die vielen Kräfte des Guten in der Welt Anknüpfungspunkte sind für das Evangelium, wenn es uns nur gelingt, dieses in seiner ursprünglichen Leuchtkraft wieder aufstrahlen zu lassen. Diese überaus positive Grundstimmung im Blick auf Welt und Gesellschaft spiegelt gewiss auch ein Stück »Nachholbedarf« und die Freude darüber, dass die selbstverordnete Antihaltung und Ghettomentalität des ausgehenden 19. und beginnenden 20. Jahrhunderts nun endlich der Erkenntnis gewichen war, dass das ursprüngliche Evangelium Jesu Christi nicht durch sorgfältig-ängstliche Konservierung bewahrt wird, sondern nur durch lebendige Ausrichtung an die Adressaten, also an alle unsere Zeitgenossen. An diesem Punkt ist bei vielen von uns eine gewisse Ernüchterung eingetreten, insofern jeder von uns auf seine Weise deutlich erfährt, dass die Ablehnung des Evangeliums in unserer Umgebung keineswegs nur Ergebnis unserer eigenen Sündhaftigkeit und Unglaubwürdigkeit ist – so sehr auch gutwillige Außenstehende immer noch allen Grund haben, über manches kirchliche Gehabe den Kopf zu schütteln –, sondern durchaus auch der Halsstarrigkeit und Abgestumpftheit, dem brutalen Egoismus und der profitgierigen Rücksichtslosigkeit der anderen zuzurechnen ist. Von daher ist es psychologisch vielleicht verständlich, wenn sich zunehmend Gefühle der Abwehr, des Argwohns, ja sogar der Angst gegenüber unserer Lebenswelt Ausdruck verschaffen und Einfluss gewinnen. Die wichtige, aber auch brisante konziliare Kennzeichnung der Kirche als »pilgerndes Gottesvolk auf dem Weg durch die Geschichte« hat in der Tat das Selbstverständnis vieler Christen und Gemeinden entscheidend verändert und einen Prozess in Gang gesetzt, in welchem früher scheinbar klare Verhältnisse unübersichtlich geworden sind, ehemals eindeutige Grenzlinien verwischt erscheinen. Inzwischen fühlen sich manche Christen und Amtsträger durch diese dynamische Vorstellung von der Kirche und ihre Auswirkungen offensichtlich erheblich verunsichert. »Nicht wenige Stimmen äußern sich ängstlich, dass bei weiteren Fortschritten dieses vom Konzil ausgelösten Prozesses die Kirche sich um ihre Identität bringen könnte: Sie bilde dann nicht mehr den Gegenpol zur neuzeitlichen säkularisierenden Entwicklung, [...] bleibe nicht mehr der notwendig abgegrenzte Raum gegenüber der ›Welt‹. Es ist kein Zweifel, dass notwendige Begegnungen und Öffnungen der Kirche nicht selten verwechselt werden mit einer billigen Anpassung an die Zeit.«[1] Gewiss ist auch, dass die Kirche ihre Daseinsberechtigung verliert, wenn sie in Vermischung mit dem »Ungeist« der Zeit schal wird, wenn sie sich als Legitimation, als ideologischer Überbau einer spätkapitalistischen Gesellschaft der sogenannten Ersten Welt missbrauchen ließe. Von daher ist die Besinnung auf das Kontrastprogramm Jesu als der einzigen Alternative, die eine wirkliche Lebenschance für die kommenden Generationen bietet, für uns alle lebenswichtig. Nur eines darf jetzt nicht passieren: dass das Pendel nun wieder weit zur anderen Seite ausschlägt und wir verschreckt und irritiert aus der »bösen« Welt wieder in die scheinbare Geborgenheit vertrauter Binnenkirchlichkeit flüchten. Ich fürchte, dass hier zunehmend ein atmosphärischer Druck entsteht, der den missionarischen Aufbruch der Kirche ins dritte Jahrtausend, den das letzte Konzil begonnen hat, verdrängt. »Ich habe wirklich Sorge, dass dieser Anfang nicht in umfassender Weise weitergeführt wird, dass sich über Konzil und (Würzburger) Synode mehr und mehr ein Mantel der Vergessenheit und des Schweigens breitet. Zwar werden einzelne Sätze immer wieder zitiert und als Beleg angeführt. Aber Konzil und Synode als ganze werden in ihren Impulsen und Motivkräften, gleichsam in ihrer Schubkraft, zu

1 | H. Werners, Das gewandelte Kirchenverständnis, in: Diakonia 13 (1982) 382–389, hier 384.

wenig wirksam. Es gibt Tendenzen, und sie scheinen sich zu verstärken, die aus Konzil und Synode eine Episode zu machen suchen. Sie empfehlen die Rückkehr in die gute alte Zeit, als man angeblich wusste, was katholisch ist; wo alles anscheinend seine Ordnung hatte [...] Das macht mir Sorge. Ich bin der Meinung, dass Konzil und Synode die wichtigsten Daten unserer neuesten Kirchengeschichte sind. Ich mag mir gar nicht ausdenken, wie es um die Kirche heute bestellt wäre, hätte es weder Konzil noch Synode gegeben«.[2]

Das Licht gehört auf den Leuchter

Das biblische Wort von der kleinen Herde (vgl. Lk 12, 32), das uns in unserer Minderheitenrolle ermutigen soll, schlägt um in blanken Widersinn, wenn es zum Alibi würde für ängstliche Selbstgenügsamkeit, wenn es zur Rechtfertigung von kirchlichem Provinzialismus welcher Art auch immer missbraucht würde! Wenn man ein Licht hat, das die Dunkelheit wirklich hell machen kann, dann darf man nicht den Eimer darüberstülpen. Das Licht gehört auf den Leuchter, alle müssen es sehen. Das Licht des Evangeliums ist da, es ist ja nicht erloschen! Das Wissen von Jesus und der umwandelnden Kraft seiner Botschaft wird ja nicht nur gepredigt, diskutiert und beredet, sondern inmitten der Abgründe des Bösen doch tatsächlich auch beharrlich und überzeugend gelebt, an vielen Stellen unserer Welt. Wir alle könnten auf Anhieb die verschiedensten Beispiele dafür aufzählen. Die kleine Herde darf furchtlos sein, nicht weil sie sich in hohe Mauern zurückzieht, nicht weil sie feste Zäune um sich baut, sondern weil er, der Herr über Leben und Tod, bei ihr ist in seinem Geist, weil er, der Hirte, sie mit seiner eigenen Existenz stützt, sie vor Absturz und Untergang bewahrt.

Es ist wirklich wahr, was Joseph Ratzinger 1969 geschrieben hat: »So ist die Kirche, indem sie auf dem Grund des Vergangenen steht und gerade weil sie es tut, dem Kommenden zugewandt, ›auf Hoffnung hin‹. Die geistige Grundorientierung des Christen ist nicht restaurativ, sondern steht unter dem Zeichen der Hoffnung. Die Kirche, die sich um Erneuerung bemüht, streift das Schlinggewächs einer geschichtlichen Periode,

2 | H. Fries, Meine Sorge um die Kirche, in: Christ in der Gegenwart 34 (1982) 293 f.

das sich an ihr und in ihr festgesetzt hat, nicht ab, um einen Idealzustand vergangener Zeiten wiederherzustellen, sondern um dem Herrn entgegenzugehen, um frei zu sein für seinen neuen Ruf [...] Es wäre nicht schwer, diesen Sachverhalt am Thema der Kollegialität zu exemplifizieren, deren erneute Herausstellung einerseits Rückkehr zu den Ursprüngen ist, und andererseits doch nicht Rekonstruktion und Restauration bestimmter geschichtlicher Formen sein kann, sondern Eröffnung in die Zukunft hinein sein will, in der das Ursprüngliche auf neue Weise wirksam werden soll.«[3]

Der geschichtliche Ort des Konzils

Die Tatsache, dass es völlig gegensätzliche Einschätzungen des Konzils und ganz widersprüchlichen Umgang mit seinen Texten gibt, ist nun keineswegs nur die Folge einer veränderten persönlichen oder gesamtkirchlichen Stimmungslage. Sie sollte uns Anlass sein, einen kurzen Blick zu tun auf die Eigenart und auf den geschichtlichen »Ort« des II. Vatikanischen Konzils. Die Ekklesiologie des II. Vatikanums – sie war ja das eine große, beherrschende Thema: Kirche in ihrem Selbstverständnis und Selbstvollzug, in ihrem Verhältnis zur Welt – ist in sich selber ein spannungsreiches Gebilde. Gibt es überhaupt *die* Ekklesiologie des letzten Konzils?

Haben nicht diejenigen recht, die beschreiben und belegen, wie in den Dokumenten zwei sehr unterschiedliche Konzeptionen von Kirche mehr oder weniger unvermittelt nebeneinander stehen und stehengeblieben sind, die stärker hierarchisch-juridisch geprägte Auffassung des ausgehenden 19. Jahrhunderts und eine Communio-Ekklesiologie, die gewissermaßen die Wiederentdeckung der altkirchlichen Strukturen beschreibt? Ist nicht genau dies das Problem der Textinterpretation, dass angesichts der gehäuften Kompromissformeln, die ständig »sowohl als auch« sagen, die gegensätzlichsten Richtungen und Meinungen sich mit ausgewählten Zitaten des Konzils schmücken können? Man muss wohl sagen: Aufs Ganze gesehen, ist es dem Konzil nicht gelungen, den Kon-

3| J. Ratzinger, Die bischöfliche Kollegialität nach der Lehre des Zweiten Vatikanischen Konzils. Die pastoralen Implikationen der Lehre von der Kollegialität der Bischöfe, in: ders., Das neue Volk Gottes. Entwürfe zur Ekklesiologie, Düsseldorf 1969, 171–224, hier 224.

trast zwischen diesen beiden Ekklesiologien zu überwinden. »Die sich daraus ergebenden Zweideutigkeiten durchziehen alle nachkonziliaren Reformen und Institutionen und führen zu jenen Enttäuschungen und Spannungen, die unsere gegenwärtige Situation bestimmen.«[4]

Damit kommen – über die Verschiedenheit von Denkmodellen und Positionen hinaus – Stellung und Funktion des letzten Konzils vor Augen. Nach seiner Ankündigung waren mehrfach skeptische Stimmen zu hören, das Konzil komme vermutlich fünfzig Jahre zu früh, weil die pastoralliturgischen Bewegungen und die theologischen Aufbrüche im Umgang mit der Heiligen Schrift oder in der sorgfältigen Erforschung der ganzen Tradition der Kirche, d.h. vor allem auch des frühen und hohen Mittelalters und der Patristik noch nicht ausreichend den Kreis des Weltepiskopats erreicht hätten, um sich auf einem Konzil genügenden Ausdruck verschaffen zu können. Die Mehrzahl der von den Vorbereitungskommissionen erstellten Schemata schien dieser Einschätzung recht zu geben. Aber dann brach sich ein ganz unerwartetes Geschehen Bahn: Die Versammlung des Weltepiskopats machte sich daran, eine Art theologischen Intensivkurs zu veranstalten und zu absolvieren! Die eigentlich bedrängenden Fragen, die sich erst zögernd, dann kräftig in der Aula artikulierten, wurden mit intensiver Hilfe der hinzugezogenen theologischen Berater aus aller Welt von Grund auf durchdiskutiert und in völlig überarbeitete oder ganz neu formulierte Texte eingebracht. So spiegeln die verabschiedeten Dekrete wider Erwarten doch ein wirkliches »brain-storming«, eine tiefschürfende Bewusstseinserhebung der katholischen Kirchenführer im ausgehenden 20. Jahrhundert. Offenkundig war dies nicht nur und nicht einmal primär eine Sache von promulgierten Texten, sondern ebenso sehr ein tiefgreifender Lern- und Wandlungsprozess der Bischöfe selbst.

Gottes heiliger Geist »hatte in dem teils erregenden, teils ermüdenden, wohlorganisierten und dennoch auch von viel Spontaneität belebten Arbeitsgespräch, als das man das Zweite Vatikanum bezeichnen könnte, auf vielfältige Weise seine Chancen. Eine von ihnen war für viele Teilnehmer schon die neue Erfahrung, die sie am Beginn und immer wieder miteinander machten; ob sie im Mercedes, im kleinen Fiat oder mit dem Omnibus vor der Peterskirche vorgefahren waren: Jeder Bischof konnte mit

4| H. J. Pottmeyer, Vorwort zur deutschen Ausgabe von »Kirche im Wandel«. Eine kritische Zwischenbilanz nach dem Zweiten Vatikanum, Düsseldorf 1982, 8.

einem Mal entdecken, dass er nur einer unter fast zweieinhalbtausend Bischöfen der Weltkirche war, dass seine Kollegen imstande waren, ihm ins Angesicht zu widerstehen, und ihm widersprachen; das geschah dem einzelnen Bischof, als er weit entfernt war sowohl von seinem Sitz unter dem Baldachin im Pontifikalamt als auch von dem stattlichen Bischofshaus, in dem er seine respektvollen oder gar ehrfürchtigen Besucher empfangen hatte. Zu dieser Erfahrung trat die andere der Weltkirche: die Begegnung mit afrikanischen und asiatischen Gesichtern, mit den Bischöfen Lateinamerikas. Andererseits waren alle für das Beste in ihnen ungewöhnlich angefordert: für ihren Glauben und ihre Berufung zur Verkündigung. So konnte das Kleine in ihnen kleiner, das Große größer werden. Mit Kummer« konstatiert W. Dirks, »dass zuhause leider wieder vieles ganz anders war als in der Aula (und an den Bars der Peterskirche). Aber Verschüttetes kann freigeschaufelt werden. Das Konzil ist ein Ereignis der Geschichte; es hat Maßstäbe gesetzt, das Gefüge der Legitimation zurechtgerückt, war eine Instanz, auf die wir uns seitdem berufen können. Wir dürfen uns nicht von ihm trennen, nicht von ihm trennen lassen.«[5]

Die Dynamik des Konzils

Diese grundsätzlich positive Einschätzung schließt die nüchterne Feststellung nicht aus, sondern ein, dass die Bischöfe eine Reihe von wichtigen Fragen, die uns heute zu schaffen machen, gar nicht näher behandelt haben (wie etwa die Gottesfrage). Denn das Konzil markiert deutlich einen Übergang, es hat eine Bestandsaufnahme wichtiger Ansätze der kirchlichen Erneuerung vorgenommen, ist aber auch im Wesentlichen nicht darüber hinaus gekommen. Die theologisch-pastorale Zwischenbilanz der Weltkirche hat begonnen, ist aber noch längst nicht zu Ende geführt. Wer genauer hinsieht, nimmt ohne Mühe wahr, »wie sehr das Zweite Vatikanum die Theologie bereichert, ihr aber auch die schwere Aufgabe übermacht hat, manches in sich heranreifen zu lassen und auszutragen. Auf vielen Gebieten ist das Konzil [...] auf halbem Weg stehen geblieben. Es war ebensosehr und noch mehr das Zu-Ende-Führen und

5 | W. Dirks, Zwanzig Jahre Konzilseröffnung, in: Orientierung 46 (1982) 205–207, hier 205 f.

Bestätigen eines schon zuvor begonnenen Bemühens als eine schöpferische Initiative. Es ruft nach neuen Arbeiten; darum kann man mit Recht von einer Dynamik des Konzils sprechen, die natürlich nicht als Deckmantel für Unternehmungen dienen darf, die dem Buchstaben und dem Geist des Konzils widersprechen.«[6] Diese Buchstaben enthalten auch – wie sich bei genauer Lektüre zeigt – Anstößigkeiten genug, die uns in Bewegung halten könnten und sollten. Die ansteckende gläubige Zuversicht jener Jahre darf nicht als billiger »Optimismus« verunglimpft werden! Die Impulse zur »Radikalisierung« des Glaubens, d.h. zu einer erneuerten Verwurzelung im ursprünglichen Evangelium, sind heute nötiger denn je.

Dass ein solches Ereignis nach dem Jahrhundert der Pius-Päpste überhaupt möglich wurde, ist nicht zuletzt das Verdienst der beiden Konzilspäpste Johannes' XXIII. und Pauls VI. Der Roncallipapst, der Bauernsohn aus Norditalien, der die Welt beeindruckte durch seine Schlichtheit und Offenheit und seine absolute Glaubwürdigkeit, empfand und beschrieb die Idee, ein allgemeines Konzil abzuhalten als eine göttliche Eingebung. Vielleicht wirkt auch deshalb seine wegweisende Eröffnungsansprache so strahlend zuversichtlich, weil die ganze Unternehmung weniger der Mühsal und Last seines Amtes als vielmehr seiner im besten Sinne kindlichen Frömmigkeit entsprang und seiner darin wurzelnden tiefen Überzeugung, dass Gott auch und gerade in unserer Zeit nahe und am Werk ist. Die Ansprache vom 11. Oktober 1962 wirkt auch heute noch wie eine gültige Charakterisierung des »Konzilsgeistes«, der Aufgabenstellung und der treibenden Motive der Versammlung.

Welch ein Klang der Zuversicht und Hoffnung: »In der täglichen Ausübung unseres apostolischen Hirtenamtes geschieht es oft, dass bisweilen Stimmen solcher Personen unser Ohr trüben, die zwar von religiösem Eifer brennen, aber nicht genügend Sinn für die rechte Beurteilung der Dinge noch ein kluges Urteil walten lassen. Sie meinen nämlich, in den heutigen Verhältnissen der menschlichen Gesellschaft nur Untergang und Unheil zu erkennen. Sie reden unablässig davon, dass unsere Zeit im Vergleich zur Vergangenheit dauernd zum Schlechteren abgeglitten sei. Sie benehmen sich so, als hätten sie nichts aus der Geschichte gelernt, die eine Lehrmeisterin des Lebens ist, und als sei in den Zeiten früherer Kon-

6| Y. Congar, Die Theologen, das Pastoral-Konzil und die Theologie, in: Diakonia 13 (1982) 364–376, hier 369.

zilien, was die christliche Lehre, die Sitten und die Freiheit der Kirche betrifft, alles sauber und recht zugegangen. Wir aber sind völlig anderer Meinung als diese Unglückspropheten, die immer das Unheil voraussagen, als ob die Welt vor dem Untergang stünde. In der gegenwärtigen Entwicklung der menschlichen Ereignisse, durch welche die Menschheit in eine neue Ordnung einzutreten scheint, muss man viel eher einen verborgenen Plan der göttlichen Vorsehung anerkennen. Dieser verfolgt mit dem Ablauf der Zeiten, durch die Werke der Menschen und meistens über ihre Erwartungen hinaus sein eigenes Ziel«.[7]

Johannes brachte sein eigenes Gespür mit für die Geschichtlichkeit der Kirche. Als junger Theologe hatte er die Modernismuskrise miterlebt und als Professor für Kirchengeschichte durchaus einen eigenen Einblick gewonnen in den Tiefgang der Fragen, die hier aufbrachen, aber auf eine bedrückend unzureichende Weise autoritär abgetan wurden. Schon in jungen Jahren galt für Angelo Roncalli deshalb als dringende kirchliche Aufgabe, überkommenes Wissen mit der Erfahrung zu konfrontieren, die Bedürfnisse der Gegenwart zu erkennen, um ihnen gerecht zu werden. Das ursprüngliche Evangelium heute neu hörbar und verstehbar zu machen, zu verheutigen in einem »aggiornamento«, war deshalb seine wesentliche Vorgabe für das Konzil: »Aus dem Gesagten, Ehrwürdige Brüder, wird hinreichend deutlich, was dem Ökumenischen Konzil für die Verkündigung der Lehre im einzelnen aufgetragen ist. Das heißt, das 21. Ökumenische Konzil [...] will die katholische Lehre rein, unvermindert und ohne Entstellung überliefern [...] Dieses Erbe ist nicht allen genehm, aber es wird allen, die guten Willens sind, als ein überreicher und kostbarer Schatz angeboten! Doch es ist nicht unsere Aufgabe, diesen kostbaren Schatz nur zu bewahren, als ob wir uns einzig und allein für das interessieren, was alt ist, sondern wir wollen jetzt freudig und furchtlos an das Werk gehen, das unsere Zeit erfordert, und den Weg fortsetzen, den die Kirche seit zwanzig Jahrhunderten zurückgelegt hat. Es ist auch nicht unsere Sache, gleichsam in erster Linie einige Hauptpunkte der kirchlichen Lehre zu behandeln und die Lehre der Väter wie der alten und neueren Theologen weitläufig zu wiederholen [...] Denn für solche Disputation müsste man kein Ökumenisches Konzil einberufen. Heute ist es wahrhaft nötig, dass die gesamte christliche Lehre ohne Abstrich in

7| Herderkorrespondenz 17 (1962) 86.

der heutigen Zeit von allen durch ein neues Bemühen angenommen werde [...] Es muss, was alle ernsthaften Bekenner des christlichen, katholischen und apostolischen Glaubens leidenschaftlich erwarten, diese Lehre in ihrer ganzen Fülle und Tiefe erkannt werden, um die Herzen vollkommener zu entflammen und zu durchdringen. Ja, diese sichere und beständige Lehre, der gläubig zu gehorchen ist, muss so erforscht und ausgelegt werden, wie unsere Zeit es verlangt. Denn etwas anderes ist das Depositum Fidei oder die Wahrheiten, die in der zu verehrenden Lehre enthalten sind, und etwas anderes ist die Art und Weise, wie sie verkündet werden, freilich im gleichen Sinn und derselben Bedeutung. Hierauf ist viel Aufmerksamkeit zu verwenden; und, wenn es nottut, muss geduldig daran gearbeitet, dass heißt alle Gründe müssen erwogen werden, um die Fragen zu klären, wie es einem Lehramt entspricht, dessen Wesen vorwiegend pastoral ist.«

Ein Pastoralkonzil

Diese Überzeugung von der Geschichtlichkeit und Wandelbarkeit auch der Gestalt kirchlicher Glaubenslehre war ein ungewohnter und provozierender Ton für neuscholastisch geschulte Ohren. Ähnlich neu wirkte für herkömmliche Theologie die Behauptung, dass das Wesen des kirchlichen Lehramtes (von Papst und Bischöfen) vorwiegend pastoral sei. Mit diesem »Schlüsselwort« hat sich in den folgenden Jahren dann mancher aus den aufrüttelnden Bestimmungen des II. Vatikanums herauszumogeln versucht. In bestimmten Kreisen wird ja seit Jahren mit der Kennzeichnung »Pastoralkonzil« operiert, um die Anstrengungen der Konzilsväter als gutgemeint, aber letztlich unverbindlich beiseitezuschieben. Die schlagwortartige Kennzeichnung des II. Vatikanums als »nicht dogmatisch, sondern pastoral« ausgerichtet ist natürlich richtig, wenn mit »dogmatisch« der abgrenzend-definierende und verurteilende Stil vorausgegangener Konzilien (z. B. auch des Vatikanum I und des Tridentinum) gemeint ist, den das Vatikanum II bewusst vermieden hat; sie trifft erst recht zu, wenn man ein heute übliches Vorverständnis von »dogmatisch« mitbringt, das dem alltäglichen Sprachgebrauch nahekommt, in dem ja alles »dogmatische und orthodoxe« Verhalten gleichgesetzt wird mit Sturheit, Halsstarrigkeit, Dialogunfähigkeit.

Die Bezeichnung Pastoralkonzil würde aber völlig in die Irre führen, wenn damit die Vorstellung von Beliebigkeit und Unverbindlichkeit assoziiert würde. Der junge Konzilstheologe Joseph Ratzinger – heute Papst Benedikt XVI. – hat während des Konzils zur Verdeutlichung geschrieben: »›Pastoral‹ – das sollte nicht heißen: verschwommen, substanzlos, bloß erbaulich, wie es da und dort missverstanden wurde. Sondern es sollte heißen: in der positiven Sorge um den heutigen Menschen formuliert, dem mit Verurteilungen nicht geholfen ist, der lange genug gehört hat, was alles falsch ist und was alles er nicht darf, der aber endlich hören will und viel zu wenig gehört hat, was wahr ist, mit welcher positiven Botschaft der Glaube unserer Zeit gegenübertreten kann, was er positiv zu lehren und ihr zu sagen hat. ›Pastoral‹ sollte nicht heißen: verwaschen und unpräzis, sondern es soll heißen: frei von Schulgezänk, ohne Einmischung in Fragen, die nur die Gelehrten angehen, ohne weitere Beschneidung der Diskussionsmöglichkeit unter ihnen in einem Zeitpunkt, in dem alles voller neuer Aufgaben ist und eine offene Auseinandersetzung von ihnen verlangt. ›Pastoral‹ sollte endlich heißen: ohne die Sprache der Schule (die dort in der Schule ihren Sinn hat und notwendig ist, aber nicht in die Verkündigung und ins Glaubensbekenntnis hineingehört), in der Sprache der Schrift, der Väter, des Menschen von heute – einfach in der lebendigen Sprache des allzeit einen Menschen.«[8] Immerhin hat dieses Pastoralkonzil zwei wichtige und inhaltsschwere Dekrete mit einer besonderen Überschrift versehen. Die Offenbarungskonstitution »Dei Verbum« und die Kirchenkonstitution »Lumen gentium« haben den Titel »Constitutio dogmatica – dogmatische Konstitution«. Dabei haben sich die Bischöfe und ihre theologischen Berater gewiss etwas gedacht. Vor allem hier werden, ihrer Meinung nach, eben nicht mehr oder weniger zeitbezogene Anweisungen für eine künftige pastorale Praxis zusammengestellt, sondern brisante, hochtheologische Themen »dogmatisch« abgehandelt. Allerdings, das springt ins Auge, geht das Konzil von einem Verständnis von dogmatisch aus (es handelt darüber sogar ausdrücklich im Dekret über die Priesterausbildung, OT Nr. 16), das von der Mitte des Evangeliums her aus der Fülle des kirchlich überlieferten Glaubens erhellen will, was die Kirche und ihre Sendung von Gott her bedeuten.

8| J. Ratzinger, Die erste Sitzungsperiode des Zweiten Vatikanischen Konzils. Ein Rückblick, Köln 1963, 45 f.

Nach dem Tod von Papst Johannes – die ganze Welt verfolgte mit angehaltenem Atem sein tagelanges Sterben Pfingsten 1963 – nahm sein Nachfolger Paul VI. Anliegen und Zielsetzung seines Vorgängers betont auf. In der Eröffnungsfeier der zweiten Session am 29. September 1963 wertete Paul VI. dessen Einleitungsrede vom Jahr zuvor als »Vorschau eines prophetischen Geistes in bezug auf unsere Zeit«: »Lieber und verehrter Papst Johannes [...], Du hast bei denen, die das kirchliche Lehramt ausüben, die Überzeugung bekräftigt, dass die christliche Lehre nicht nur eine Wahrheit ist, die es mit der vom Glauben erleuchteten Vernunft zu erforschen gilt, sondern auch lebenspendendes und tatsetzendes Wort, und dass sich die Autorität der Kirche nicht darauf beschränken darf, die sie gefährdenden Irrtümer zu verurteilen, sondern dass sie auch die unmittelbare, lebendige Lehre zu verkünden hat, deren fruchtbare Trägerin sie ist. Da aber die Aufgabe des kirchlichen Lehramtes weder eine rein theoretische noch eine rein negative sein darf, muss es in diesem Konzil mehr und mehr die lebenspendende Kraft der Lehre Christi erweisen [...] Wir werden also keinesfalls die Richtlinien vergessen, die von Dir als erstem Vater dieses Konzils mit klugem Rat vorgezeichnet worden sind und die wir hier wiederholen möchten [...] ›Es ist nicht unsere Aufgabe, diesen kostbaren Schatz der katholischen Lehre nur zu bewahren [...], sondern wir wollen jetzt furchtlos und freudig an das Werk gehen, das unsere Zeit erfordert [...]‹ So möge der Verlauf der zweiten Sitzungsperiode des von Dir einberufenen und begonnenen Konzils glücklich den Weg fortsetzen, den Du eröffnet hast [...]«

Und dann setzt Paul VI., der viel stärker noch als Papst Johannes die Entwicklung der neueren Theologie, vor allem der französischen, genau verfolgt hatte, seinen eigenen Akzent, indem er mit eindringlichen Worten Jesus Christus als den einzig gültigen Maßstab all unseres Bemühens um Erneuerung der Kirche beschwor: »Wo, ehrwürdige Brüder, wird der Ausgangspunkt unseres Weges liegen? Welche Richtung muss er zudem verfolgen [...]? Und schließlich welches Ziel wird unserem Wege zu setzen sein [...]? Auf diese drei [...] wichtigen Fragen gibt es nur eine Antwort. Eine Antwort, von der wir glauben, dass wir sie in dieser feierlichen Stunde und in dieser Versammlung selbst in Erinnerung bringen und der ganzen Welt verkünden müssen: Christus. Christus ist unser Ausgangspunkt, Christus ist unser Führer und unser Weg, Christus ist unsere Hoffnung und unser Ziel [...] Möge diese Versammlung hier durch kein anderes Licht erleuchtet werden als durch Christus, das Licht der Welt. Suchen wir keine andere Wahrheit als das Wort des Herrn, unseres einzigen Lehrers! Suchen wir nichts anderes als seinen Gesetzen treu zu gehorchen. Kein anderes Vertrauen soll uns aufrecht halten außer das Vertrauen zu seinem Herrenwort, das unsere klägliche Schwachheit stärkt: ›Seht, ich bin bei euch alle Tage bis ans Ende der Welt‹ (Mt 28, 20).«[9]

Die Zukunft des Konzils

Den Aufbruch des Konzils hat der Jesuit und Publizist Mario von Galli in seiner unverwechselbaren Art, journalistisch gekonnt farbige Detailinformation, schalkhaftes Augenzwinkern, treffsicheres theologisches Urteil und geistlichen Anstoß miteinander zu verbinden, mit drei Stichworten gekennzeichnet: Entjuridizierung – Dialog – Kirche in Bewegung. Er sieht »drei Grundlinien des Konzils: vom rechtlichen zum lebendigen Sein – von der Verteidigung zum Dialog – vom starren Begriff zum geschichtlichen Fluss«.[10] In der Tat sind diese Entwicklungen vom Konzil entscheidend in Gang gesetzt worden: der Übergang von einem stark rechtlichen zu einem seelsorglich bestimmten Denken, also von einer ordnend-bestimmenden Haltung zu einem werbend-verkündigenden Bemühen – der Übergang von einer apologetischen, abgrenzend-verteidigenden Haltung zu einem Bemühen um Gespräch und unvoreingenommene Begegnung – der Übergang von einem Denken in statischen Modellen und in ein für allemal festgelegten Begriffen zu einem Denken in geschichtlicher Perspektive und im Bewusstsein der Pilgerschaft. Ist diese Umorientierung fünfzig Jahre danach noch ein lebendiger Prozess? Ist die freudige Hoffnung, das geheime Grundwort des Konzils, auch die entscheidende Bestimmung unseres Christseins und unserer Kirchlichkeit? Oder sind Verbissenheit, Enttäuschung, Argwohn, Misstrauen, Resignation, Ironie, Aggressivität, Angst inzwischen die vorherrschenden Untugenden in unserem Umgang miteinander geworden? Wagen wir auch weiterhin, uns der unberechenbaren Führung

9| Herderkorrespondenz 18 (1964) 77, 88.

10| M. von Galli / B. Moosbrugger, Das Konzil und seine Folgen, Luzern-Frankfurt 1966, 63–113, hier 63.

des Geistes anzuvertrauen und uns dem anspruchsvollen Ruf Jesu Christi auszusetzen.

Was ist aus dem Konzil geworden? Was machen wir aus ihm? Haben wir den notwendigen langen Atem zu seiner Realisierung?

Einer der großen Erneuerer der katholischen Theologie im 20. Jahrhundert, Heinrich Fries, hat vor einiger Zeit seine Einschätzung der nachkonziliaren Situation so formuliert: »Ein Prinzip des Konzils hieß Aggiornamento. Dieses Wort bedeutet nicht ›Anpassung‹ an die jeweilige Zeit und den entsprechenden Zeitgeist. Aggiornamento heißt: Heutigwerden des Glaubens [...] Die Glaubensinhalte sollen vermittelt werden mit der Wirklichkeit der Welt und mit den Erfahrungen der Menschen, mit ihrem Fragen und Suchen. Antworten, denen keine Fragen zugrunde liegen oder die nicht gefragt sind, gehen ins Leere, auch wenn sie noch so richtig sein mögen. In der Gegenwart zeigt sich die Tendenz, den Glauben vor allem in der Artikulation von Glaubenssätzen vorzulegen und die ›wahre Lehre‹ zum Maßstab des Glaubens überhaupt zu machen. Man meint, die Vermittlung und Weitergabe des Glaubens am besten durch Katechismen und das darin aufbewahrte Wissen im Glauben zu gewährleisten. Im Dienste dieses Zieles soll der [...] Weltkatechismus stehen. Nun soll kein Wort dagegen gesagt sein, dass es für den Glauben und seine Weitergabe entscheidend darauf ankommt, um diesen Glauben inhaltlich zu wissen und ihn zu verstehen. Der Glaube selbst verlangt nach Einsicht und Verstehen [...] Nur so wird er vor Missverständnissen bewahrt. Aber wichtiger als die Kraft, die aus der Wahrheit der christlichen Lehre kommt, ist das Zeugnis eines Lebens aus dem Glauben, als Zeugnis der Früchte des Glaubens, vor allem in der Form der Nachfolge Jesu und deren Aufgipfelung in den Taten einer radikalen und selbstlosen Liebe im Dienste der ärmsten Menschengeschwister [...].

Heute gewinnt man in den Bestimmungen und Maßnahmen der kirchlichen Autoritäten den Eindruck, dass die Prinzipien wichtiger sind als der konkrete Mensch in seiner konkreten Situation.

Die Berufung der Gläubigen auf ihr Gewissen und auf eine persönlich verantwortete Gewissensentscheidung wird zurückgewiesen, maßgeblich sei für viele Fragen allein die Zuständigkeit des Lehramts. Die Aussagen des Lehramts sind ein wichtiges Element für die Bildung und die Entscheidung des Gewissens, aber sie sind kein Ersatz des Gewissens.

Es ist indes keineswegs so, dass heute Autorität als solche abgelehnt wird. Sie wird akzeptiert und dankbar angenommen, wenn sie argumentativ, aus Gründen und Einsichten des Glaubens überzeugt und sich als kompetent erweist. Wenn und wo aber die Autorität sich nur auf sich selbst beruft, und weitere Fragen und Diskussionen verbietet, stoßen ihre Weisungen auf Widerspruch; sie werden nicht übernommen zum großen Schaden der Autorität selbst [...]
In Ergänzung des Ersten Vatikanischen Konzils, das nur die Lehre von Primat des Papstes und von der Unfehlbarkeit seines außerordentlichen Lehramtes definiert hatte, sprach das Zweite Vatikanische Konzil ausdrücklich vom Bischof, vom Bischofskollegium und der Bedeutung der Ortskirchen, das heißt der Diözesen, aber auch von der Kirche am Ort. In der Gegenwart stellt sich die Lage anders dar. Die katholische Kirche ist wieder Papstkirche geworden, intensiver als je zuvor. Die Bischofssynoden als Repräsentanz der Kollegialität der Bischöfe haben nur beratenden Charakter; Was aus den Beratungsergebnissen wird, ist ganz in das Ermessen des Papstes gelegt. Wir erleben heute in der ganzen Kirche einen von Rom ausgehenden Zentralismus und Dirigismus, der so gut wie alles in der Kirche in seine Regie nimmt und von Rom aus entscheidet [...] Gewiss, die gegenwärtige Lage der Kirche ist zum großen Teil auch von außen bestimmt, vom Zeitgeist, vom wachsenden Säkularismus, von der vielfältig geprägten Religionskritik, von der Verdunstung des Glaubens. Aber der gegenwärtige Zustand der Kirche ist wesentlich auch von innen bedingt, von der Kirche selbst hervorgerufen, durch die Maßnahmen und Entscheidungen der Hierarchie in der Kirche, durch die Art und Weise, wie das Petrusamt wahrgenommen und dargestellt wird, durch die mangelnde Verwirklichung dessen, was Communio und Volk Gottes als Grundstruktur der Kirche bedeuten, durch das Zurückbleiben hinter dem, was als Hoffnung, Ermutigung und Zuversicht der Geist, die Intention und die Zielsetzung des Zweiten Vatikanischen Konzils war.«[11]
Manche Zeitgenossen werden vermutlich diese Lagebeurteilung durch einen Zeitzeugen des Konzils als übertrieben und verzerrt zurückweisen. Andere engagierte Gläubige sagen, die Situation habe sich inzwischen sogar noch dramatisch zugespitzt. Ist es nicht in jedem Fall dringend ge-

11 | H. Fries, Leiden an der Kirche, in: Mut zur Ökumene. Erfahrungen – Hoffnungen – Visionen. hrsg. von J. Brosseder, P. Neuner, O. H. Pesch, J. Werbick, Ostfildern 2011, 350–357.

boten in der gegenwärtigen, offenkundigen Krise der Kirche sorgfältig zu prüfen, welche Heilmittel und Hilfen die Beschlüsse des II. Vatikanischen Konzils uns heute anbieten?

Hermeneutik der Konzilstexte

Neuerdings ist immer wieder – nicht zuletzt angestoßen durch Äußerungen von Papst Benedikt – von einer angemessenen »Hermeneutik« der Konzilstexte die Rede, also von Auslegungsregeln, die der Intention der Konzilsväter in ihrer geschichtlichen Situation Rechnung tragen. Es gehe um eine »Hermeneutik der Kontinuität« und nicht, wie gelegentlich praktiziert, um eine »Hermeneutik des Bruches«.

Nun ist völlig unbestreitbar, dass auch das letzte Konzil im Zusammenhang der gesamtkirchlichen Tradition und der vorausgehenden Konzilien und deshalb in »Kontinuität« zu ihnen verstanden werden muss. Dieser Ansatz bringt aber überraschenderweise vor Augen, dass es seit den frühen gesamtkirchlichen Konzilien, wie in den mittelalterlichen Generalversammlungen des Abendlandes, eine besondere »Kontinuität« gegeben hat, nämlich das ständige Bemühen um notwendige Klärungen, um Korrekturen von Fehlentwicklungen, um Änderungen bei Formulierungen des Glaubens und Formen des kirchlichen Lebens. »Reform der Kirche an Haupt und Gliedern« ist die klassische Formulierung dieses Dauerauftrags. Kontinuität darf deshalb nicht heißen: bloßes Beharren auf dem Bisherigen, Abwehr von Umkehr, Buße und Erneuerung, Verweigerung notwendigen Neuanfangs. Denn in der Tradition der Kirche gab und gibt es immer wieder Fehlentwicklungen, die keine »Kontinuität« erhalten dürften. »Nicht alles, was in der Kirche existiert, muss deshalb auch schon legitime Tradition sein, bzw. nicht jede Tradition, die sich in der Kirche bildet, ist wirklich Vollzug und Gegenwärtighaltung des Christusgeheimnisses, sondern neben der legitimen gibt es auch die entstellende Tradition«.[12]

Und deshalb gab und gibt es auf den Konzilien auch immer wieder »Brüche« mit solchen vorausgehenden Positionen und Festlegungen, die im Nachhinein als falsch erkannt und korrigiert wurden. So nimmt das

12| J. Ratzinger, Kommentar zur Offenbarungskonstitution Dei Verbum, Kap. II, Art. 8, LThK Erg. Bd. II, 519.

letzte Konzil z. B. beim Thema Religions- und Gewissensfreiheit und vor allem auch beim Thema »Ökumene« eine Kehrtwendung um 180 Grad vor und sagt das genaue Gegenteil von päpstlichen Lehräußerungen des 19. und 20. Jahrhunderts. Diese »Brüche« zerstören nicht die Kontinuität der Glaubensüberlieferung, sondern verhindern eine »Kontinuität« von als falsch erkannten lehramtlichen Behauptungen. Eine echte »Hermeneutik der Kontinuität« nimmt auch ernst, dass z. B. durch den Rückgriff auf das erste Jahrtausend der Kirche der notwendige Anschluss an die frühe Ausfaltung der apostolischen Tradition wiedergewonnen wird.

Der Geist des Konzils

In diesem Zusammenhang wird von Skeptikern der nachkonziliaren Entwicklung des Öfteren die (gewiss manchmal zu emphatische) Rede vom »Geist« des Konzils lächerlich gemacht. Aber bei genauer Betrachtung der Konzilsdekrete wird deutlich, dass Wortlaut und Geist der Beschlüsse eng verbunden sind. Der beschworene »Geist des Konzils« schwebt nicht als nebulöses Wunschbild über den Texten, sondern ist als Grundhaltung der Konzilsväter und ihrer theologischen Berater erhebbar und nachzuweisen. »Der ›Geist des Konzils‹ ist der aus den Akten und im Blick auf die Vorgeschichte des Konzils hervortretende Wille der überwältigenden Mehrheit der Konzilsväter, auch dort, wo er durch Einsprüche und manchmal auch unfaire Tricks einer kleinen Minderheit im einzelnen verwässert und abgeschwächt wurde – und als solcher ist er [der Wille] eine gültige Auslegungsregel für die Konzilstexte«.[13]

13| O. H. Pesch, Das Zweite Vatikanische Konzil, Topos Tb 393, Würzburg 2011, 160.

I. Gottes Dienst an uns

Hinführung

Die Gottesfrage in all ihrer radikalen Grundsätzlichkeit (Existiert Gott? Gott und das Leid? Erschaffung und Entwicklung?), die uns seit Jahrzehnten umtreibt und in Atem hält, hat im Bewusstsein und theologischen Bemühen der Bischöfe und Theologen des II. Vatikanums offensichtlich keine herausragende Rolle gespielt. Natürlich ist auch mehrfach von Gott als Schöpfer die Rede. Er ist der Urgrund unserer Lebenswelt, der Welt der Menschen, der Menschheitsfamilie und jeder einzelnen Person. Er ist der Garant einer recht verstandenen »Autonomie« seiner Schöpfung und der Würde des Menschen. Aber der Blick war vor allem gerichtet auf Gottes Heilswirken und auf das angemessene gläubige Reden darüber.

Dass wir – trotz aller Besudelung und Verletzung dieses immer wieder schändlich missbrauchten Wortes – von Gott reden müssen und nicht schweigen können, das ist für uns Christen letztlich nicht begründet in unserem existentiellen Fragen und Suchen, sondern in Gottes eigenem »Sprechen«. Er selbst hat sich in der Geschichte erfahrbar gemacht, zu Gehör gebracht, zu erkennen gegeben, vor allem in der Gestalt und im Schicksal Jesu, in dem er uns »sein letztes, sein tiefstes, sein schönstes Wort« gesagt hat: »Und dieses Wort heißt: Ich liebe dich, du Welt und du Mensch«.[1] Diese überwältigende Gewissheit war zu allen Zeiten die unumstrittene Basis des christlichen Glaubens. Allerdings war im Gefolge der heftigen Auseinandersetzung mit dem Rationalismus des ausgehenden 19. Jahrhunderts unter der Problemstellung Wissen oder Glauben das Verständnis und die Beschreibung von »Offenbarung Gottes« und (korrelativ) von »Glauben« im katholischen Raum sehr einseitig und oft ausschließlich auf den Aspekt der Erkenntnismöglichkeit und der Irrtumslosigkeit des Geglaubten gerichtet: Fürwahrhalten von Offenbarungswahrheiten (Glaubenssätzen) nicht aus eigener Einsicht, sondern auf die Autorität des offenbarenden Gottes selbst hin, der weder täuschen noch getäuscht werden kann (vgl. I. Vatikanum, DS 3080), das ist ein unverzichtbarer Aspekt, aber keineswegs der einzige und nicht einmal der vorherrschende, jedenfalls

1 | K. Rahner, Kleines Kirchenjahr, München 1954, 15 f.

dann nicht, wenn wir unser Maß nehmen an der apostolischen Botschaft. Das II. Vatikanische Konzil versucht die vom biblischen Zeugnis ausgehende, breite theologische Neubesinnung unseres Jahrhunderts auf den ganzheitlich-personalen Charakter von Offenbarung und Glaube in seine Darlegungen einzubeziehen. »Glaube als Gläubigkeit« hat z.B. Hermann Volk sein Buch genannt[2], in dem er die Offenbarung Gottes als »Selbstmitteilung« und Glauben entsprechend als Antwort des Menschen »mit sich selbst« beschreibt, weil »Glauben nicht etwa nur Ergänzung unseres Wissens ist, sondern vielmehr die Verlegung des Standortes der Person [...] die Hinbewegung zu Christus«[3]: Der mitten auf dem See aus dem Boot steigende, auf Jesus zugehende Petrus ist das eindrucksvolle Bild für den wahrhaft Gläubigen. Diese Selbstkundgabe Gottes – in welcher er nicht »etwas« über sich mitteilt, sondern in Liebe sich selbst »mitteilt«, sich uns zuneigt und sich uns schenkt als Heiliger Geist – geschieht in einer einzigartigen Verschränkung geschichtlicher Ereignisse mit menschlich-gläubiger Erfahrung und Deutung. Schon im geschichtlichen Weg des israelitischen Volkes, erst recht im Leben und Schicksal Jesu Christi ist den dafür offenen und davon betroffenen Menschen die Macht und Treue Gottes, seine erschreckende Herrlichkeit und seine unverbrüchliche, todüberwindende Liebe aufgeleuchtet und eingeleuchtet, so dass sie – vom Geiste Gottes überwältigt und getrieben – davon Zeugnis geben für alle Späteren. Denn diese Erfahrung, mit der man wirklich wie Jesus aus der Liebe und in der Liebe Gottes leben (und sterben!) kann, ist für alle Menschen entscheidend.

Aus diesem Sachverhalt ergibt sich mit Notwendigkeit der einzigartige, normgebende Rang der Heiligen Schrift für Glauben und Leben der Christen: Das ursprüngliche, apostolische Zeugnis ist und bleibt der »Kanon«, das Grundgesetz der Kirche, Inhalt der Verkündigung, Nahrung unserer Frömmigkeit, Grundlage und »Seele« aller Theologie. Auch die dogmatische Theologie, die systematische Darstellung unseres Glaubens, muss ihren Ausgang bei den biblischen Themen nehmen, um sie über den Weg durch die Geschichte den heutigen Gläubigen zu erschließen. Die Tatsache, dass »Gotteswort im Menschenwort« sich artikuliert, erfordert allerdings, dass die unterschiedlichen menschlichen Sprechweisen und Ausdrucksformen der biblischen Schriftsteller genau erkannt und behutsam in Rechnung gestellt werden, gerade damit

2| H. Volk, Glaube als Gläubigkeit, Mainz 1963; auch in: H. Volk, Gesammelte Schriften III, Mainz 1978, 36–97.

3| A.a.O. 65.

der genuine Zuspruch und Anspruch Gottes in der Überlieferungsgemeinschaft Kirche unverkürzt zu Gehör kommt und den Glaubensgehorsam wecken kann.

So ist die kirchliche Weitergabe des Glaubens, insofern sie wesentlich lebendige Überlieferung (Tradition) des Evangeliums ist, ein dauernder Auslegungs- und Interpretationsprozess, das Bemühen, die ein für allemal ergangene, endgültige frohe Botschaft von Gottes Heil in Jesus Christus stets neu hörbar, verstehbar, lebbar zu machen. Kirchliche »Traditionen« späterer Zeit stehen immer und grundsätzlich unter dem Maßstab der Heiligen Schrift und müssen ihr dienen, denn sie allein enthält das greifbare Zeugnis der »konstitutiven Zeit« der Offenbarung. Dieses kostbare Erbe ist allen Christus Nachfolgenden anvertraut, die durch die Taufe in ein »prophetisches Amt« der Verkündigung berufen sind. Seit den Ursprüngen der Kirche sind darüber hinaus (und darauf hin, d. h. damit das lebendige Christuszeugnis aller möglich wird) bestimmte amtliche Verkündiger mit dem besonderen Dienst der bevollmächtigten Auslegung des Wortes Gottes beauftragt worden. Die gläubige Gewissheit, dass der Geist des erhöhten Herrn seine Kirche belebt, begleitet und in die volle Wahrheit führt (vgl. Joh 16, 13), konkretisiert sich in der Überzeugung, dass alle zur Verkündigung des Evangeliums Berufenen (die Gesamtheit der Glaubenden!) nicht nur verpflichtet, sondern auch befähigt werden, das ursprüngliche Evangelium vor Verfälschung zu bewahren: »Der Heilige Geist garantiert unfehlbar die Unverirrlichkeit des gesamtkirchlichen Bekenntnisses« (A. Beckmann). So »ist die Hoffnungsgemeinschaft unserer Kirche [...] ein pilgerndes Gottesvolk, das sich dadurch identifiziert und ausweist, dass es seine Geschichte als Heilsgeschichte Gottes mit den Menschen erzählt, dass es diese Geschichte im Gottesdienst immer wieder feiert und aus ihr zu leben versucht«[4].

1. *Gottes Schöpfung – unsere Lebenswelt*

GS 2 Daher wendet sich das Zweite Vatikanische Konzil nach einer tieferen Klärung des Geheimnisses der Kirche ohne Zaudern nicht mehr bloß an die Kinder der Kirche und an alle, die Christi Namen anrufen, sondern

4| Würzburger Synode, »Unsere Hoffnung. Ein Bekenntnis zum Glauben in dieser Zeit«, Offizielle Gesamtausgabe, Freiburg 1976, 99.

an alle Menschen schlechthin in der Absicht, allen darzulegen, wie es Gegenwart und Wirken der Kirche in der Welt von heute versteht. *Vor seinen Augen steht also die Welt der Menschen, das heißt die ganze Menschheitsfamilie mit der Gesamtheit der Wirklichkeiten, in denen sie lebt*; die Welt, der Schauplatz der Geschichte der Menschheit, von ihren Unternehmungen, Niederlagen und Siegen geprägt; *die Welt, die nach dem Glauben der Christen durch die Liebe des Schöpfers begründet ist und erhalten wird*; die unter die Knechtschaft der Sünde geraten, von Christus aber, dem Gekreuzigten und Auferstandenen, durch Brechung der Herrschaft des Bösen befreit wurde; bestimmt, umgestaltet zu werden nach Gottes Heilsratschluss und zur Vollendung zu kommen.

Gewiss ist die Menschheit in unseren Tagen voller Bewunderung für die GS 3
eigenen Erfindungen und die eigene Macht; trotzdem wird sie oft ängstlich bedrückt durch die Fragen nach der heutigen Entwicklung der Welt, nach Stellung und Aufgabe des Menschen im Universum, nach dem Sinn seines individuellen und kollektiven Schaffens, schließlich nach dem letzten Ziel der Dinge und Menschen. Als Zeuge und Künder des Glaubens des gesamten in Christus geeinten Volkes Gottes kann daher das Konzil dessen *Verbundenheit, Achtung und Liebe gegenüber der ganzen Menschheitsfamilie*, der dieses ja selbst eingefügt ist, nicht beredter bekunden als dadurch, dass es mit ihr in einen Dialog eintritt über all diese verschiedenen Probleme; dass es das Licht des Evangeliums bringt und dass es dem Menschengeschlecht jene Heilskräfte bietet, die die Kirche selbst, vom Heiligen Geist geleitet, von ihrem Gründer empfängt. *Es geht um die Rettung der menschlichen Person, es geht um den rechten Aufbau der menschlichen Gesellschaft. Der Mensch also, der eine und ganze Mensch, mit Leib und Seele, Herz und Gewissen, Vernunft und Willen steht im Mittelpunkt unserer Ausführungen.* Die Heilige Synode bekennt darum die hohe Berufung des Menschen, sie erklärt, dass etwas wie ein göttlicher Same in ihn eingesenkt ist, und bietet der Menschheit die aufrichtige Mitarbeit der Kirche an zur Errichtung jener brüderlichen Gemeinschaft aller, die dieser Berufung entspricht. Dabei bestimmt die Kirche kein irdischer Machtwille, sondern nur dies eine: unter Führung des Geistes, des Trösters, das Werk Christi selbst weiterzuführen, der in die Welt kam, um der Wahrheit Zeugnis zu geben; zu retten, nicht zu richten; zu dienen, nicht sich bedienen zu lassen.

GS 41 *Der heutige Mensch ist unterwegs zur volleren Entwicklung seiner Persönlichkeit und zu einer immer tieferen Einsicht und Durchsetzung seiner Rechte.* Da es aber der Kirche anvertraut ist, das Geheimnis Gottes, des letzten Zieles der Menschen, offenkundig zu machen, erschließt sie dem Menschen gleichzeitig das Verständnis seiner eigenen Existenz, das heißt die letzte Wahrheit über den Menschen. *Die Kirche weiß sehr wohl, dass Gott, dem sie dient, allein die Antwort ist auf das tiefste Sehnen des menschlichen Herzens, das an den Gaben der Erde nie voll sich sättigen kann.* Sie weiß auch darum, dass der Mensch unter dem ständigen Antrieb des Geistes Gottes niemals dem Problem der Religion gegenüber ganz gleichgültig sein kann, wie es nicht nur die Erfahrung so vieler vergangener Jahrhunderte, sondern auch das vielfältige Zeugnis unserer Zeit beweist. Denn immer wird der Mensch wenigstens ahnungsweise Verlangen in sich tragen, zu wissen, was die Bedeutung seines Lebens, seines Schaffens und seines Todes ist. Schon das reine Dasein der Kirche als solches erinnert ihn an diese Probleme. *Gott allein, der den Menschen nach seinem Bild geschaffen und von der Sünde erlöst hat, gibt auf diese Fragen die erschöpfende Antwort in seiner Offenbarung in seinem Sohn, der Mensch geworden ist.* Wer Christus, dem vollkommenen Menschen, folgt, wird auch selbst mehr Mensch.

Aus diesem Glauben heraus vermag die Kirche die Würde des menschlichen Wesens allen Meinungsschwankungen zu entziehen, die z.B. den menschlichen Leib zu sehr abwerten oder über das rechte Maß emporheben. Durch kein menschliches Gesetz können die personale Würde und die Freiheit des Menschen so wirksam geschützt werden wie durch das Evangelium Christi, das der Kirche anvertraut ist. Diese Frohbotschaft nämlich verkündet und proklamiert die Freiheit der Kinder Gottes; sie verwirft jede Art von Knechtschaft, die letztlich aus der Sünde stammt; sie respektiert sorgfältig die Würde des Gewissens und seiner freien Entscheidung; unablässig mahnt sie dazu, alle menschlichen Talente im Dienst Gottes und zum Wohl der Menschen Frucht bringen zu lassen; alle endlich empfiehlt sie der Liebe aller. Dies entspricht dem grundlegenden Gesetz der christlichen Heilsordnung. *Wenn auch derselbe Gott Schöpfer und Erlöser ist, Herr der Profangeschichte und der Heilsgeschichte, so wird doch in eben dieser göttlichen Ordnung die richtige Autonomie der Schöpfung und besonders des Menschen nicht nur nicht aufgehoben, sondern vielmehr in ihre eigene Würde eingesetzt und in ihr befestigt.*

Kraft des ihr anvertrauten Evangeliums verkündet also die Kirche die

Rechte des Menschen, und sie anerkennt und schätzt die Dynamik der Gegenwart, die diese Rechte überall fördert.
Freilich muss diese Bewegung vom Geist des Evangeliums erfüllt und gegen jede Art falscher Autonomie geschützt werden. Wir sind nämlich der Versuchung ausgesetzt, unsere persönlichen Rechte nur dann für voll gewahrt zu halten, wenn wir jeder Norm des göttlichen Gesetzes ledig wären. Auf diesem Wege aber geht die Würde der menschlichen Person, statt gewahrt zu werden, eher verloren.

Nun scheinen viele unserer Zeitgenossen zu befürchten, dass durch eine GS 36
engere Verbindung des menschlichen Schaffens mit der Religion die Autonomie des Menschen, der Gesellschaften und der Wissenschaften bedroht werde.
Wenn wir unter Autonomie der irdischen Wirklichkeiten verstehen, dass die geschaffenen Dinge und auch die Gesellschaften ihre eigenen Gesetze und Werte haben, die der Mensch schrittweise erkennen, gebrauchen und gestalten muss, dann ist es durchaus berechtigt, diese Autonomie zu fordern. Das ist nicht nur eine Forderung der Menschen unserer Zeit, sondern entspricht auch dem Willen des Schöpfers. Durch ihr Geschaffensein selber nämlich haben alle Einzelwirklichkeiten ihren festen Eigenstand, ihre eigene Gutheit, sowie ihre Eigengesetzlichkeit und ihre eigenen Ordnungen, die der Mensch unter Anerkennung der den einzelnen Wissenschaften und Techniken eigenen Methode achten muss. Vorausgesetzt, dass die methodische Forschung in allen Wissensbereichen in einer wirklich wissenschaftlichen Weise und gemäß den Normen der Sittlichkeit vorgeht, wird sie niemals in einen echten Konflikt mit dem Glauben kommen, weil die Wirklichkeiten des profanen Bereichs und die des Glaubens in demselben Gott ihren Ursprung haben. Ja wer bescheiden und ausdauernd die Geheimnisse der Wirklichkeit zu erforschen versucht, wird, auch wenn er sich dessen nicht bewusst ist, von dem Gott an der Hand geführt, der alle Wirklichkeit trägt und sie in sein Eigensein einsetzt. *Deshalb sind gewisse Geisteshaltungen, die einst auch unter Christen wegen eines unzulänglichen Verständnisses für die legitime Autonomie der Wissenschaft vorkamen, zu bedauern. Durch die dadurch entfachten Streitigkeiten und Auseinandersetzungen schufen sie in der Mentalität vieler die Überzeugung von einem Widerspruch zwischen Glauben und Wissenschaft.*
Wird aber mit den Worten »Autonomie der zeitlichen Dinge« gemeint, dass die geschaffenen Dinge nicht von Gott abhängen und der Mensch sie

ohne Bezug auf den Schöpfer gebrauchen könne, so spürt jeder, der Gott anerkennt, wie falsch eine solche Auffassung ist. Denn das Geschöpf sinkt ohne den Schöpfer ins Nichts. Zudem haben alle Glaubenden, gleich, welcher Religion sie zugehören, die Stimme und Bekundung Gottes immer durch die Sprache der Geschöpfe vernommen. Überdies wird das Geschöpf selbst durch das Vergessen Gottes unverständlich.

DV 3 *Gott, der durch das Wort alles erschafft* (vgl. Joh 1, 3) *und erhält, gibt den Menschen jederzeit in den geschaffenen Dingen Zeugnis von sich* (vgl. Röm 1, 19–20). Da er aber den Weg übernatürlichen Heiles eröffnen wollte, hat er darüber hinaus sich selbst schon am Anfang den Stammeltern kundgetan. Nach ihrem Fall hat er sie wiederaufgerichtet in Hoffnung auf das Heil, indem er die Erlösung versprach (vgl. Gen 3, 15). Ohne Unterlass hat er für das Menschengeschlecht gesorgt, um allen das ewige Leben zu geben, die das Heil suchen durch Ausdauer im guten Handeln (vgl. Röm 2, 6–7). Später berief er Abraham, um ihn zu einem großen Volk zu machen (vgl. Gen 12, 2), das er dann nach den Patriarchen durch Moses und die Propheten erzog, ihn allein als lebendigen und wahren Gott, als fürsorgenden Vater und gerechten Richter anzuerkennen und auf den versprochenen Erlöser zu harren. So hat er dem Evangelium den Weg durch die Zeiten bereitet.

2. *Jesus Christus, Gottes letztes Wort*

DV 2 Gott hat in seiner Güte und Weisheit beschlossen, sich selbst zu offenbaren und das Geheimnis seines Willens kundzutun (vgl. Eph 1, 9): dass die Menschen durch Christus, das fleischgewordene Wort, im Heiligen Geist Zugang zum Vater haben und teilhaftig werden der göttlichen Natur (vgl. Eph 2, 18; 2 Petr 1, 4). *In dieser Offenbarung redet der unsichtbare Gott* (vgl. Kol 1, 15; 1 Tim 1, 17) *aus überströmender Liebe die Menschen an wie Freunde* (vgl. Ex 33, 11; Joh 15, 14–15) *und verkehrt mit ihnen* (vgl. Bar 3, 38), *um sie in seine Gemeinschaft einzuladen und aufzunehmen. Das Offenbarungsgeschehen ereignet sich in Tat und Wort, die innerlich miteinander verknüpft sind*: die Werke nämlich, die Gott im Verlauf der Heilsgeschichte wirkt, offenbaren und bekräftigen die Lehre und die durch die Worte bezeichneten Wirklichkeiten; die Worte verkündigen die Werke und lassen das Geheimnis, das sie enthalten, ans Licht treten. Die Tiefe der durch diese Offenbarung über

Gott und über das Heil des Menschen erschlossenen Wahrheit leuchtet uns auf in Christus, der zugleich der Mittler und die Fülle der ganzen Offenbarung ist.

Nachdem Gott viele Male und auf viele Weisen durch die Propheten gesprochen hatte, »*hat er zuletzt* in diesen Tagen zu uns gesprochen im Sohn« (Hebr 1, 1–2). Er hat *seinen Sohn, das ewige Wort, das Licht aller Menschen, gesandt, damit er unter den Menschen wohne* und ihnen vom Innern Gottes Kunde bringe (vgl. Joh 1, 1–18). Jesus Christus, das fleischgewordene Wort, als »Mensch zu den Menschen« gesandt, »redet die Worte Gottes« (Joh 3, 34) und vollendet das Heilswerk, dessen Durchführung der Vater ihm aufgetragen hat (vgl. Joh 5, 36; 17, 4). Wer ihn sieht, sieht auch den Vater (vgl. Joh 14, 9). *Er ist es, der durch sein ganzes Dasein und seine ganze Erscheinung*, durch Worte und Werke, durch Zeichen und Wunder, vor allem aber durch seinen Tod und seine herrliche Auferstehung von den Toten, schließlich durch die Sendung des Geistes der Wahrheit *die Offenbarung erfüllt und abschließt und durch göttliches Zeugnis bekräftigt, dass Gott mit uns ist*, um uns aus der Finsternis von Sünde und Tod zu befreien und zu ewigem Leben zu erwecken. DV 4
Daher ist die christliche Heilsordnung, nämlich der neue und endgültige Bund, unüberholbar, und es ist keine neue öffentliche Offenbarung mehr zu erwarten vor der Erscheinung unseres Herrn Jesus Christus in Herrlichkeit (vgl. 1 Tim 6, 14 und Tit 2, 13).

Dem offenbarenden Gott ist der »*Gehorsam des Glaubens*« (Röm 16, 26; vgl. Röm 1, 5; 2 Kor 10, 5–6) zu leisten. *Darin überantwortet sich der Mensch Gott als ganzer in Freiheit*, indem er sich »dem offenbarenden Gott mit Verstand und Willen voll unterwirft« (Vat. I) und seiner Offenbarung willig zustimmt. Dieser Glaube kann nicht vollzogen werden ohne die zuvorkommende und helfende Gnade Gottes und ohne den inneren Beistand des Heiligen Geistes, der das Herz bewegen und Gott zuwenden, die Augen des Verstandes öffnen und »es jedem leicht machen muss, der Wahrheit zuzustimmen und zu glauben« (Vat. I). Dieser Geist vervollkommnet den Glauben ständig durch seine Gaben, um das Verständnis der Offenbarung mehr und mehr zu vertiefen. DV 5

3. Apostolisches Zeugnis

DV 7 *Was Gott zum Heil aller Völker geoffenbart hatte, das sollte* – so hat er in Güte verfügt – für alle Zeiten unversehrt erhalten bleiben und *allen Geschlechtern weitergegeben werden.* Darum hat Christus der Herr, in dem die ganze Offenbarung des höchsten Gottes sich vollendet (vgl. 2 Kor 1, 20; 3, 16–4. 6), den Aposteln geboten, das Evangelium, das er als die Erfüllung der früher ergangenen prophetischen Verheißung selbst gebracht und persönlich öffentlich verkündet hat, allen zu predigen als die Quelle jeglicher Heilswahrheit und Sittenlehre und ihnen so göttliche Gaben mitzuteilen. Das ist treu ausgeführt worden, und zwar sowohl durch die Apostel, die durch mündliche Predigt, durch Beispiel und Einrichtungen weitergaben, was sie aus Christi Mund, im Umgang mit ihm und durch seine Werke empfangen oder was sie unter der Eingebung des Heiligen Geistes gelernt hatten, als auch durch jene Apostel und apostolischen Männer, die unter der Inspiration des gleichen Heiligen Geistes die Botschaft vom Heil niederschrieben.

DV 8 Wenn die Apostel das, was auch sie empfangen haben, überliefern, mahnen sie die Gläubigen, die Überlieferungen, die sie in mündlicher Rede oder durch einen Brief gelernt haben (vgl. 2 Thess 2, 15), festzuhalten und für den Glauben zu kämpfen, der ihnen ein für allemal überliefert wurde (vgl. Jud 3). Was von den Aposteln überliefert wurde, umfasst alles, was dem Volk Gottes hilft, ein heiliges Leben zu führen und den Glauben zu mehren. *So führt die Kirche in Lehre, Leben und Kult durch die Zeiten weiter und übermittelt allen Geschlechtern alles, was sie selber ist, alles, was sie glaubt.*

Diese apostolische Überlieferung kennt in der Kirche unter dem Beistand des Heiligen Geistes einen Fortschritt: es wächst das Verständnis der überlieferten Dinge und Worte durch das Nachsinnen und Studium der Gläubigen, die sie in ihrem Herzen erwägen (vgl. Lk 2, 19.51), durch innere Einsicht, die aus geistlicher Erfahrung stammt, durch die Verkündigung derer, die mit der Nachfolge im Bischofsamt das sichere Charisma der Wahrheit empfangen haben; denn die Kirche strebt im Gang der Jahrhunderte ständig der Fülle der göttlichen Wahrheit entgegen, bis an ihr sich Gottes Worte erfüllen.

4. Die Heilige Schrift als Mitte

Das Wort Gottes, Gottes Kraft zum Heil für jeden, der glaubt (vgl. Röm 1, 16), *kommt zu einzigartiger Darstellung und Kraftentfaltung in den Schriften des Neuen Bundes;* denn als die Fülle der Zeit kam (vgl. Gal 4, 4), ist das Wort Fleisch geworden und hat unter uns gewohnt, voll Gnade und Wahrheit (vgl. Joh 1, 14). Christus hat das Reich Gottes auf Erden wiederhergestellt, in Tat und Wort seinen Vater und sich selbst geoffenbart und sein Werk durch Tod, Auferstehung, herrliche Himmelfahrt und Sendung des Heiligen Geistes vollendet. Von der Erde erhöht zieht er alle an sich (vgl. Joh 12, 32 griech.); denn er allein hat Worte des ewigen Lebens (vgl. Joh 6, 68). Anderen Geschlechtern ward dieses Geheimnis nicht kundgetan, wie es nun geoffenbart worden ist seinen heiligen Aposteln und Propheten im Heiligen Geist (vgl. Eph 3, 4–6 griech.), damit sie das Evangelium verkünden, den Glauben an Jesus als Christus und Herrn wecken und die Kirche sammeln. Dafür sind die Schriften des Neuen Bundes das unvergängliche und göttliche Zeugnis. DV 17

Das von Gott Geoffenbarte, das in der Heiligen Schrift enthalten ist und vorliegt, ist unter dem Anhauch des Heiligen Geistes aufgezeichnet worden; denn aufgrund apostolischen Glaubens gelten unserer heiligen Mutter, der Kirche, die Bücher des Alten wie des Neuen Testamentes in ihrer Ganzheit mit allen ihren Teilen als heilig und kanonisch, weil sie, unter der Einwirkung des Heiligen Geistes geschrieben (vgl. Joh 20, 31; 2 Tim 3, 16; 2 Petr 1, 19–21; 3, 15–16), Gott zum Urheber haben und als solche der Kirche übergeben sind. Zur Abfassung der Heiligen Bücher hat Gott Menschen erwählt, die ihm durch den Gebrauch ihrer eigenen Fähigkeiten und Kräfte dazu dienen sollten, all das und nur das, was er – in ihnen und durch sie wirksam – geschrieben haben wollte, als echte Verfasser schriftlich zu überliefern. Da also alles, was die inspirierten Verfasser oder Hagiographen aussagen, als vom Heiligen Geist ausgesagt zu gelten hat, *ist von den Büchern der Schrift zu bekennen, dass sie sicher,* getreu und ohne Irrtum *die Wahrheit lehren, die Gott um unseres Heiles willen in heiligen Schriften aufgezeichnet haben wollte.* Daher »ist jede Schrift, von Gott eingegeben, auch nützlich zur Belehrung, zur Beweisführung, zur Zurechtweisung, zur Erziehung in der Gerechtigkeit, damit der Gott gehörige Mensch bereit sei, wohlgerüstet zu jedem guten Werk« (2 Tim 3, 16–17 griech.). DV 11

DV 19 Unsere heilige Mutter, die Kirche, hat entschieden und unentwegt daran festgehalten und hält daran fest, dass die vier genannten Evangelien, deren Geschichtlichkeit sie ohne Bedenken bejaht, zuverlässig überliefern, was Jesus, der Sohn Gottes, in seinem Leben unter den Menschen zu deren ewigem Heil wirklich getan und gelehrt hat bis zu dem Tag, da er aufgenommen wurde (vgl. Apg 1, 1–2). Die Apostel haben nach der Auffahrt des Herrn das, was er selbst gesagt und getan hatte, ihren Hörern mit jenem volleren Verständnis überliefert, das ihnen aus der Erfahrung der Verherrlichung Christi und aus dem Licht des Geistes der Wahrheit zufloss. *Die biblischen Verfasser aber haben die vier Evangelien redigiert, indem sie einiges aus dem vielen auswählten, das mündlich oder auch schon schriftlich überliefert war, indem sie anderes zu Überblicken zusammenzogen oder im Hinblick auf die Lage in den Kirchen verdeutlichten, indem sie schließlich die Form der Verkündigung beibehielten*, doch immer so, dass ihre Mitteilungen über Jesus wahr und ehrlich waren. Denn ob sie nun aus eigenem Gedächtnis und Erinnern schrieben oder aufgrund des Zeugnisses jener, »die von Anfang an Augenzeugen und Diener des Wortes waren«, es ging ihnen immer darum, dass wir die »Wahrheit« der Worte erkennen sollten, von denen wir Kunde erhalten haben (vgl. Lk 1, 2–4).

DV 21 *Die Kirche hat die Heiligen Schriften immer verehrt wie den Herrenleib selbst, weil sie, vor allem in der heiligen Liturgie, vom Tisch des Wortes Gottes wie des Leibes Christi ohne Unterlass das Brot des Lebens nimmt und den Gläubigen reicht.* In ihnen zusammen mit der Heiligen Überlieferung sah sie immer und sieht sie die höchste Richtschnur ihres Glaubens, weil sie, von Gott eingegeben und ein für alle Male niedergeschrieben, das Wort Gottes selbst unwandelbar vermitteln und in den Worten der Propheten und der Apostel die Stimme des Heiligen Geistes vernehmen lassen. *Wie die christliche Religion selbst, so muss auch jede kirchliche Verkündigung sich von der Heiligen Schrift nähren und sich an ihr orientieren.* In den Heiligen Büchern kommt ja der Vater, der im Himmel ist, seinen Kindern in Liebe entgegen und nimmt mit ihnen das Gespräch auf. Und solche Gewalt und Kraft west im Worte Gottes, dass es für die Kirche Halt und Leben, für die Kinder der Kirche Glaubensstärke, Seelenspeise und reiner, unversieglicher Quell des geistlichen Lebens ist. Darum gelten von der Heiligen Schrift in besonderer Weise die Worte: »Lebendig ist Gottes Rede und wirksam« (Hebr 4, 12), »mächtig auf zubauen und das Erbe auszuteilen unter allen Geheiligten« (Apg 20, 32; vgl. 1 Thess 2, 13).

Ebenso ermahnt die Heilige Synode alle an Christus Glaubenden, zumal die Glieder religiöser Gemeinschaften, besonders eindringlich, *durch häufige Lesung der Heiligen Schrift sich die »alles übertreffende Erkenntnis Jesu Christi«* (Phil 3, 8) *anzueignen.* »Die Schrift nicht kennen heißt Christus nicht kennen.« (Hieronymus). Sie sollen deshalb gern an den heiligen Text selbst herantreten, einmal in der mit göttlichen Worten gesättigten heiligen Liturgie, dann in frommer Lesung oder auch durch geeignete Institutionen und andere Hilfsmittel, die heute mit Billigung und auf Veranlassung der Hirten der Kirche lobenswerterweise allenthalben verbreitet werden. Sie sollen daran denken, dass Gebet die Lesung der Heiligen Schrift begleiten muss, damit sie zu einem Gespräch werde zwischen Gott und Mensch; denn »ihn reden wir an, wenn wir beten; ihn hören wir, wenn wir Gottes Weisungen lesen« (Ambrosius). DV 25

5. *Lebendige Überlieferung des Evangeliums*

Die Heilige Überlieferung und die Heilige Schrift sind eng miteinander verbunden und haben aneinander Anteil. Demselben göttlichen Quell entspringend, fließen beide gewissermaßen in eins zusammen und streben demselben Ziel zu. Denn die Heilige Schrift ist Gottes Rede, insofern sie unter dem Anhauch des Heiligen Geistes schriftlich aufgezeichnet wurde. *Die Heilige Überlieferung aber gibt das Wort Gottes, das von Christus dem Herrn und vom Heiligen Geist den Aposteln anvertraut wurde, unversehrt an deren Nachfolger weiter, damit sie es unter der erleuchtenden Führung des Geistes der Wahrheit in ihrer Verkündigung treu bewahren, erklären und ausbreiten.* So ergibt sich, dass die Kirche ihre Gewissheit über alles Geoffenbarte nicht aus der Heiligen Schrift allein schöpft. DV 9

Die Heilige Überlieferung und die Heilige Schrift bilden den einen der Kirche überlassenen heiligen Schatz des Wortes Gottes. DV 10

Die heilige Theologie ruht auf dem geschriebenen Wort Gottes, zusammen mit der Heiligen Überlieferung, wie auf einem bleibenden Funda- DV 24 ment. In ihm gewinnt sie sichere Kraft und verjüngt sich ständig, wenn sie alle im Geheimnis Christi beschlossene Wahrheit im Lichte des Glaubens durchforscht. Die Heiligen Schriften enthalten das Wort Gottes und, weil inspiriert, sind sie wahrhaft Wort Gottes: *Deshalb sei das Studium des heiligen Buches gleichsam die Seele der heiligen Theologie.* Auch der Dienst des Wortes, nämlich die seelsorgliche Verkündigung, die Katechese und alle christliche Unterweisung – in welcher die liturgische Homilie einen hervorragenden Platz haben muss – holt aus dem Wort der Schrift gesunde Nahrung und heilige Kraft.

DV 12 Da Gott in der Heiligen Schrift durch Menschen nach Menschenart gesprochen hat, muss der Schrifterklärer, um zu erfassen, was Gott uns mitteilen wollte, sorgfältig erforschen, was die heiligen Schriftsteller wirklich zu sagen beabsichtigten und was Gott mit ihren Worten kundtun wollte. *Um die Aussageabsicht der Hagiographen zu ermitteln, ist neben anderem auf die literarischen Gattungen zu achten. Denn die Wahrheit wird je anders dargelegt und ausgedrückt in Texten von in verschiedenem Sinn geschichtlicher, prophetischer oder dichterischer Art, oder in anderen Redegattungen.* Weiterhin hat der Erklärer nach dem Sinn zu forschen, wie ihn aus einer gegebenen Situation heraus der Hagiograph den Bedingungen seiner Zeit und Kultur entsprechend – mit Hilfe der damals üblichen literarischen Gattungen – hat ausdrücken wollen und wirklich zum Ausdruck gebracht hat. *Will man richtig verstehen, was der heilige Verfasser in seiner Schrift aussagen wollte, so muss man schließlich genau auf die vorgegebenen umweltbedingten Denk-, Sprach- und Erzählformen achten*, die zur Zeit des Verfassers herrschten, wie auf die Formen, die damals im menschlichen Alltagsverkehr üblich waren.
Da die Heilige Schrift in dem Geist gelesen und ausgelegt werden muss, in dem sie geschrieben wurde, erfordert die rechte Ermittlung des Sinnes der heiligen Texte, dass man mit nicht geringerer Sorgfalt auf den Inhalt und die Einheit der ganzen Schrift achtet, unter Berücksichtigung der lebendigen Überlieferung der Gesamtkirche und der Analogie des Glaubens. Aufgabe der Exegeten ist es, nach diesen Regeln auf eine tiefere Erfassung und Auslegung des Sinnes der Heiligen Schrift hinzuarbeiten, damit so gleichsam aufgrund wissenschaftlicher Vorarbeit das Urteil der Kirche reift. Alles, was die Art der Schrifterklärung betrifft, untersteht letztlich dem Urteil der Kirche, deren gottgegebener Auftrag und Dienst es ist, das Wort Gottes zu bewahren und auszulegen.

Mit besonderer Sorgfalt sollen sie (die Priesteramtskandidaten) im *Studium der Heiligen Schrift, die die Seele der ganzen Theologie sein muss*, gefördert werden. Nach einer entsprechenden Einführung sollen sie in der exegetischen Methode gründlich geschult werden; mit den Hauptthemen der göttlichen Offenbarung sollen sie vertraut werden und für ihre tägliche Schriftlesung und Schriftbetrachtung Anregung und Nahrung erhalten. *Die dogmatische Theologie soll so angeordnet werden, dass zuerst die biblischen Themen selbst vorgelegt werden*; dann erschließe man den Alumnen, was die Väter der östlichen und westlichen Kirche zur treuen *Überlieferung* und zur Entfaltung der einzelnen Offenbarungswahrheiten beigetragen haben, ebenso die weitere Dogmengeschichte, unter Berücksichtigung ihrer Beziehungen zur allgemeinen Kirchengeschichte, sodann sollen sie lernen, mit dem heiligen Thomas als Meister, *die Heilsgeheimnisse in ihrer Ganzheit spekulativ tiefer zu durchdringen* und ihren Zusammenhang zu verstehen, um sie, soweit möglich, zu erhellen. Sie sollen geschult werden, diese selben Heilsgeheimnisse stets in den liturgischen Handlungen und *im gesamten Leben der Kirche gegenwärtig und wirksam zu sehen*, und lernen, die Lösung der menschlichen Probleme im Lichte der Offenbarung zu suchen, ihre ewige Wahrheit auf die wandelbare Welt menschlicher Dinge anzuwenden *und sie in angepasster Weise den Menschen unserer Zeit mitzuteilen.* OT 16

Das heilige Gottesvolk nimmt auch teil an dem prophetischen Amt Christi, in der Verbreitung seines lebendigen Zeugnisses vor allem durch ein Leben in Glauben und Liebe, in der Darbringung des Lobesopfers an Gott als Frucht der Lippen, die seinen Namen bekennen (vgl. Hebr 13, 15). *Die Gesamtheit der Gläubigen, welche die Salbung von dem Heiligen haben* (vgl. 1 Joh 2, 20.27), *kann im Glauben nicht irren.* Und diese ihre besondere Eigenschaft macht sie durch den übernatürlichen Glaubenssinn des ganzen Volkes dann kund, wenn sie »von den Bischöfen bis zu den letzten gläubigen Laien« (Augustinus) ihre allgemeine Übereinstimmung in Sachen des Glaubens und der Sitten äußert. Durch jenen Glaubenssinn nämlich, der vom Geist der Wahrheit geweckt und genährt wird, hält das Gottesvolk unter der Leitung des heiligen Lehramtes, in dessen treuer Gefolgschaft es nicht mehr das Wort von Menschen, sondern wirklich das Wort Gottes empfängt (vgl. 1 Thess 2, 13), den einmal den Heiligen übergebenen Glauben (vgl. Jud 3) unverlierbar fest. Durch ihn dringt es LG 12 mit rechtem Urteil immer tiefer in den Glauben ein und wendet ihn im Leben voller an.

DV 10 Die Aufgabe aber, das geschriebene oder überlieferte Wort Gottes verbindlich zu erklären, ist nur dem lebendigen Lehramt der Kirche anvertraut, dessen Vollmacht im Namen Jesu Christi ausgeübt wird. *Das Lehramt ist nicht über dem Wort Gottes, sondern dient ihm, indem es nichts lehrt, als was überliefert ist, weil es das Wort Gottes aus göttlichem Auftrag und mit dem Beistand des Heiligen Geistes voll Ehrfurcht hört, heilig bewahrt und treu auslegt* und weil es alles, was es als von Gott geoffenbart zu glauben vorlegt, aus diesem einen Schatz des Glaubens schöpft.

Es zeigt sich also, dass die Heilige Überlieferung, die Heilige Schrift und das Lehramt der Kirche gemäß dem weisen Ratschluss Gottes so miteinander verknüpft und einander zugesellt sind, dass keines ohne die anderen besteht und dass alle zusammen, jedes auf seine Art, durch das Tun des einen Heiligen Geistes wirksam dem Heil der Seelen dienen.

DV 26 So möge durch Lesung und Studium der Heiligen Bücher »Gottes Wort seinen Lauf nehmen und verherrlicht werden« (2 Thess 3, 1). Der Schatz der Offenbarung, der Kirche anvertraut, erfülle mehr und mehr die Herzen der Menschen. Wie das Leben der Kirche sich mehrt durch die ständige Teilnahme am eucharistischen Geheimnis, so darf man neuen Antrieb für das geistliche Leben erhoffen aus der gesteigerten Verehrung des Wortes Gottes, welches »bleibt in Ewigkeit« (Jes 40, 8; vgl. 1 Petr 1, 23–25).

II. Dienende Kirche

Hinführung

Kirchenkritik hat zur Zeit Hochkonjunktur, hämische und bösartige aber auch enttäuschte und wohlwollende »von außen« – engagierte, klagende, verbitterte und resignierende »von innen«.

Es gibt immer wieder schlimme, konkrete Anlässe dazu. Stehen wir kirchlich sozialisierten und organisierten Zeitgenossen der Botschaft und Leuchtkraft des Jesus von Nazareth im Wege?

Andererseits empfinde ich doch nur deshalb Zuneigung zu Jesus, Sympathie für sein Evangelium, einen christlichen Lebensentwurf, Hoffnung auf Ganzsein, auf Heilsein, auf den Sieg des Guten, auf Vollendung der Welt und auch meines Lebens, weil es diese Überlieferungs- und Lebensgemeinschaft der Gläubigen gibt, die durch die Jahrhunderte hindurch (gewiss oft mehr schlecht als recht) das Wissen von Jesus dem Christus Gottes und die Begeisterung für ihn auch an mich weitergegeben hat. »Deshalb ist sie, die mich in vielem so ärgert und plagt, mir Kummer und Sorgen macht, deshalb ist die problematische Kirche dieselbe, der ich wie keiner anderen geschichtlichen Macht tief dankbar bin.«[1]

Gottes greifbare Güte sollte sie sein, die Anwesenheit der lebeneröffnenden, lebengewährenden Barmherzigkeit Gottes in der Welt: »Wenn jemand mich liebt, wird er an meinem Wort festhalten; mein Vater wird ihn lieben und wir werden zu ihm kommen und bei ihm wohnen« (Joh 14, 23). Was wäre, wenn wir wirklich wären, was wir sein könnten und sein sollten? Das Wort von Gottes Nähe in Jesus darf nicht verstummen! »Was wir gesehen und gehört haben, das verkünden wir auch euch, damit auch ihr Gemeinschaft mit uns habt. Wir aber haben Gemeinschaft mit dem Vater und seinem Sohn Jesus Christus« (1 Joh 1, 3).

Dies war nun keineswegs das Erscheinungsbild und das Selbstverständnis der Kirche in den letzten hundert Jahren. »Die Kirche ist der Gegensatz und der Widerspruch zum Geist der Zeit, wie und weil dieser der Gegensatz und der Widerspruch zum Glauben und damit zur Gemeinschaft der Glaubenden

1 | W. Dirks, Der singende Stotterer. Autobiographische Texte, München 1983, 181.

ist [...], der alles Wirken darauf bedacht und abgestellt sein muss, den Einbruch von außen, den Einbruch einer feindlichen Zerstörung zu verhindern, und die innere Front, die Geschlossenheit, die Abwehrbereitschaft zu stärken [...] Dies geschieht durch die Objektivation der Glaubensinhalte in der Form der Definition und der Dogmatisierung, in der Form der entschiedenen Abweisung von klar diagnostizierten Häresien, Verwirrungen, Fehlhaltungen.«[2] Nach allgemeinem Eindruck innerhalb und außerhalb war die römisch-katholische Kirche die Papstkirche mit der Struktur einer absoluten Monarchie, immer noch mächtig, vermögend, einflussreich, darum bemüht, sich keine Blöße zu geben, den Ruf der Erneuerung und Umkehr (nicht an sich selbst, sondern vielmehr) an die Welt zu richten. Die sogenannte Neuscholastik tat das Ihre, um dieses Bewusstsein theologisch zu stützen und zu konservieren: »Durch sich selbst ist die Kirche ein großer steter Beweggrund der Glaubwürdigkeit [...] Kraft ihrer wunderbaren Fortpflanzung, ihrer hervorragenden Heiligkeit und unerschöpflichen Fruchtbarkeit in allem Guten [...]«[3] Dass die Kirche selbst »stets der Reinigung bedürftig [...] immerfort den Weg der Buße und Erneuerung« zu gehen habe (LG, 8), diese Feststellung des letzten Konzils zeigt den deutlichen Perspektivwechsel! Dabei spricht sie eigentlich nur nüchtern aus, was allgemeine Erfahrung ist seit den Anfängen der Christenheit (vgl. z.B. 1 Kor 1, 10–13; 5, 1–12; 6, 1–20. 2 Kor 10–13. Gal 1, 6–9) durch die ganze Kirchengeschichte. Eine solche Bereitschaft zur Selbstkritik ist keine leichtfertige »Nestbeschmutzung«, sondern ein direktes Kennzeichen unseres Glaubens: Weil wir auf Gott und seine verwandelnde Macht hoffen, brauchen wir unser eigenes Versagen nicht zu vertuschen: »Wir Christen hoffen ja nicht auf uns selber, und darum brauchen wir auch unsere eigene Gegenwart und unsere eigene Geschichte nicht immer wieder zu halbieren und stets nur die Sonnenseite vorzuzeigen, wie es jene Ideologien tun, die keine andere Hoffnung haben als die auf sich selbst. In diesem Sinne ist die Bereitschaft zur Selbstkritik ein Zeugnis unserer spezifisch christlichen Hoffnung, die die Kirche immer neu zu einer offensiven Gewissenserforschung anleitet.«[4] Führt ein solches Bemühen zur »Nabelschau«, lenkt es den Blick zu sehr auf uns selbst, statt auf Gott?

2| H. Fries, Wandel des Kirchenbildes und dogmengeschichtliche Entfaltung, in: J. Feiner / M. Löhrer (Hg.), Mysterium Salutis IV 1, Einsiedeln 1972, 223–285, hier 269.

3| I. Vatikanisches Konzil, Dogmatische Konstitution über den katholischen Glauben »Dei Filius«, DH 3013.

4| Würzburger Synode, »Unsere Hoffnung. Ein Bekenntnis zum Glauben in dieser Zeit«, Offizielle Gesamtausgabe, Freiburg 1976, 102.

Kirche ist kein Thema neben Gott und neben Jesus Christus! Könnten wir als Christen anders von Gott reden als von dem, der sich als ein Gott für die Welt und für die Menschen erfahrbar gemacht hat? Seit der Dornbuscherfahrung »Ich werde für euch da sein« (Ex 3, 14) kann man den Gott Israels nur bekennen und bejahen, indem man seine Zuwendung zu den Menschen mitbekennt und mitbejaht. Und spätestens seit Jesus ist Nächstenliebe die konkrete Gestalt der Gottesliebe. Oder etwas theologischer formuliert: Nach dem Ausweis der Heiligen Schriften ist das (alte und) neue Volk Gottes gerade dadurch konstituiert, dass es vor allem eigenen Tun von Gott erwählt und berufen, angesprochen und begnadet ist, so dass jedes konkrete Reden von Gott und seinem Heilswirken immer auch Aussagen über die Kirche zumindest einschließt, so dass andererseits die Selbstdarstellung der Kirche – wenn sie theologisch recht geschieht – gerade nicht von Gott wegblickt, sondern ein theologisches Thema ist in dem Sinne, dass in ihm gleichzeitig und zwar vorrangig auch von Gott die Rede ist, weil nur aufgrund göttlicher Selbsterschließung und Selbstmitteilung diese menschliche Gemeinschaft ihren spezifischen Charakter besitzt, »Sakrament, das heißt Zeichen und Werkzeug für die innigste Vereinigung mit Gott wie für die Einheit der ganzen Menschheit« (LG 1) zu sein.

Hier wird der Ansatz für den programmatischen Aufbau der wichtigen dogmatischen Konstitution über die Kirche erkennbar: Die Überschriften und die Abfolge der ersten drei Kapitel entwickeln das Konzept eines ekklesiologischen Aufbaus, der, theologisch wohl bedacht, auf biblischem Grundriss sich absolut senkrecht erhebt: Das erste Kapitel spricht über »Das Mysterium der Kirche«, das in der Gründung und Verwurzelung in der Liebe des dreifaltigen Gottes offenbar wird. Mit »Das Volk Gottes« ist das zweite Kapitel überschrieben; denn das Erste und Grundlegende, was nun über die Kirche aus Menschen gesagt werden muss, ist die Auserwählung und Begnadigung, die allen Christen gemeinsam ist, die Berufung und »Weihe« aller Gläubigen zum gemeinsamen Priestertum, zur Teilhabe am dreifachen Amt Jesu Christi. Und nun erst im dritten Kapitel: »Die hierarchische Verfassung der Kirche, insbesondere das Bischofsamt« geht der Blick auf die innere gegliederte Struktur dieses Volkes.

Diese Neuorientierung im kirchlichen Selbstverständnis ist im Wesentlichen eine Freilegung des verschütteten »Alten«, sie ist das Bemühen einer erneuten Verwurzelung in der wiederentdeckten Gesamttradition der Kirche, vor allem in dem reichen Überlieferungsschatz des ersten kirchlichen Jahrtausends. Die Rückfrage an die altkirchlichen Strukturen lenkte wie von selbst den Blick verstärkt auf die Ortskirchen, in denen Kirche Jesu Christi konkret lebt. Die Wiederausrichtung am Kirchenverständnis der Gesamttradition trägt vor allem auch die weiterhelfende Konzeption in der dornigen Problematik der »Kirchenzugehörigkeit«. Der Versuch des Vatikanum II denkt gerade nicht vom (lange Zeit vorherrschenden) Prinzip der Ausgrenzung, sondern vom missionarischen Auftrag her: Die Jüngergemeinschaft ist auf dem mühsamen Weg durch die Geschichte, damit die ganze Welt – mit ihr und durch sie – ihr endgültiges Ziel erreicht. Die »Rückkehr zu den Quellen« ermöglichte auch eine glückliche Zuordnung der Mariologie mit Hilfe der wichtigen altkirchlichen (!) Überzeugung: Maria – Typus der Kirche, die seit dem 5. Jahrhundert mehr und mehr in Vergessenheit geraten war.

1. Dreifaltige Gründung

LG 5 Das Geheimnis der heiligen Kirche wird in ihrer Gründung offenbar.

LG 2 *Der ewige Vater hat* die ganze Welt nach dem völlig freien, verborgenen Ratschluss seiner Weisheit und Güte erschaffen. Er hat auch *beschlossen, die Menschen zur Teilhabe an dem göttlichen Leben zu erheben*. Und als sie in Adam gefallen waren, verließ er sie nicht, sondern gewährte ihnen jederzeit Hilfen zum Heil um Christi, des Erlösers, willen, »der das Bild des unsichtbaren Gottes ist, der Erstgeborene aller Schöpfung« (Kol 1, 15).

LG 3 *Es kam also der Sohn, gesandt vom Vater, der uns in ihm vor Grundlegung der Welt erwählt und zur Sohnesannahme vorherbestimmt hat*, weil es ihm gefallen hat, in Christus alles zu erneuern (vgl. Eph 1, 4–5.10). Um den Willen des Vaters zu erfüllen, hat Christus das Reich der Himmel auf Erden begründet, uns sein Geheimnis offenbart und durch seinen Gehorsam die Erlösung gewirkt.

LG 4 *Als das Werk vollendet war, das der Vater dem Sohn auf Erden zu tun aufgetragen hatte* (vgl. Joh 17, 4)*, wurde am Pfingsttag der Heilige Geist gesandt, auf dass er die Kirche immerfort heilige und die Gläubigen so durch Christus in einem Geiste Zugang hätten zum Vater* (vgl. Eph 2, 18). Er ist der Geist des Lebens, die Quelle des Wassers, das zu ewigem Leben aufsprudelt (vgl. Joh 4, 14; 7, 38–39); durch ihn macht der Vater die in der Sünde erstorbenen Menschen lebendig, um endlich ihre sterblichen Leiber in Christus aufzuerwecken (vgl. Röm 8, 10–11). *Der Geist wohnt in der Kirche und in den Herzen der Gläubigen wie in einem Tempel* (vgl. 1 Kor 3, 16; 6, 19), in ihnen betet er und bezeugt ihre Annahme an Sohnes Statt (vgl. Gal 4, 6; Röm 8, 15–16.26). Er führt die Kirche in alle Wahrheit ein (vgl. Joh 16, 13), eint sie in Gemeinschaft und Dienstleistung, bereitet und lenkt sie durch die verschiedenen hierarchischen und charismatischen Gaben und schmückt sie mit seinen Früchten (vgl. Eph 4, 11–12; 1 Kor 12, 4; Gal 5, 22). Durch die Kraft des Evangeliums lässt er die Kirche allezeit sich verjüngen, erneut sie immerfort und geleitet sie zur vollkommenen Vereinigung mit ihrem Bräutigam. Denn der Geist und die Braut sagen zum Herrn Jesus: »Komm« (vgl. Offb 22, 17). *So erscheint die ganze Kirche als »das von der Einheit des Vaters und des Sohnes und des Heiligen Geistes her geeinte Volk«* (Cyprian).

2. *Kirche als »Sakrament«*

Christus ist das Licht der Völker. Darum ist es der dringende Wunsch die- LG 1
ser im Heiligen Geist versammelten Heiligen Synode, alle Menschen durch seine Herrlichkeit, die auf dem Antlitz der Kirche widerscheint, zu erleuchten, indem sie das Evangelium allen Geschöpfen verkündet (vgl. Mk 16, 15). *Die Kirche ist ja in Christus gleichsam das Sakrament, das heißt Zeichen und Werkzeug für die innigste Vereinigung mit Gott wie für die Einheit der ganzen Menschheit.*

Der einzige Mittler Christus hat seine heilige Kirche, die Gemeinschaft LG 8
des Glaubens, der Hoffnung und der Liebe, hier auf Erden als sichtbares Gefüge verfasst und trägt sie als solches unablässig; so gießt er durch sie Wahrheit und Gnade auf alle aus. Die mit hierarchischen Organen ausgestattete Gesellschaft und der geheimnisvolle Leib Christi, die sichtbare Versammlung und die geistliche Gemeinschaft, die irdische Kirche und die mit himmlischen Gaben beschenkte Kirche sind nicht als zwei verschiedene Größen zu betrachten, sondern bilden eine einzige komplexe Wirklichkeit, die aus menschlichem und göttlichem Element zusammenwächst. *Deshalb ist sie in einer nicht unbedeutenden Analogie dem Myste-*

rium des fleischgewordenen Wortes ähnlich. Wie nämlich die angenommene Natur dem göttlichen Wort als lebendiges, ihm unlöslich geeintes Heilsorgan dient, so dient auf eine ganz ähnliche Weise das gesellschaftliche Gefüge der Kirche dem Geist Christi, der es belebt, zum Wachstum seines Leibes (vgl. Eph 4, 16).

GS 45 Während sie selbst der Welt hilft oder von dieser vieles empfängt, strebt die Kirche nach dem einen Ziel, nach der Ankunft des Reichen Gottes und der Verwirklichung des Heiles der ganzen Menschheit. *Alles aber, was das Volk Gottes in der Zeit seiner irdischen Pilgerschaft der Menschenfamilie an Gutem mitteilen kann, kommt letztlich daher, dass die Kirche das »allumfassende Sakrament des Heiles« ist, welches das Geheimnis der Liebe Gottes zu den Menschen zugleich offenbart und verwirklicht.*

LG 48 Christus hat, von der Erde erhöht, alle an sich gezogen (vgl. Joh 12, 32 griech.). *Auferstanden von den Toten* (vgl. Röm 6, 6), *hat er seinen lebendigmachenden Geist den Jüngern mitgeteilt und durch ihn seinen Leib, die Kirche, zum allumfassenden Heilssakrament gemacht.* Zur Rechten des Vaters sitzend, wirkt er beständig in der Welt, um die Menschen zur Kirche zu führen und durch sie enger mit sich zu verbinden, um sie mit seinem eigenen Leib und Blut zu ernähren und sie seines verherrlichten Lebens teilhaftig zu machen. Die Wiederherstellung also, die uns verheißen ist und die wir erwarten, hat in Christus schon begonnen, nimmt ihren Fortgang in der Sendung des Heiligen Geistes und geht durch ihn weiter in der Kirche, in der wir durch den Glauben auch über den Sinn unseres zeitlichen Lebens belehrt werden, bis wir das vom Vater uns in dieser Welt übertragene Werk mit der Hoffnung auf die künftigen Güter zu Ende führen und unser Heil wirken (vgl. Phil 2, 12).

3. Volk Gottes

LG 9 Zu aller Zeit und in jedem Volk ruht Gottes Wohlgefallen auf jedem, der ihn fürchtet und gerecht handelt (vgl. Apg 10, 35). *Gott hat es aber gefallen, die Menschen nicht einzeln, unabhängig von aller wechselseitigen Verbindung, zu heiligen und zu retten, sondern sie zu einem Volke zu machen, das ihn in Wahrheit anerkennen und ihm in Heiligkeit dienen soll.* So hat er sich das Volk Israel zum Eigenvolk erwählt und hat mit ihm einen Bund geschlossen und es

Stufe für Stufe unterwiesen. Dies tat er, indem er sich und seinen Heilsratschluss in dessen Geschichte offenbarte und sich dieses Volk heiligte. Dies alles aber wurde zur Vorbereitung und zum Vorausbild jenes neuen und vollkommenen Bundes, der in Christus geschlossen, und der volleren Offenbarung, die durch das Wort Gottes selbst in seiner Fleischwerdung übermittelt werden sollte ... Diesen neuen Bund hat Christus gestiftet, das Neue Testament nämlich in seinem Blute (vgl. 1 Kor 11, 25). So hat er sich aus Juden und Heiden ein Volk berufen, das nicht dem Fleische nach, sondern im Geiste zur Einheit zusammenwachsen und das neue Gottesvolk bilden sollte ...
Dieses messianische Volk hat zum Haupte Christus, »der hingegeben worden ist wegen unserer Sünden und auferstanden ist um unserer Rechtfertigung willen« (Röm 4, 25) und jetzt voll Herrlichkeit im Himmel herrscht, da er den Namen über allen Namen erlangt hat ... *So ist denn dieses messianische Volk*, obwohl es tatsächlich nicht alle Menschen umfasst und gar oft als kleine Herde erscheint, *für das ganze Menschengeschlecht die unzerstörbare Keimzelle der Einheit, der Hoffnung und des Heils*. Von Christus als Gemeinschaft des Lebens, der Liebe und der Wahrheit gestiftet, wird es von ihm auch als Werkzeug der Erlösung angenommen und als Licht der Welt und Salz der Erde (vgl. Mt 5, 13–16) in alle Welt gesandt ...
Wie aber schon das Israel dem Fleische nach auf seiner Wüstenwanderung Kirche Gottes genannt wird (Neh 13, 1; vgl. Num 20, 4; Dtn 23, 1 ff.), so wird auch das neue Israel, das auf der Suche nach der kommenden und bleibenden Stadt (vgl. Hebr 13, 14) in der gegenwärtigen Weltzeit einherzieht, Kirche Christi genannt (vgl. Mt 16, 18) ... Bestimmt zur Verbreitung über alle Länder, tritt sie in die menschliche Geschichte ein und übersteigt doch zugleich Zeiten und Grenzen der Völker. *Auf ihrem Weg durch Prüfungen und Trübsal wird die Kirche durch die Kraft der ihr vom Herrn verheißenen Gnade Gottes gestärkt, damit sie in der Schwachheit des Fleisches nicht abfalle von der vollkommenen Treue*, sondern die würdige Braut ihres Herrn verbleibe und unter der Wirksamkeit des Heiligen Geistes nicht aufhöre, sich selbst zu erneuern, bis sie durch das Kreuz zum Lichte gelangt, das keinen Untergang kennt.

Derselbe Heilige Geist heiligt außerdem nicht nur das Gottesvolk durch die Sakramente und die Dienstleistungen, er führt es nicht nur und bereichert es mit Tugenden, sondern »teilt den Einzelnen, wie er will« (1 Kor LG 12

12, 11), seine Gaben aus und *verteilt unter den Gläubigen jeglichen Standes auch besondere Gnaden. Durch diese macht er sie geeignet und bereit, für die Erneuerung und den vollen Aufbau der Kirche verschiedene Werke und Dienste zu übernehmen* gemäß dem Wort: »Jedem wird der Erweis des Geistes zum Nutzen gegeben« (1 Kor 12, 7). *Solche Gnadengaben*, ob sie nun von besonderer Leuchtkraft oder aber schlichter und allgemeiner verbreitet sind, *müssen mit Dank und Trost angenommen werden*, da sie den Nöten der Kirche besonders angepasst und nützlich sind. Außerordentliche Gaben soll man aber nicht leichthin erstreben. Man darf auch nicht vermessentlich Früchte für die apostolische Tätigkeit von ihnen erwarten. Das Urteil über ihre Echtheit und ihren geordneten Gebrauch steht bei jenen, die in der Kirche die Leitung haben und denen es in besonderer Weise zukommt, den Geist nicht auszulöschen, sondern alles zu prüfen und das Gute zu behalten (vgl. 1 Thess 5, 12.19–21).

LG 8 Wie aber Christus das Werk der Erlösung in Armut und Verfolgung vollbrachte, so ist auch die Kirche berufen, den gleichen Weg einzuschlagen, um die Heilsfrucht den Menschen mitzuteilen. Christus Jesus hat, »obwohl er doch in Gottesgestalt war, [...] sich selbst entäußert und Knechtsgestalt angenommen« (Phil 2, 6); um unseretwillen »ist er arm geworden, obgleich er doch reich war« (2 Kor 8, 9). *So ist die Kirche, auch wenn sie zur Erfüllung ihrer Sendung menschlicher Mittel bedarf, nicht gegründet, um irdische Herrlichkeit zu suchen, sondern um Demut und Selbstverleugnung auch durch ihr Beispiel auszubreiten*. Christus wurde vom Vater gesandt, »den Armen frohe Botschaft zu bringen, zu heilen, die bedrückten Herzens sind« (Lk 4, 18), »zu suchen und zu retten, was verloren war« (Lk 19, 10). In ähnlicher Weise umgibt die Kirche alle mit ihrer Liebe, die von menschlicher Schwachheit angefochten sind, ja in den Armen und Leidenden erkennt sie das Bild dessen, der sie gegründet hat und selbst ein Armer und Leidender war. Sie müht sich, deren Not zu erleichtern, und sucht Christus in ihnen zu dienen.

4. Auf dem Weg ständiger Buße und Erneuerung

LG 8 *Während aber Christus heilig, schuldlos, unbefleckt war* (Hebr 7, 26) *und Sünde nicht kannte* (2 Kor 5, 21), *sondern allein die Sünden des Volkes zu sühnen gekom-*

men ist (vgl. Hebr 2, 17), *umfasst die Kirche Sünder in ihrem eigenen Schoße. Sie ist zugleich heilig und stets der Reinigung bedürftig, sie geht immerfort den Weg der Buße und Erneuerung.* Die Kirche »schreitet zwischen den Verfolgungen der Welt und den Tröstungen Gottes auf ihrem Pilgerweg dahin« (Augustinus) und verkündet das Kreuz und den Tod des Herrn, bis er wiederkommt (vgl. 1 Kor 11, 26). Von der Kraft des auferstandenen Herrn aber wird sie gestärkt, um ihre Trübsale und Mühen, innere gleichermaßen wie äußere, durch Geduld und Liebe zu besiegen und sein Mysterium, wenn auch schattenhaft, so doch getreu in der Welt zu enthüllen, bis es am Ende im vollen Lichte offenbar werden wird.

So erweckt der Geist in allen Jüngern Christi Sehnsucht und Tat, dass alle LG 15
in der von Christus angeordneten Weise in der einen Herde unter dem einen Hirten in Frieden geeint werden mögen. Um dies zu erlangen, *betet, hofft und wirkt die Mutter Kirche unaufhörlich, ermahnt sie ihre Söhne zur Läuterung und Erneuerung*, damit das Zeichen Christi auf dem Antlitz der Kirche klarer erstrahle.

Das Ende der Zeiten ist also bereits zu uns gekommen (vgl. 1 Kor 10, 11), LG 48
und die Erneuerung der Welt ist unwiderruflich schon begründet und wird in dieser Weltzeit in gewisser Weise wirklich vorausgenommen. Denn die Kirche ist schon auf Erden durch eine wahre, wenn auch unvollkommene Heiligkeit ausgezeichnet. Bis es aber einen neuen Himmel und eine neue Erde gibt, in denen die Gerechtigkeit wohnt (vgl. 2 Petr 3, 13), *trägt die pilgernde Kirche in ihren Sakramenten und Einrichtungen die noch zu dieser Weltzeit gehören, die Gestalt dieser Welt, die vergeht und zählt selbst so zu der Schöpfung, die bis jetzt noch seufzt und in Wehen liegt und die Offenbarung der Kinder Gottes erwartet* (vgl. Röm 8, 19–22).

Das Haupt dieses Leibes ist Christus. Er ist das Bild des unsichtbaren Got- LG 7
tes, und in ihm ist alles geschaffen. Er ist vor allem, und alles hat in ihm seinen Bestand. Er ist das Haupt des Leibes, welcher die Kirche ist. Er ist der Anfang, der Erstgeborene aus den Toten, auf dass er in allem den Vorrang innehabe (vgl. Kol 1, 15–18). Durch die Größe seiner Macht herrscht er über Himmlisches und Irdisches, und durch seine alles überragende Vollkommenheit und Wirksamkeit erfüllt er den ganzen Leib mit dem Reichtum seiner Herrlichkeit (vgl. Eph 1, 18–23). Alle Glieder müssen ihm

gleichgestaltet werden, bis Christus Gestalt gewinnt in ihnen (vgl. Gal 4, 19). Deshalb werden wir aufgenommen in die Mysterien seines Erdenlebens, sind ihm gleichgestaltet, mit ihm gestorben und mit ihm auferweckt, bis wir mit ihm herrschen werden (vgl. Phil 3, 21; 2 Tim 2, 11; Eph 2, 6; Kol 2, 12 usw.). *Solange wir auf Erden in Pilgerschaft sind und in Bedrängnis und Verfolgung ihm auf seinem Weg nachgehen, werden wir – gleichwie der Leib zum Haupt gehört – in sein Leiden hineingenommen*; wir leiden mit ihm, um so mit ihm verherrlicht zu werden (vgl. Röm 8, 17).

UR 6 Jede Erneuerung der Kirche besteht wesentlich im Wachstum der Treue gegenüber ihrer eigenen Berufung, und so ist ohne Zweifel hierin der Sinn der Bewegung in Richtung auf die Einheit zu sehen. *Die Kirche wird auf dem Wege ihrer Pilgerschaft von Christus zu dieser dauernden Reform gerufen, deren sie allzeit bedarf soweit sie menschliche und irdische Einrichtung ist; was also etwa je nach den Umständen und Zeitverhältnissen im sittlichen Leben, in der Kirchenzucht oder auch in der Art der Lehrverkündigung* – die von dem Glaubensschatz selbst genau unterschieden werden muss – *nicht genau genug bewahrt worden ist, muss deshalb zu gegebener Zeit sachgerecht und pflichtgemäß erneuert werden.*

Dieser Erneuerung kommt also eine besondere ökumenische Bedeutung zu. Und so sind die verschiedenen Lebensäußerungen der Kirche, in denen diese Erneuerung sich schon verwirklicht wie etwa die biblische und die liturgische Bewegung, die Predigt des Wortes Gottes und die Katechese, das Laienapostolat, neue Formen des gottgeweihten Lebens, die Spiritualität der Ehe, die Lehre und Wirksamkeit der Kirche im sozialen Bereich als Unterpfand und als gute Vorbedeutung zu sehen, die den künftigen Fortschritt des Ökumenismus schon verheißungsvoll ankündigen.

GS 43 Obwohl die Kirche in der Kraft des Heiligen Geistes die treue Braut des Herrn geblieben ist und niemals aufgehört hat, das Zeichen des Heils in der Welt zu sein, *so weiß sie doch klar, dass unter ihren Gliedern, ob Klerikern oder Laien, im Lauf so vieler Jahrhunderte immer auch Untreue gegen den Geist Gottes sich fand. Auch in unserer Zeit weiß die Kirche, wie groß der Abstand ist zwischen der von ihr verkündeten Botschaft und der menschlichen Armseligkeit derer, denen das Evangelium anvertraut ist. Wie immer auch die Geschichte über all dies Versagen urteilen mag, wir selber dürfen dieses Versagen nicht vergessen, sondern müssen es unerbittlich bekämpfen,* damit es der Verbreitung des Evangeliums nicht schade. Die Kirche weiß auch, wie sehr sie selbst in ihrer lebendigen Beziehung zur Welt an der Erfahrung der Geschichte immerfort reifen muss. Vom Heiligen Geist geführt, *mahnt die Mutter Kirche unablässig ihre Kinder zur Läuterung und Erneuerung,* damit das Zeichen Christi auf dem Antlitz der Kirche klarer erstrahle.

5. *Die eine Kirche an vielen Orten*

Zum neuen Gottesvolk werden alle Menschen gerufen. Darum muss dieses Volk eines und ein einziges bleiben und sich über die ganze Welt und durch alle Zeiten hin ausbreiten. So soll sich das Ziel des Willens Gottes erfüllen, der das Menschengeschlecht am Anfang als eines gegründet und beschlossen hat, seine Kinder aus der Zerstreuung wieder zur Einheit zu versammeln (vgl. Joh 11, 52) ... In allen Völkern der Erde wohnt also dieses eine Gottesvolk, da es aus ihnen allen seine Bürger nimmt, Bürger eines Reiches freilich nicht irdischer, sondern himmlischer Natur. *Alle über den Erdkreis hin verstreuten Gläubigen stehen mit den übrigen im Heiligen Geiste in Gemeinschaft,* und so weiß »der, welcher zu Rom wohnt, dass die Inder seine Glieder sind« (Johannes Chrysostomus). Da aber das Reich Christi nicht von dieser Welt ist (vgl. Joh 18, 36), so entzieht die Kirche oder das Gottesvolk mit der Verwirklichung dieses Reiches nichts dem zeitlichen Wohl irgendeines Volkes. Vielmehr fördert und übernimmt es Anlagen, Fähigkeiten und Sitten der Völker, soweit sie gut sind. Bei dieser Übernahme reinigt, kräftigt und hebt es sie aber auch. Sie ist dessen eingedenk, dass sie mit jenem König sammeln muss, dem die Völker zum Erbe gegeben sind (vgl. Ps 2, 8) und in dessen Stadt sie Gaben und Geschenke herbeibringen (vgl. Ps 71 [72], 10; Jes 60, 4–7; Offb 21, 24). *Diese Eigenschaft der Weltweite, die das Gottesvolk auszeichnet, ist Gabe des Herrn selbst.* In ihr strebt die katholische Kirche mit Tatkraft und Stetigkeit danach, die ganze Menschheit mit all ihren Gütern unter dem einen Haupt Christus zusammenzufassen in der Einheit seines Geistes. *Kraft dieser Katholizität bringen die einzelnen Teile ihre eigenen Gaben den übrigen Teilen und der ganzen Kirche hinzu, so dass das Ganze und die einzelnen Teile zunehmen aus allen, die Gemeinschaft miteinander halten und zur Fülle in Einheit zusammenwirken ...* Darum gibt es auch in der kirchlichen Gemeinschaft zu Recht Teilkir- LG 13 chen, die sich eigener Überlieferungen erfreuen, unbeschadet des Primats des Stuhles Petri, welcher der gesamten Liebesgemeinschaft vorsteht, die rechtmäßigen Verschiedenheiten schützt und zugleich darüber wacht, dass *die Besonderheiten der Einheit nicht nur nicht schaden, sondern ihr vielmehr dienen.* Daher bestehen schließlich zwischen den verschiedenen Teilen der Kirche die Bande einer innigen Gemeinschaft der geistigen Güter, der apostolischen Arbeiter und der zeitlichen Hilfsmittel. Zu dieser Gütergemeinschaft nämlich sind die Glieder des Gottesvolkes berufen, und auch von den Einzelkirchen gelten die Worte des Apostels: »Dienet einander, jeder mit der Gnadengabe, wie er sie empfangen hat, als gute Verwalter der vielfältigen Gnadengaben Gottes« (1 Petr 4, 10).

LG 26 *Diese Kirche Christi ist wahrhaft in allen rechtmäßigen Ortsgemeinschaften der Gläubigen anwesend, die* in der Verbundenheit mit ihren Hirten *im Neuen Testament auch selbst Kirchen heißen.* Sie sind nämlich je an ihrem Ort, im Heiligen Geist und mit großer Zuversicht (vgl. 1 Thess 1, 5), das von Gott gerufene neue Volk. In ihnen werden durch die *Verkündigung der Frohbotschaft* Christi die Gläubigen versammelt, in ihnen wird das *Mysterium des Herrenmahls* begangen, »auf dass durch Speise und Blut des Herrn die ganze Bruderschaft verbunden werde« (Mozarabische Oration). In jedweder Altargemeinschaft erscheint unter dem heiligen Dienstamt des Bischofs das *Symbol jener Liebe und jener »Einheit des mystischen Leibes,* ohne die es kein Heil geben kann« (Thomas v. Aquin). *In diesen Gemeinden, auch wenn sie oft klein und arm sind oder in der Diaspora leben, ist Christus gegenwärtig,* durch dessen Kraft die eine, heilige, katholische und apostolische Kirche geeint wird. Denn »nichts anderes wirkt die Teilhabe an Leib und Blut Christi, als dass wir in das übergehen, was wir empfangen« (Leo der Große).

6. Sendung und Verheißung

LG 17 Wie nämlich der Sohn vom Vater gesandt ist, so hat er selbst die Apostel gesandt (vgl. Joh 20, 21) mit den Worten: »Gehet hin und lehret alle Völker, taufet sie im Namen des Vaters und des Sohnes und des Heiligen Geistes, lehret sie alles halten, was ich euch geboten habe. Und siehe, ich bin bei euch alle Tage bis ans Ende der Welt« (Mt 28, 18–20). Diesen feierlichen Auftrag Christi zur Verkündigung der Heilswahrheit hat die Kirche von den Aposteln erhalten und muss ihn erfüllen bis zu den Grenzen der Erde (vgl. Apg 1, 8). Daher macht sie sich die Worte des Apostels zu eigen: »Weh [...] mir, wenn ich die Frohbotschaft nicht verkünde!« (1 Kor 9, 16). Unablässig fährt sie darum fort, Verkünder auszusenden, bis die neuen Kirchen voll errichtet sind und auch selbst das Werk der Verkündigung fortsetzen können. Sie wird nämlich vom Heiligen Geiste angetrieben, mitzuwirken, dass der Ratschluss Gottes, der Christus zum Ursprung des Heils für die ganze Welt bestellt hat, tatsächlich ausgeführt werde. *In der Verkündigung der Frohbotschaft sucht die Kirche die Hörer zum Glauben und zum Bekenntnis des Glaubens zu bringen, bereitet sie für die Taufe vor, befreit sie aus der Knechtschaft des Irrtums und gliedert sie Christus ein, damit sie durch die Liebe bis zur Fülle in ihn hineinwachsen. Ihre Mühe aber bewirkt, dass aller Same des Guten, der sich in Herz und Geist der Menschen oder in den eigenen Riten und Kulturen der Völker findet, nicht nur nicht untergehe, sondern geheilt, erhoben und vollendet werde* zur Ehre Gottes, zur Beschämung des Teufels und zur Seligkeit des Menschen. Jedem Jünger Christi obliegt die Pflicht, nach seinem Teil den Glauben auszusäen ... So aber betet und arbeitet die Kirche zugleich, dass die Fülle der ganzen Welt in das Volk Gottes eingehe, in den Leib des Herrn und den Tempel des Heiligen Geistes, und dass in Christus, dem Haupte aller, jegliche Ehre und Herrlichkeit dem Schöpfer und Vater des Alls gegeben werde.

Die Kirche, zu der wir alle in Christus Jesus berufen werden und in der LG 48
wir mit der Gnade Gottes die Heiligkeit erlangen, wird erst in der himmlischen Herrlichkeit vollendet werden, wenn die Zeit der allgemeinen Wiederherstellung kommt (Apg 3, 21). Dann wird mit dem Menschengeschlecht auch die ganze Welt, die mit dem Menschen innigst verbunden ist und durch ihn ihrem Ziele entgegengeht, vollkommen in Christus erneuert werden (vgl. Eph 1, 10; Kol 1, 20; 2 Petr 3, 10–13).
Christus hat, von der Erde erhöht, alle an sich gezogen (vgl. Joh 12, 32 griech.). Auferstanden von den Toten (vgl. Röm 6, 6), hat er seinen lebendigmachenden Geist den Jüngern mitgeteilt und durch ihn seinen Leib, die Kirche, zum allumfassenden Heilssakrament gemacht. Zur Rechten des Vaters sitzend, wirkt er beständig in der Welt, um die Menschen zur Kirche zu führen und durch sie enger mit sich zu verbinden, um sie mit seinem eigenen Leib und Blut zu ernähren und sie seines verherrlichten

Lebens teilhaftig zu machen. *Die Wiederherstellung also, die uns verheißen ist und die wir erwarten, hat in Christus schon begonnen, nimmt ihren Fortgang in der Sendung des Heiligen Geistes und geht durch ihn weiter in der Kirche,* in der wir durch den Glauben auch über den Sinn unseres zeitlichen Lebens belehrt werden, bis wir das vom Vater uns in dieser Welt übertragene Werk mit der Hoffnung auf die künftigen Güter zu Ende führen und unser Heil wirken (vgl. Phil 2, 12).

LG 51 Wenn nämlich Christus erscheint und die Toten in Herrlichkeit auferstehen, wird der Lichtglanz Gottes die himmlische Stadt erhellen, und ihre Leuchte wird das Lamm sein (vgl. Offb 21, 24). Dann wird die ganze Kirche der Heiligen in der höchsten Seligkeit der Liebe Gott und das »Lamm, das geschlachtet ist« (Offb 5, 12), anbeten und mit einer Stimme rufen: »Dem, der auf dem Thron sitzt, und dem Lamm: Lobpreis und Ehre und Herrlichkeit und Macht in alle Ewigkeit« (Offb 5, 13–14).

7. Maria – Bild der Kirche

LG 52 Da der gütigste und weiseste Gott die Erlösung der Welt vollenden wollte, *»sandte er, als die Fülle der Zeit gekommen war, seinen Sohn, von der Frau geboren* [...] damit wir die Annahme zu Söhnen empfingen« (Gal 4, 4–5). »Er stieg für uns Menschen und um unseres Heils willen vom Himmel herab und ist Mensch geworden durch den Heiligen Geist aus Maria, der Jungfrau.« (Credo). *Dieses göttliche Heilsmysterium wird uns offenbar und wird fortgesetzt in der Kirche.*

LG 63 Die selige Jungfrau ist aber durch das Geschenk und die Aufgabe der göttlichen Mutterschaft, durch die sie mit ihrem Sohn und Erlöser vereint ist, und durch ihre einzigartigen Gnaden und Gaben auch mit der Kirche auf das innigste verbunden. *Die Gottesmutter ist, wie schon der heilige Ambrosius lehrte, der Typus der Kirche* unter der Rücksicht des Glaubens, der Liebe und der vollkommenen Einheit mit Christus. Im Geheimnis der *Kirche, die ja auch selbst mit Recht Mutter und Jungfrau genannt wird,* ist die selige Jungfrau Maria vorangegangen, da sie in hervorragender und einzigartiger Weise das Urbild sowohl der Jungfrau wie der Mutter darstellt.

Nun aber *wird die Kirche*, indem sie Marias geheimnisvolle Heiligkeit betrachtet, ihre Liebe nachahmt und den Willen des Vaters getreu erfüllt, *durch die gläubige Annahme des Wortes Gottes auch selbst Mutter*: Durch Predigt und Taufe nämlich gebiert sie die vom Heiligen Geist empfangenen und aus Gott geborenen Kinder zum neuen und unsterblichen Leben. *Auch sie ist Jungfrau, da sie das Treuewort, das sie dem Bräutigam gegeben hat, unversehrt und rein bewahrt* und in Nachahmung der Mutter ihres Herrn in der Kraft des Heiligen Geistes jungfräulich einen unversehrten Glauben, eine feste Hoffnung und eine aufrichtige Liebe bewahrt. LG 64

Während aber die Kirche in der seligsten Jungfrau schon zur Vollkommenheit gelangt ist, in der sie ohne Makel und Runzel ist (vgl. Eph 5, 27), bemühen sich die Christgläubigen noch, die Sünde zu besiegen und in der Heiligkeit zu wachsen. Daher richten sie ihre Augen auf Maria, die der ganzen Gemeinschaft der Auserwählten als Urbild der Tugenden voranleuchtet … *Die Kirche aber wird*, um die Ehre Christi bemüht, *ihrem erhabenen Typus ähnlicher durch dauerndes Wachstum in Glaube, Hoffnung und Liebe* und durch das Suchen und Befolgen des Willens Gottes in allem. Daher blickt die Kirche auch in ihrem apostolischen Wirken mit Recht zu ihr auf, die Christus geboren hat, der dazu vom Heiligen Geist empfangen und von der Jungfrau geboren wurde, dass er durch die Kirche auch in den Herzen der Gläubigen geboren werde und wachse. LG 65

Wie *die Mutter Jesu*, im Himmel schon mit Leib und Seele verherrlicht, *Bild und Anfang der in der kommenden Weltzeit zu vollendenden Kirche* ist, so leuchtet sie auch hier auf Erden in der Zwischenzeit bis zur Ankunft des Tages des Herrn (vgl. 2 Petr 3, 10) als Zeichen der sicheren Hoffnung und des Trostes dem wandernden Gottesvolk voran. LG 68

8. Gestufte Kirchengliedschaft

Zu dieser katholischen Einheit des Gottesvolkes, die den allumfassenden Frieden bezeichnet und fördert, *sind alle Menschen berufen. Auf verschiedene Weise gehören ihr zu oder sind ihr zugeordnet die katholischen Gläubigen, die anderen an Christus Glaubenden und schließlich alle Menschen überhaupt*, die durch die Gnade Gottes zum Heile berufen sind. LG 13

LG 14 Den *katholischen Gläubigen* wendet die Heilige Synode besonders ihre Aufmerksamkeit zu. Gestützt auf die Heilige Schrift und die Tradition, lehrt sie, dass diese pilgernde Kirche zum Heile notwendig sei. Christus allein ist Mittler und Weg zum Heil, der in seinem Leib, der Kirche, uns gegenwärtig wird; indem er aber selbst mit ausdrücklichen Worten die Notwendigkeit des Glaubens und der Taufe betont hat (vgl. Mk 16, 16; Joh 3, 5), hat er zugleich die Notwendigkeit der Kirche, in die die Menschen durch die Taufe wie durch eine Türe eintreten, bekräftigt. Darum könnten jene Menschen nicht gerettet werden, die um die katholische Kirche und ihre von Gott durch Christus gestiftete Heilsnotwendigkeit wissen, in sie aber nicht eintreten oder in ihr nicht ausharren wollten.

Jene werden *der Gemeinschaft der Kirche voll eingegliedert*, die, im Besitze des Geistes Christi, ihre ganze Ordnung und alle in ihr eingerichteten Heilsmittel annehmen und in ihrem sichtbaren Verband mit Christus, der sie durch den Papst und die Bischöfe leitet, verbunden sind, und dies durch die Bande des Glaubensbekenntnisses, der Sakramente und der kirchlichen Leitung und Gemeinschaft. Nicht gerettet wird aber, wer, obwohl der Kirche eingegliedert, in der Liebe nicht verharrt und im Schoße der Kirche zwar »dem Leibe«, aber nicht »dem Herzen« nach verbleibt (Augustinus). Alle Söhne der Kirche sollen aber dessen eingedenk sein, dass ihre ausgezeichnete Stellung nicht den eigenen Verdiensten, sondern der besonderen Gnade Christi zuzuschreiben ist; wenn sie ihr im Denken, Reden und Handeln nicht entsprechen, wird ihnen statt Heil strengeres Gericht zuteil.

Die Katechumenen, die, getrieben vom Heiligen Geist, mit ausdrücklicher Willensäußerung um Aufnahme in die Kirche bitten, werden durch eben dieses Begehren mit ihr verbunden. Die Mutter Kirche umfasst sie schon in liebender Sorge als die Ihrigen.

LG 15 *Mit jenen, die durch die Taufe der Ehre des Christennamens teilhaft sind*, den vollen Glauben aber nicht bekennen oder die Einheit der Gemeinschaft unter dem Nachfolger Petri nicht wahren, weiß sich die Kirche *aus mehrfachem Grunde verbunden*. Viele nämlich halten die Schrift als Glaubens- und Lebensnorm in Ehren, zeigen einen aufrichtigen religiösen Eifer, glauben in Liebe an Gott, den allmächtigen Vater, und an Christus, den Sohn Gottes und Erlöser, empfangen das Zeichen der Taufe, wodurch sie mit Christus verbunden werden; ja sie anerkennen und empfangen auch andere Sakramente in ihren eigenen Kirchen oder kirchlichen Gemeinschaften. Mehrere unter ihnen besitzen auch einen Episkopat, feiern die heilige Eucharistie und pflegen die Verehrung der jungfräulichen Gottesmutter. Dazu kommt die Gemeinschaft im Gebet und in anderen geistlichen Gütern; ja sogar *eine wahre Verbindung im Heiligen Geiste, der in Gaben und Gnaden auch in ihnen mit seiner heiligenden Kraft wirksam ist und manche von ihnen bis zur Vergießung des Blutes gestärkt hat.* So erweckt der Geist in allen Jüngern Christi Sehnsucht und Tat, dass alle in der von Christus angeordneten Weise in der einen Herde unter dem einen Hirten in Frieden geeint werden mögen. Um dies zu erlangen, betet, hofft und wirkt die Mutter Kirche unaufhörlich, ermahnt sie ihre Söhne zur Läuterung und Erneuerung, damit das Zeichen Christi auf dem Antlitz der Kirche klarer erstrahle.

Diejenigen endlich, *die das Evangelium noch nicht empfangen haben, sind auf* LG 16
das Gottesvolk auf verschiedene Weise hingeordnet. In erster Linie jenes Volk, dem der Bund und die Verheißungen gegeben worden sind und aus dem Christus dem Fleische nach geboren ist (vgl. Röm 9, 4–5), dieses seiner Erwählung nach um der Väter willen so teure Volk: die Gaben und Berufung Gottes nämlich sind ohne Reue (vgl. Röm 11, 28–29). Der Heilswille umfasst aber auch die, welche den Schöpfer anerkennen, unter ihnen besonders die Muslim, die sich zum Glauben Abrahams bekennen und mit uns den einen Gott anbeten, den barmherzigen, der die Menschen am Jüngsten Tag richten wird. Aber auch den anderen, *die in Schatten und Bildern den unbekannten Gott suchen, auch solchen ist Gott nicht ferne, da er* allen Leben und Atem und alles gibt (vgl. Apg 17, 25–28) und als *Erlöser will, dass alle Menschen gerettet werden* (vgl. 1 Tim 2, 4). *Wer nämlich das Evangelium Christi und seine Kirche ohne Schuld nicht kennt, Gott aber aus ehrlichem Herzen sucht, seinen im Anruf des Gewissens erkannten Willen unter dem Einfluss der Gnade in der Tat zu erfüllen trachtet, kann das ewige Heil erlangen. Die göttliche Vorsehung verweigert auch denen das zum Heil Notwendige nicht, die ohne Schuld noch nicht zur ausdrücklichen Anerkennung Gottes gekommen sind,* jedoch, nicht ohne die göttliche Gnade, ein rechtes Leben zu führen sich bemühen. Was sich nämlich an Gutem und Wahrem bei ihnen findet, wird von der Kirche als Vorbereitung für die Frohbotschaft und als Gabe dessen geschätzt, der jeden Menschen erleuchtet, damit er schließlich das Leben habe. Vom Bösen getäuscht, wurden freilich die Menschen oft eitel in

ihren Gedanken, vertauschten die Wahrheit Gottes mit der Lüge und dienten der Schöpfung mehr als dem Schöpfer (vgl. Röm 1, 21.25) oder sind, ohne Gott in dieser Welt lebend und sterbend, der äußersten Verzweiflung ausgesetzt. Daher ist die Kirche eifrig bestrebt, zur Ehre Gottes und zum Nutzen des Heils all dieser Menschen die Missionen zu fördern, eingedenk des Befehls des Herrn, der gesagt hat: »Predigt das Evangelium der ganzen Schöpfung« (Mk 16, 16).

III. Ökumene

Hinführung

Wie sehr die Glaubwürdigkeit der christlichen Verkündigung in den Augen der Nichtchristen durch die konfessionellen Spaltungen beeinträchtigt wird, wurde nicht immer so deutlich gesehen und gesagt wie heute. In seinem Rundschreiben zur Einheit aller Christen im Jahre 1928 begegnet Papst Pius XI. den von ihm so genannten »Panchristen«, also denjenigen Nichtkatholiken, die sich verstärkt um die Annäherung der verschiedenen Konfessionen bemühen, mit skeptischem Argwohn und mit deutlicher Abwehr: »Bei dieser Sachlage ist es klar, dass weder der Apostolische Stuhl in irgendeiner Weise an ihren Konferenzen teilnehmen kann, noch dass es den Katholiken irgendwie erlaubt sein kann, diese Versuche zu unterstützen oder an ihnen mitzuarbeiten. Wenn sie das täten, würden sie einer falschen christlichen Religion, die von der einen Kirche Christi grundverschieden ist, Geltung verschaffen. Können wir dulden, was doch eine große Gottlosigkeit wäre, dass die Wahrheit, und zwar die von Gott geoffenbarte Wahrheit zum Gegenstand von Verhandlungen gemacht wird?«[1] Noch 1949 schärfte das »Heilige Offizium« allen Bischöfen in einer Erklärung zur »ökumenischen Bewegung« ein, alle Gespräche genau zu kontrollieren und regelmäßig darüber nach Rom zu berichten: »Interkonfessionelle Zusammenkünfte sind somit nicht absolut verboten, sie sollen aber nicht abgehalten werden ohne vorherige Bewilligung der zuständigen kirchlichen Behörde.«[2] Erst auf dem Hintergrund dieser scheinbar selbstsicheren und zugleich ängstlichen Abwehr ist der Durchbruch zu ermessen, den das letzte Konzil in dieser Frage eingeleitet hat: Die Spaltungen der Christenheit werden in ihrer ganzen Skandalösität wahrgenommen, die katholische Kirche tritt offiziell und mit Nachdruck in die ökumenischen Bemühungen ein; die große Gemeinsamkeit der christlichen Konfessionen wird vor den Unterschieden hervorgehoben und positiv gewertet; nicht nur der einzelne Christ einer anderen Kirche ist als solcher ernst

1| Pius XI., »Mortalium animos«. Rundschreiben vom 6. Januar 1928, in: A. Rohrbasser (Hg.), Heilslehre der Kirche. Dokumente von Pius IX. bis Pius XII., Fribourg 1953, 397–411, hier 404.

2| Instruktion über die Ökumenische Bewegung unter Pius XII., vom 20. Dezember 1949, in: A. Rohrbasser (Hg.), a.a.O. 412–420, hier 417.

genommen, sondern auch die anderen »Kirchen und kirchlichen Gemeinschaften« selber werden »Mittel des Heils« genannt; die geschichtlich gewachsene Vielfalt soll als ein eigener Wert erkannt werden und »Einheit« nur im wirklich Notwendigen angestrebt werden; Schuldbekenntnis angesichts des eigenen geschichtlichen Versagens und Bitte um Vergebung erleichtern das Gespräch und das dringende Kennenlernen; überhaupt gilt Bekehrung aller zum Evangelium und Erneuerung der Kirchen als der einzig erfolgversprechende Weg auch zu der angestrebten Einheit.

Das Verhältnis der römisch-katholischen Kirche zu den anderen Kirchen und kirchlichen Gemeinschaften hat sich in den fünfzig Jahren nach dem Konzil auf erstaunliche Weise verändert. Das wird in Deutschland, dem »Stammland« der Wittenberger (lutherischen) Reformation besonders deutlich: Gemeinsame Wort-Gottes-Feiern, gegenseitige Anerkennung der Taufe, gemeinsame Taufgedächtnisfeiern, gemeinsame Erklärungen zu gesellschaftspolitischen Fragen, theologische Klärungen jahrhundertealter Streitfragen, Ökumenische Kirchentage. Was vor einem halben Jahrhundert noch undenkbar schien, ist für viele inzwischen fast schon Normalität geworden. Macht sich auch deshalb »ökumenische Genügsamkeit« breit? Ist der Schmerz über die immer noch bestehende Spaltung und Zersplitterung der Christenheit gelindert und betäubt? Sind nicht die Konfessionskirchen wieder dabei, sich mehr mit sich selbst zu beschäftigen als mit dem dringlichen gemeinsamen Zeugnis für Jesus Christus in der zusammenwachsenden globalisierten Welt? Versagen wir alle vor dem Sendungsauftrag Christi?

1. Ärgernis der Spaltung

UR 1 *Die Einheit aller Christen wiederherstellen zu helfen ist eine der Hauptaufgaben des Heiligen Ökumenischen Zweiten Vatikanischen Konzils.* Denn Christus der Herr hat eine einige und einzige Kirche gegründet, und doch erheben mehrere christliche Gemeinschaften vor den Menschen den Anspruch, das wahre Erbe Jesu Christi darzustellen; *sie alle bekennen sich als Jünger des Herrn, aber sie weichen in ihrem Denken voneinander ab und gehen verschiedene Wege, als ob Christus selber geteilt wäre. Eine solche Spaltung widerspricht aber ganz offenbar dem Willen Christi, sie ist ein Ärgernis für die Welt und ein Schaden für die heilige Sache der Verkündigung des Evangeliums vor allen Geschöpfen.*

In dieser einen und einzigen Kirche Gottes *sind schon von den ersten Zeiten an Spaltungen entstanden* (vgl. 1 Kor 11, 18–19; Gal 1,6–9; 1 Joh 2, 18–19), die der Apostel aufs schwerste tadelt und verurteilt (vgl. 1 Kor 1, 11ff.; 11, 22), *in den späteren Jahrhunderten* aber sind ausgedehntere Verfeindungen entstanden, und *es kam zur Trennung recht großer Gemeinschaften von der vollen Gemeinschaft der katholischen Kirche, oft nicht ohne Schuld der Menschen auf beiden Seiten. Den Menschen jedoch, die jetzt in solchen Gemeinschaften geboren sind und in ihnen den Glauben an Christus erlangen, darf die Schuld der Trennung nicht zur Last gelegt werden – die katholische Kirche betrachtet sie als Brüder, in Verehrung und Liebe.* Denn wer an Christus glaubt und in der rechten Weise die Taufe empfangen hat, steht dadurch in einer gewissen, wenn auch nicht vollkommenen Gemeinschaft mit der katholischen Kirche. Da es zwischen ihnen und der katholischen Kirche sowohl in der Lehre und bisweilen auch in der Disziplin wie auch bezüglich der Struktur der Kirche Diskrepanzen verschiedener Art gibt, so stehen sicherlich nicht wenige Hindernisse der vollen kirchlichen Gemeinschaft entgegen, bisweilen recht schwerwiegende, um deren Überwindung die ökumenische Bewegung bemüht ist. Nichtsdestoweniger *sind sie durch den Glauben in der Taufe gerechtfertigt und Christus eingegliedert, darum gebührt ihnen der Ehrenname des Christen*, und mit Recht werden sie von den Söhnen der katholischen Kirche als Brüder im Herrn anerkannt. Hinzu kommt, dass einige, ja sogar *viele und bedeutende Elemente oder Güter, aus denen insgesamt die Kirche erbaut wird und ihr Leben gewinnt, auch außerhalb der sichtbaren Grenzen der katholischen Kirche existieren können: das geschriebene Wort Gottes, das Leben der Gnade, Glaube, Hoffnung und Liebe und andere innere Gaben des Heiligen Geistes* und sichtbare Elemente: all dieses, das von Christus ausgeht und zu ihm hinführt, gehört rechtens zu der einzigen Kirche Christi. UR 3

Auch zahlreiche liturgische Handlungen der christlichen Religion werden bei den von uns getrennten Brüdern vollzogen, die auf verschiedene Weise je nach der verschiedenen Verfasstheit einer jeden Kirche und Gemeinschaft ohne Zweifel tatsächlich das Leben der Gnade zeugen können und als geeignete Mittel für den Zutritt zur Gemeinschaft des Heiles angesehen werden müssen. *Ebenso sind diese getrennten Kirchen und Gemeinschaften trotz der Mängel, die ihnen nach unserem Glauben anhaften, nicht ohne Bedeutung und Gewicht im Geheimnis des Heiles. Denn der Geist Christi hat sich gewürdigt, sie als Mittel des Heiles zu gebrauchen*, deren Wirksamkeit sich von der der katholischen Kirche anvertrauten Fülle der Gnade und Wahrheit herleitet.

2. *Auf der Suche nach Gemeinschaft*

UR 13 Zwei besondere Kategorien von Spaltungen, durch die der nahtlose Leibrock Christi getroffen wurde, wollen wir nun näher ins Auge fassen. *Die erste dieser Spaltungen geschah im Orient,* und zwar entweder aufgrund einer dogmatischen Bestreitung von Glaubensformeln der Konzilien von Ephesus und Chalkedon oder, in späterer Zeit, durch die Aufhebung der kirchlichen Gemeinschaft zwischen den Patriarchaten des Orients und dem Römischen Stuhl.

Andere Spaltungen entstanden sodann mehr als vier Jahrhunderte später im Abendland aufgrund von Ereignissen, die man die Reformation nennt. Seither sind mehrere nationale oder konfessionelle Gemeinschaften vom Römischen Stuhl getrennt. *Unter denjenigen von ihnen, bei denen katholische Traditionen und Strukturen zum Teil fortbestehen, nimmt die Anglikanische Gemeinschaft einen besonderen Platz ein.* Indessen sind diese einzelnen Trennungen untereinander sehr verschieden, nicht allein bedingt durch ihre Entstehung und durch die Umstände von Ort und Zeit, sondern vor allem nach Art und Bedeutsamkeit der Probleme, die sich auf den Glauben und die kirchliche Struktur beziehen.

UR 4 Unter dem Wehen der Gnade des Heiligen Geistes gibt es heute in vielen Ländern auf Erden Bestrebungen, durch Gebet, Wort und Werk zu jener Fülle der Einheit zu gelangen, die Jesus Christus will. *Daher mahnt dieses Heilige Konzil alle katholischen Gläubigen, dass sie, die Zeichen der Zeit erkennend, mit Eifer an dem ökumenischen Werk teilnehmen.*

Unter der »Ökumenischen Bewegung« versteht man Tätigkeiten und Unternehmungen, die je nach den verschiedenartigen Bedürfnissen der Kirche und nach Möglichkeit der Zeitverhältnisse zur Förderung der Einheit der Christen ins Leben gerufen und auf dieses Ziel ausgerichtet sind. *Dazu gehört: zunächst alles Bemühen zur Ausmerzung aller Worte, Urteile und Taten, die der Lage der getrennten Brüder nach Gerechtigkeit und Wahrheit nicht entsprechen und dadurch die gegenseitigen Beziehungen mit ihnen erschweren;* ferner der »Dialog«, der bei Zusammenkünften der Christen aus verschiedenen Kirchen oder Gemeinschaften, die vom Geist der Frömmigkeit bestimmt sind, von wohlunterrichteten Sachverständigen geführt wird, wobei ein jeder die Lehre seiner Gemeinschaft tiefer und genauer erklärt, so dass das Charakteristische daran deutlich hervortritt. Durch diesen Dialog erwerben alle eine bessere Kenntnis der Lehre und des Lebens jeder von beiden Gemeinschaften und eine gerechtere Würdigung derselben. Von hier aus gelangen diese Gemeinschaften auch zu einer stärkeren Zusammenarbeit in den Aufgaben des Gemeinwohls, die jedes christliche Gewissen fordert, und sie kommen, wo es erlaubt ist, zum gemeinsamen Gebet zusammen. *Schließlich prüfen hierbei alle ihre Treue gegenüber dem Willen Christi hinsichtlich der Kirche und gehen tatkräftig ans Werk der notwendigen Erneuerung und Reform ...*

Ohne Zweifel müssen die katholischen Gläubigen bei ihrer ökumenischen Aktion um die getrennten Christen besorgt sein, indem sie für sie beten, sich über kirchliche Angelegenheiten mit ihnen austauschen, *den ersten Schritt zu ihnen tun. Aber in erster Linie sollen sie doch ehrlich und eifrig ihr Nachdenken darauf richten, was in der eigenen katholischen Familie zu erneuern und was zu tun ist,* damit ihr Leben mit mehr Treue und Klarheit für die Lehre und die Einrichtungen Zeugnis gebe, die ihnen von Christus her durch die Apostel überkommen sind.

Obgleich nämlich die katholische Kirche mit dem ganzen Reichtum der von Gott geoffenbarten Wahrheit und der Gnadenmittel beschenkt ist, ist es doch Tatsache, dass ihre Glieder nicht mit der entsprechenden Glut daraus leben, so dass das Antlitz der Kirche den von uns getrennten Brüdern und der ganzen Welt nicht recht aufleuchtet und das Wachstum des Reiches Gottes verzögert wird. Deshalb müssen alle Katholiken zur christlichen Vollkommenheit streben und, ihrer jeweiligen Stellung entsprechend, bemüht sein, dass die Kirche, die die Niedrigkeit und das Todesleiden Christi an ihrem Leibe trägt, von Tag zu Tag geläutert und erneuert werde, bis Christus sie sich dereinst glorreich darstellt, ohne Makel und Runzeln.

Alle in der Kirche sollen unter Wahrung der Einheit im Notwendigen je nach der Aufgabe eines jeden in den verschiedenen Formen des geistlichen Lebens und der äußeren Lebensgestaltung, *in der Verschiedenheit der liturgischen Riten sowie der theologischen Ausarbeitung der Offenbarungswahrheit die gebührende Freiheit walten lassen, in allem aber die Liebe üben.* Auf diese Weise werden sie die wahre Katholizität und Apostolizität der Kirche immer vollständiger zum Ausdruck bringen.

Auf der anderen Seite ist es notwendig, dass die Katholiken die wahrhaft christlichen Güter aus dem gemeinsamen Erbe mit Freude anerkennen und hochschätzen, die sich bei den von uns getrennten Brüdern finden. Es ist *billig und heilsam, die Reichtümer Christi und das Wirken der Geisteskräfte*

im Leben der anderen anzuerkennen, die für Christus Zeugnis geben, manchmal bis zur Hingabe des Lebens: Denn Gott ist immer wunderbar und bewunderungswürdig in seinen Werken.
Man darf auch nicht übergehen, dass alles, was von der Gnade des Heiligen Geistes in den Herzen der getrennten Brüder gewirkt wird, auch zu unserer eigenen Auferbauung beitragen kann. Denn was wahrhaft christlich ist, steht niemals im Gegensatz zu den echten Gütern des Glaubens, sondern kann immer dazu helfen, dass das Geheimnis Christi und der Kirche vollkommener erfasst werde. *Aber gerade die Spaltungen der Christen sind für die Kirche ein Hindernis, dass sie die ihr eigene Fülle der Katholizität in jenen Söhnen wirksam werden lässt*, die ihr zwar durch die Taufe zugehören, aber von ihrer völligen Gemeinschaft getrennt sind. Ja, *es wird dadurch auch für die Kirche selber schwieriger, die Fülle der Katholizität unter jedem Aspekt in der Wirklichkeit des Lebens auszuprägen.*
Mit Freude bemerkt das Heilige Konzil, dass die Teilnahme der katholischen Gläubigen am ökumenischen Werk von Tag zu Tag wächst, und empfiehlt sie den Bischöfen auf dem ganzen Erdkreis, dass sie von ihnen eifrig gefördert und mit Klugheit geleitet werde.

GS 92 Die Kirche wird kraft ihrer Sendung, die ganze Welt mit der Botschaft des Evangeliums zu erleuchten und alle Menschen aller Nationen, Rassen und Kulturen in einem Geist zu vereinigen, zum Zeichen jener Brüderlichkeit, die einen aufrichtigen Dialog ermöglicht und gedeihen lässt. *Das aber verlangt von uns*, dass wir vor allem in der Kirche selbst, bei Anerkennung aller rechtmäßigen Verschiedenheit, *gegenseitige Hochachtung, Ehrfurcht und Eintracht* pflegen, um ein immer fruchtbareres Gespräch zwischen allen in Gang zu bringen, die das eine Volk Gottes bilden, Geistliche und Laien. *Stärker ist, was die Gläubigen eint als was sie trennt. Es gelte im Notwendigen Einheit, im Zweifel Freiheit, in allem die Liebe.*
Im Geist umarmen wir auch die Brüder, die noch nicht in voller Einheit mit uns leben, und ihre Gemeinschaften, mit denen wir aber im Bekenntnis des Vaters und des Sohnes und des Heiligen Geistes und durch das Band der Liebe verbunden sind. Dabei sind wir uns bewusst, dass heute auch von vielen Nichtchristen die Einheit der Christen erwartet und gewünscht wird.
Je mehr diese Einheit unter dem mächtigen Antrieb des Heiligen Geistes in Wahrheit und Liebe wächst, umso mehr wird sie für die ganze Welt

eine Verheißung der Einheit und des Friedens sein. *Darum müssen wir mit vereinten Kräften* und in Formen, die zur wirksamen Erreichung dieses großen Zieles immer besser geeignet sind, *in immer größerer Übereinstimmung mit dem Evangelium brüderlich zusammenarbeiten,* um der Menschheitsfamilie zu dienen, die in Christus Jesus zur Familie der Gotteskinder berufen ist.

3. Bekehrung zum Miteinander

Es gibt keinen echten Ökumenismus ohne innere Bekehrung. Denn aus dem Neuwerden des Geistes, aus der Selbstverleugnung und aus dem freien Strömen der Liebe erwächst und reift das Verlangen nach der Einheit. Deshalb müssen wir vom göttlichen Geiste die Gnade aufrichtiger Selbstverleugnung, der Demut und des geduldigen Dienstes sowie der brüderlichen Herzensgüte zueinander erflehen. Der Völkerapostel sagt: »So ermahne ich euch denn, ich der Gefangene im Herrn, wandelt würdig der Berufung, zu der ihr berufen seid, mit aller Demut und Sanftmut, ertraget einander geduldig in Liebe; bestrebt euch, die Einheit des Geistes zu bewahren durch das Band des Friedens« (Eph 4, 1–3). Diese Mahnung gilt besonders denen, die die heiligen Weihen empfangen haben, damit die Sendung Christi, der zu uns kam, »nicht um bedient zu werden, sondern um zu dienen« (Mt 20, 28), ihre Fortsetzung finde. UR 7

Auch von den Sünden gegen die Einheit gilt das Zeugnis des heiligen Johannes: »Wenn wir sagen, wir hätten nicht gesündigt, so machen wir ihn zum Lügner, und sein Wort ist nicht in uns« (1 Joh 1, 10). *In Demut bitten wir also Gott und die getrennten Brüder um Verzeihung, wie auch wir unseren Schuldigern vergeben.*

Alle Christgläubigen sollen sich bewusst sein, dass sie die Einheit der Christen umso besser fördern, ja sogar einüben, je mehr sie nach einem reinen Leben gemäß dem Evangelium streben. Je inniger die Gemeinschaft ist, die sie mit dem Vater, dem Wort und dem Geist vereint, umso inniger und leichter werden sie imstande sein, die gegenseitige Brüderlichkeit zu vertiefen.

Diese Bekehrung des Herzens und die Heiligkeit des Lebens ist in Verbindung mit dem privaten und öffentlichen Gebet für die Einheit der Christen *als die* UR 8

Seele der ganzen ökumenischen Bewegung anzusehen; sie kann mit Recht geistlicher Ökumenismus genannt werden.
Es ist unter Katholiken schon üblich geworden, dass sie häufig zu diesem Gebet für die Einheit der Kirche zusammenkommen, die der Heiland selbst am Vorabend seines Todes vom Vater inständig erfleht hat: »Dass alle eins seien« (Joh 17, 21).
Bei besonderen Anlässen, zum Beispiel bei Gebeten, die »für die Einheit« verrichtet werden, und bei ökumenischen Versammlungen, ist es erlaubt und auch *erwünscht, dass sich die Katholiken mit den getrennten Brüdern im Gebet zusammenfinden. Solche gemeinsamen Gebete sind ein höchst wirksames Mittel, um die Gnade der Einheit zu erflehen, und ein echter Ausdruck der Gemeinsamkeit, in der die Katholiken mit den getrennten Brüdern immer noch verbunden sind*: »Denn wo zwei oder drei versammelt sind in meinem Namen, da bin ich mitten unter ihnen« (Mt 18, 20).
Man darf jedoch die *Gemeinschaft beim Gottesdienst* (communicatio in sacris) nicht als ein allgemein und ohne Unterscheidung gültiges Mittel zur Wiederherstellung der Einheit der Christen ansehen. *Hier sind hauptsächlich zwei Prinzipien maßgebend: die Bezeugung der Einheit der Kirche und die Teilnahme an den Mitteln der Gnade. Die Bezeugung der Einheit verbietet in den meisten Fällen die Gottesdienstgemeinschaft, die Sorge um die Gnade empfiehlt sie indessen in manchen Fällen. Wie man sich hier konkret zu verhalten hat, soll unter Berücksichtigung aller Umstände der Zeit, des Ortes und der Personen die örtliche bischöfliche Autorität in klugem Ermessen entscheiden*, soweit nicht etwas anderes von der Bischofskonferenz nach Maßgabe ihrer eigenen Statuten oder vom Heiligen Stuhl bestimmt ist.

4. Ökumenische Theologie

UR 9 *Man muss den Geist und die Sinnesart der getrennten Brüder kennen. Dazu bedarf es notwendig des Studiums, das der Wahrheit gemäß und in wohlwollender Gesinnung durchzuführen ist*. Katholiken, die dazu gebührend gerüstet sind, sollen sich eine bessere Kenntnis der Lehre und der Geschichte, des geistlichen und liturgischen Lebens, der religiösen Psychologie und Kultur, die den Brüdern eigen ist, erwerben. Dazu sind gemeinsame Zusammenkünfte, besonders zur Behandlung theologischer Fragen, sehr dienlich, bei denen ein jeder mit dem anderen *auf der Ebene der Gleichheit* spricht

(»*par cum pari agat*«), vorausgesetzt, dass die, die unter der Aufsicht ihrer Oberen daran teilnehmen, wirklich sachverständig sind. Aus einem solchen Dialog kann auch klarer zutage treten, was die wirkliche Situation der katholischen Kirche ist. *Auf diesem Wege wird auch die Denkweise der getrennten Brüder besser erkannt und ihnen unser Glaube in geeigneterer Weise auseinandergesetzt.*

Die Unterweisung in der heiligen Theologie und in anderen, besonders den historischen Fächern *muss auch unter ökumenischem Gesichtspunkt geschehen,* damit sie umso genauer der Wahrheit und Wirklichkeit entspricht. UR 10
Denn es liegt viel daran, dass die zukünftigen Hirten und Priester über eine Theologie verfügen, die ganz in diesem Sinne und nicht polemisch erarbeitet wurde, besonders bei jenen Gegenständen, die die Beziehungen der getrennten Brüder zur katholischen Kirche betreffen.
Von der Ausbildung der Priester hängt ja die notwendige Unterweisung und geistliche Bildung der Gläubigen und der Ordensleute ganz besonders ab.
Auch die Katholiken, die in denselben Ländern wie andere Christen im Dienst der Mission stehen, müssen gerade heute erkennen, welche Fragen sich hier ergeben und welche Früchte für ihr Apostolat der Ökumenismus heranreifen lässt.

Die Art und Weise der Formulierung des katholischen Glaubens darf keinerlei Hindernis bilden für den Dialog mit den Brüdern. Die gesamte Lehre muss klar vorgelegt werden. Nichts ist dem ökumenischen Geist so fern wie jener falsche Irenismus, durch den die Reinheit der katholischen Lehre Schaden leidet und ihr ursprünglicher und sicherer Sinn verdunkelt wird. UR 11
Zugleich muss aber der katholische Glaube tiefer und richtiger ausgedrückt werden auf eine Weise und in einer Sprache, die auch von den getrennten Brüdern wirklich verstanden werden kann. Darüber hinaus müssen beim ökumenischen Dialog die katholischen Theologen, wenn sie in Treue zur Lehre der Kirche in gemeinsamer Forschungsarbeit mit den getrennten Brüdern die göttlichen Geheimnisse zu ergründen suchen, mit Wahrheitsliebe, mit Liebe und Demut vorgehen. *Beim Vergleich der Lehren miteinander soll man nicht vergessen, dass es eine Rangordnung oder »Hierarchie« der Wahrheiten innerhalb der katholischen Lehre gibt, je nach der verschiedenen Art ihres Zusammenhangs mit dem Fundament des christlichen Glaubens. So wird der Weg bereitet werden, auf*

dem alle in diesem brüderlichen Wettbewerb zur tieferen Erkenntnis und deutlicheren Darstellung der unerforschlichen Reichtümer Christi angeregt werden.

UR 17 Was oben von der legitimen Verschiedenheit gesagt wurde, dasselbe soll nun auch von der verschiedenen Art der theologischen Lehrverkündigung gesagt werden. Denn auch bei der Erklärung der Offenbarungswahrheit sind im Orient und im Abendland verschiedene Methoden und Arten des Vorgehens zur Erkenntnis und zum Bekenntnis der göttlichen Dinge angewendet worden. *Daher darf es nicht wundernehmen, dass von der einen und von der anderen Seite bestimmte Aspekte des offenbarten Mysteriums manchmal besser verstanden und deutlicher ins Licht gestellt wurden, und zwar so, dass man bei jenen verschiedenartigen theologischen Formeln oft mehr von einer gegenseitigen Ergänzung als von einer Gegensätzlichkeit sprechen muss.* Gerade gegenüber den authentischen theologischen Traditionen der Orientalen muss anerkannt werden, dass sie in ganz besonderer Weise in der Heiligen Schrift verwurzelt sind, dass sie durch das liturgische Leben gefördert und zur Darstellung gebracht werden, dass sie genährt sind von der lebendigen apostolischen Tradition und von den Schriften der Väter und geistlichen Schriftsteller des Orients und dass sie zur rechten Gestaltung des Lebens, überhaupt zur vollständigen Betrachtung der christlichen Wahrheit hinführen.

Dieses Heilige Konzil erklärt, dass dies ganze geistliche und liturgische, disziplinäre und theologische Erbe mit seinen verschiedenen Traditionen zur vollen Katholizität und Apostolizität der Kirche gehört; und sie sagt Gott dafür Dank, dass viele orientalische Söhne der katholischen Kirche, die dieses Erbe bewahren und den Wunsch haben, es reiner und vollständiger zu leben, schon jetzt mit den Brüdern, die die abendländische Tradition pflegen, in voller Gemeinschaft leben.

5. *Kirchen des Ostens*

UR 14 *Die Kirchen des Orients und des Abendlandes sind Jahrhunderte hindurch je ihren besonderen Weg gegangen, jedoch miteinander verbunden in brüderlicher Gemeinschaft des Glaubens und des sakramentalen Lebens,* wobei dem Römischen Stuhl mit allgemeiner Zustimmung eine Führungsrolle zukam, wenn Streitigkeiten über Glaube oder Disziplin unter ihnen entstanden. Mit Freude möchte

die Heilige Synode neben anderen sehr bedeutsamen Dingen allen die Tatsache in Erinnerung rufen, dass im Orient viele Teilkirchen oder Ortskirchen bestehen, unter denen die Patriarchalkirchen den ersten Rang einnehmen und von denen nicht wenige sich ihres apostolischen Ursprungs rühmen. *Deshalb steht bei den Orientalen bis auf den heutigen Tag der Eifer und die Sorge im Vordergrund, jene brüderlichen Bande der Gemeinschaft im Glauben und in der Liebe zu bewahren, die zwischen Lokalkirchen als Schwesterkirchen bestehen müssen.* Es darf ebenfalls nicht unerwähnt bleiben, dass die Kirchen des Orients von Anfang an einen Schatz besitzen, aus dem die Kirche des Abendlandes in den Dingen der Liturgie, in ihrer geistlichen Tradition und in der rechtlichen Ordnung vielfach geschöpft hat. Auch das darf in seiner Bedeutung nicht unterschätzt werden, *dass die Grunddogmen des christlichen Glaubens* von der Dreifaltigkeit und von dem Wort Gottes, das aus der Jungfrau Maria Fleisch angenommen hat, *auf ökumenischen Konzilien definiert worden sind, die im Orient stattgefunden haben.* Jene Kirchen haben für die Bewahrung dieses Glaubens viel gelitten und leiden noch heute.
Das von den Aposteln überkommene Erbe aber ist in verschiedenen Formen und auf verschiedene Weise übernommen, und daher schon von Anfang an in der Kirche hier und dort verschieden ausgelegt worden, wobei auch die Verschiedenheit der Mentalität und der Lebensverhältnisse eine Rolle spielten. Dies alles hat, neben äußeren Gründen, auch infolge des Mangels an Verständnis und Liebe füreinander zu der Trennung Anlass geboten.

Schon von den ältesten Zeiten her hatten die Kirchen des Orients ihr eigenen Kirchenordnungen, die von den heiligen Vätern und Synoden, auch von ökumenischen, sanktioniert worden sind. *Da nun eine gewisse Verschiedenheit der Sitten und Gebräuche, wie sie oben erwähnt wurde, nicht im geringsten der Einheit der Kirche entgegensteht, sondern vielmehr ihre Zierde und Schönheit vermehrt und zur Erfüllung ihrer Sendung nicht wenig beiträgt, so erklärt das Heilige Konzil feierlich, um jeden Zweifel auszuschließen, dass die Kirchen des Orients, im Bewusstsein der notwendigen Einheit der ganzen Kirche, die Fähigkeit haben, sich nach ihren eigenen Ordnungen zu regieren, wie sie der Geistesart ihrer Gläubigen am meisten entsprechen und dem Heil der Seelen am besten dienlich sind.* Die vollkommene Beobachtung dieses Prinzips, das in der Tradition vorhanden, aber nicht immer beachtet worden ist, gehört zu den Dingen, die zur Wiederherstellung der Einheit als notwendige Vorbedingung durchaus erforderlich sind. UR 16

OE 1 *Die Ostkirchen mit ihren Einrichtungen und liturgischen Bräuchen, ihren Überlieferungen und ihrer christlichen Lebensordnung sind in der katholischen Kirche hochgeschätzt.* In diesen Werten von ehrwürdigem Alter leuchtet ja eine Überlieferung auf, die über die Kirchenväter bis zu den Aposteln zurückreicht. Sie bildet ein Stück des von Gott geoffenbarten und ungeteilten Erbgutes der Gesamtkirche. Für diese Überlieferung sind die Ostkirchen lebendige Zeugen. Dem Heiligen Ökumenischen Konzil liegt daher die Sorge für die Ostkirchen sehr am Herzen. Es wünscht, dass diese Kirchen neu erblühen und mit frischer apostolischer Kraft die ihnen anvertraute Aufgabe meistern. Darum hat es neben den die Gesamtkirche betreffenden Anordnungen auch über sie einige Beschlüsse gefasst.
Indes überlässt es weitere Entscheidungen der Obsorge der orientalischen Synoden und des Apostolischen Stuhles.

OE 5 *Die Geschichte, die Überlieferungen und zahlreiche kirchliche Einrichtungen legen ein glänzendes Zeugnis für die großen Verdienste der Ostkirchen um die Gesamtkirche ab.* Darum begnügt sich das Heilige Konzil nicht damit, diesem kirchlichen und geistigen Erbgut schuldige Achtung und gebührendes Lob zu zollen. Es betrachtet all das darüber hinaus als *echtes Erbgut der gesamten Kirche Christi.* Daher erklärt es feierlich: Die Kirchen des Ostens wie auch des Westens haben das volle Recht und die Pflicht, sich jeweils nach ihren eigenen Grundsätzen zu richten, die sie durch ihr ehrwürdiges Alter empfehlen, den Gewohnheiten ihrer Gläubigen besser entsprechen und der Sorge um das Seelenheil angemessener erscheinen.

OE 6 *Alle Ostchristen sollen wissen und davon überzeugt sein, dass sie ihre rechtmäßigen liturgischen Bräuche und die ihnen eigene Ordnung bewahren dürfen und müssen,* es sei denn, dass aus eigenständigem und organischem Fortschritt Änderungen eingeführt werden sollten. Über das alles sollen also die Orientalen selbst mit größter Gewissenhaftigkeit wachen. Sie sollen auch immer tiefer eindringen in die Kenntnis dieser Dinge und sich immer mehr vervollkommnen in deren praktischer Verwirklichung. *Wenn sie aber wegen besonderer Zeitumstände oder persönlicher Verhältnisse ungebührlich von ihren östlichen Gebräuchen abgekommen sind, sollen sie sich befleißigen, zu den Überlieferungen ihrer Väter zurückzukehren.* Indessen sollen sich alle, die durch ihr Amt oder ihren apostolischen Dienst in engere Berührung mit den Ostkirchen oder ihren Gläubigen kommen, angesichts ihrer verantwortungsschweren Aufgabe in der Kenntnis und Ausübung ostkirchlicher Gebräuche, in ostkirchlicher Ordnung, Lehre, Geschichte und charakterlicher Eigenart gründlich unterrichten lassen. Den Orden und Genossenschaften des lateinischen Ritus aber, die in ostkirchlichen Gebieten oder unter ostkirchlichen Gläubigen seelsorglich tätig sind, wird dringend empfohlen, dass sie nach Möglichkeit, um ihr Apostolat wirksamer zu machen, Häuser oder auch Provinzen des östlichen Ritus errichten.

Unter Wahrung der erwähnten Grundsätze *können Ostchristen, die guten Glaubens von der katholischen Kirche getrennt sind,* wenn sie von sich aus darum bitten und recht vorbereitet sind, *zu den Sakramenten der Buße, der Eucharistie und der Krankensalbung zugelassen werden. Ebenso ist es Katholiken erlaubt, dieselben Sakramente von nichtkatholischen Geistlichen zu erbitten, in deren Kirche die Sakramente gültig gespendet werden,* sooft dazu ein ernstes Bedürfnis oder ein wirklicher geistlicher Nutzen rät und der Zugang zu einem katholischen Priester sich als physisch oder moralisch unmöglich herausstellt. OE 27

Von getrennten Ostchristen, die unter der Gnadenwirkung des Heiligen Geistes zur katholischen Einheit kommen, *soll nicht mehr verlangt werden, als was das einfache katholische Glaubensbekenntnis fordert.* Da ferner das Priestertum bei ihnen gültig bewahrt worden ist, haben ostkirchliche Kleriker, die zur katholischen Einheit kommen, das Recht, nach den Anordnungen der zuständigen Obrigkeit ihre Weihegewalt auszuüben. OE 25

Im Hinblick auf all dies erneuert das Heilige Konzil feierlich, was in der Vergangenheit von Heiligen Konzilien und von römischen Päpsten erklärt wurde, *dass es nämlich zur Wiederherstellung oder Erhaltung der Gemeinschaft und Einheit notwendig sei, »keine Lasten aufzuerlegen, die über das Notwendige hinausgehen«* (Apg 15, 28). Es spricht den dringenden Wunsch aus, dass von nun an alle ihr Bestreben darauf richten, diese Einheit allmählich zu erlangen in den verschiedenen Einrichtungen und Lebensformen der Kirche, besonders durch das Gebet und den brüderlichen Dialog über die Lehre und über die drängenden Notwendigkeiten der Seelsorgsaufgaben in unserer Zeit. In gleicher Weise empfiehlt das Heilige Konzil den Hirten und den Gläubigen der katholischen Kirche eine enge Verbundenheit mit denen, die nicht mehr im Orient, sondern fern von ihrer Heimat UR 18 leben, damit die brüderliche Zusammenarbeit mit ihnen im Geist der Liebe und unter Ausschluss jeglichen Geistes streitsüchtiger Eifersucht wachse. Wenn dieses Werk mit ganzer Seele in Angriff genommen wird, so hofft das Heilige Konzil, dass die Wand, die die abendländische und die orientalische Kirche trennt, einmal hinweggenommen werde und schließlich nur eine einzige Wohnung sei, deren fester Eckstein Jesus Christus ist, der aus beidem eines machen wird.

6. Kirchen im Westen

UR 19 *Die Kirchen und Kirchlichen Gemeinschaften*, die in der schweren Krise, die *im Abendland* schon vom Ende des Mittelalters ihren Ausgang genommen hat, oder auch in späterer Zeit vom Römischen Apostolischen Stuhl getrennt wurden, *sind mit der katholischen Kirche durch das Band besonderer Verwandtschaft verbunden*, da ja das christliche Volk in den Jahrhunderten der Vergangenheit so lange Zeit sein Leben in kirchlicher Gemeinschaft geführt hat.

Da jedoch *diese Kirchen und Kirchlichen Gemeinschaften* wegen ihrer Verschiedenheit nach Ursprung, Lehre und geistlichem Leben nicht nur uns gegenüber, sondern *auch untereinander nicht wenige Unterschiede aufweisen*, so wäre es eine überaus schwierige Aufgabe, sie recht zu beschreiben, was wir hier zu unternehmen nicht beabsichtigen. Obgleich die ökumenische Bewegung und der Wunsch nach Frieden mit der katholischen Kirche sich noch nicht überall durchgesetzt hat, so hegen wir doch die Hoffnung, dass bei allen ökumenischer Sinn und gegenseitige Achtung allmählich wachsen.

UR 23 Das christliche Leben dieser Brüder wird genährt durch den Glauben an Christus, gefördert durch die Gnade der Taufe und das Hören des Wortes Gottes. Dies zeigt sich im privaten Gebet, in der biblischen Betrachtung, im christlichen Familienleben und im Gottesdienst der zum Lob Gottes versammelten Gemeinde. Übrigens *enthält ihr Gottesdienst* nicht selten *deutlich hervortretende Elemente der alten gemeinsamen Liturgie.*

UR 21 *Die Liebe und Hochschätzung*, ja fast kultische Verehrung *der Heiligen Schrift* führen unsere Brüder zu einem unablässigen und beharrlichen Studium dieses heiligen Buches: Das Evangelium ist ja »eine Kraft Gottes zum Heile für jeden, der glaubt, für den Juden zuerst, aber auch für den Griechen« (Röm 1, 16). Unter Anrufung des Heiligen Geistes suchen sie in der Heiligen Schrift Gott, wie er zu ihnen spricht in Christus, der von den Propheten vorherverkündigt wurde und der das für uns fleischgewordene Wort Gottes ist. In der Heiligen Schrift betrachten sie das Leben Christi und was der göttliche Meister zum Heil der Menschen gelehrt und getan hat, insbesondere die Geheimnisse seines Todes und seiner Auferstehung.

Während die von uns getrennten Christen die göttliche Autorität der Heiligen Schrift bejahen, haben sie jedoch, jeder wieder auf andere Art, eine von uns verschiedene Auffassung von dem Verhältnis zwischen der Schrift und der Kirche, wobei nach dem katholischen Glauben das authentische Lehramt bei der Erklärung und Verkündigung des geschriebenen Wortes Gottes einen besonderen Platz einnimmt.

Nichtsdestoweniger ist die Heilige Schrift gerade beim Dialog ein ausgezeichnetes Werkzeug in der mächtigen Hand Gottes, um jene Einheit zu erreichen, die der Erlöser allen Menschen anbietet.

Vor der ganzen Welt sollen alle Christen ihren Glauben an den einen, UR 12
dreifaltigen Gott, an den menschgewordenen Sohn Gottes, unsern Erlöser und Herrn, bekennen und in gemeinsamem Bemühen in gegenseitiger Achtung Zeugnis geben für unsere Hoffnung, die nicht zuschanden wird. Da in heutiger Zeit die *Zusammenarbeit im sozialen Bereich* sehr weit verbreitet ist, sind alle Menschen ohne Ausnahme zu gemeinsamem Dienst gerufen, erst recht diejenigen, die an Gott glauben, am meisten aber alle Christen, die ja mit dem Namen Christi ausgezeichnet sind. *Durch die Zusammenarbeit der Christen kommt die Verbundenheit, in der sie schon untereinander vereinigt sind, lebendig zum Ausdruck, und das Antlitz Christi, des Gottesknechtes, tritt in hellerem Licht zutage.* Diese Zusammenarbeit, die bei vielen Völkern schon besteht, muss mehr und mehr vervollkommnet werden, besonders in jenen Ländern, wo die soziale und technische Entwicklung erst im Werden ist. *Das gilt sowohl für die Aufgabe, der menschlichen Person zu ihrer wahren Würde zu verhelfen, für die Förderung des Friedens, für die Anwendung des Evangeliums auf die sozialen Fragen,* für die Pflege von Wissenschaft und Kunst aus christlichem Geiste, wie auch für die Bereitstellung von Heilmitteln aller Art *gegen die Nöte unserer Zeit, wie gegen Hunger und Ka-*

tastrophen, gegen den Analphabetismus und die Armut, gegen die Wohnungsnot und die ungerechte Verteilung der Güter. Bei dieser Zusammenarbeit können alle, die an Christus glauben, unschwer lernen, wie sie einander besser kennen und höher achten können und wie der Weg zur Einheit der Christen bereitet wird.

IV. Situation: Die heutige Welt

Hinführung

»Welt« ist ein schillerndes Wort: Meine kleine Welt, die Alltagswelt ist keineswegs einfach heile Welt; die verlockende große, weite Welt, die immer mehr zusammenrückt, ist zugleich die vielfach zerrissene Welt; die ganze Welt ist in ihrer Faszination zugleich unüberschaubar, unberechenbar, bedrohend, ja chaotisch. Diese Vielfalt der Erfahrung spiegelt sich von Anfang an auch in der christlichen Glaubenssprache: Die Welt ist die Schöpfung Gottes, die Gesamtheit der in Raum und Zeit begrenzten Geschöpfe (z. B. Röm 1, 20; Mt 25, 34; Joh 17, 5). Unsere Welt ist der uns zugewiesene Lebensraum (z. B. Röm 1, 8; Mk 14, 9; Mt 5, 14). Welt sind wir selbst, als Adressaten des rettenden und richtenden Gottes (z. B. Mk 16, 15; Joh 9, 39). Welt ist zugleich der Name für Schwäche und Vergänglichkeit, für die »Infektion« durch Bosheit und Hass, der Name für den Bereich der Gottwidrigkeit und Sünde (z. B. Röm 3, 19; Joh 17, 14; 1 Joh 5, 4f.).
Größe und Elend des Menschen, die Dialektik unserer konkreten Existenz, zeigt sich in der Zwiespältigkeit unserer Lebenswelt: berufen zur höchsten Einsicht und Seligkeit, zur Gemeinschaft mit dem lebendigen Gott – bedrängt von der Angst vor der Sinnlosigkeit, in der massiven Versuchung zu rücksichtsloser Selbstbehauptung und ausschweifender Maßlosigkeit.
Wir Christen aber sind und bleiben nicht nur selbst »ein Stück Welt«, wir leben in der Welt und für die Welt. In dieser Hinsicht gibt es für uns keine andere Rolle als die der Schwestern und Brüder des »Sohnes«, den der Vater aus Liebe zur Welt hinschenkt (vgl. Joh 3, 16), der sich selbst verbraucht »für das Leben der Welt« (Joh 6, 51).
Der Versuch, Jesu »Pro-Existenz« nachzuleben mitten in der Welt, sich der Ellenbogenmentalität der Welt nicht anzugleichen, sondern unsere Lebenswelt umzuwandeln durch ein neues Denken (vgl. Röm 12, 2) – auch diejenigen als Gesprächspartner Gottes ernstzunehmen, die uns für rückständig und töricht halten (vgl. 1 Kor 4, 9) – den Dialog auch solchen Menschen anzubieten, die ein anderes Menschenbild propagieren, einer ganz anderen »Weltanschauung« folgen – das erfordert hellwache Aufmerksamkeit und Mut zur Selbstlosigkeit. »Salz der Erde« sein, das duldet keine Berührungsängste,

»Licht der Welt« sein, das duldet kein Verstecken und Verkriechen. »Ich bitte nicht, dass du sie aus der Welt nimmst, sondern dass du sie vor dem Bösen bewahrst [...] Heilige sie in der Wahrheit [...] Wie du mich in die Welt gesandt hast, so habe auch ich sie in die Welt gesandt!« Worte aus den Abschiedsreden Jesu im Johannesevangelium (Joh 17, 15–18). Es klang schon an, wie sehr die verbreitete Ghettomentalität des neuzeitlichen Katholizismus die Sorge ums eigene Überleben verband mit einer deutlichen Distanzierung von allem Nicht-Katholischen, Fremden, Neuartigen. Den vielen eifrigen Missionaren galten aufgrund ihrer Erziehung die Kulturen und Religionen anderer Kontinente fast ausschließlich als das Wertlose, das zu Überwindende, ja Auszurottende. Freiheitsbewegungen, naturwissenschaftlicher Fortschritt und historische Forschung wurden aufs Ganze gesehen von der Kirche der Neuzeit mehr als Gefahr abgewehrt, denn als Herausforderung betrachtet oder gar als Chance begriffen. So liest man beispielsweise heute die christliche Apologetik gegen die – anfangs zum Teil gewiss aggressiv und hybrid auftretenden – Verfechter der Evolutionstheorie wie die Akten eines verlorenen Prozesses.
Das Konzil versuchte nach Kräften, die z.T. schon lange formulierten Anfragen ernsthaft aufzugreifen, sich den Herausforderungen, die darin liegen, zu stellen – vor allem in dem umfangreichen Dokument »Gaudium et spes«, der Pastoralkonstitution über »Die Kirche in der Welt von heute«.
Dabei hat es »die gegenwärtige Situation weder verharmlost noch verklärt, aber es hat im Unterschied zu früher etwa das Phänomen des Atheismus sehr differenziert behandelt, hat nach dessen Formen und Gestalten und nach den möglicherweise sehr verschieden gelagerten Motiven gefragt. Atheismus kann, so hat einmal Karl Rahner formuliert, eine in eine Antwort gekleidete Frage sein: ›Wo bleibst du, Gott?‹. Auch die Christen und die Kirchen haben nach den Worten des Konzils am Entstehen des Atheismus schuld.«[1]
Es gibt kein anderes kirchlich-lehramtliches Dokument, das soviel echte Fragezeichen enthält wie diese Pastoralkonstitution. Im Laufe ihrer Erarbeitung (über acht Textfassungen hin) wurde ein neuer Stil lehramtlichen Redens gesucht und gefunden. Nicht »zeitlos« gültige Folgerungen aus naturrechtlichen Prinzipien oder eindeutige biblische Handlungsanweisungen waren angezielt. Die Frage war vielmehr: Gelingt es, die schwierigen Probleme des ausgehenden 20. Jahrhunderts realistisch zur Kenntnis zu nehmen und nüchtern anzusprechen, die Solidarität mit allen Menschen ehrlich und beschei-

1 | H. Fries, Mut zur Ökumene, Ostfildern 2011, 352.

den zum Ausdruck zu bringen, auch wenn nicht sofort eine endgültige (christliche) Lösung angeboten werden kann? »Man darf ohne weiteres sagen, dass die Kirche mit diesem Dokument höchstamtlich den Dialog mit denen, die ihr institutionell nicht angehören, aufgenommen hat im Sinne eines echten Dialogs: in der Umreißung einer gemeinsamen Basis, in der Bereitschaft zum Hören und gegenseitigen Lernen, in dem (mehr oder weniger deutlichen) Eingeständnis eigener Unkenntnis und Fehler.«[2]

Das heißt nun aber keineswegs, dass dem allgemeinen Lamentieren nur noch eine fromme Stimme hinzugefügt worden wäre. Das Konzil zeigt durchaus den Mut, in den Wirren der Zeit aus der ureigenen Sicht des christlichen Glaubens Grundsätze und Weisungen zu formulieren und diese in Form von Empfehlungen und Einladungen auch an die Nichtchristen zu richten. Die Tatsache, dass es sich dabei der Unvollkommenheit der eigenen Darlegungen selber bewusst ist und dies auch eigens ausspricht (art. 91), wird letztlich unserer Glaubwürdigkeit als christliche Zeitgenossen mehr dienen als die vermeintliche »Sicherheit« alten Stils.

1. Inmitten der Gesellschaft

Freude und Hoffnung, Trauer und Angst der Menschen von heute, besonders der Armen und Bedrängten aller Art, sind auch Freude und Hoffnung, Trauer und Angst der Jünger Christi. Und es gibt nichts wahrhaft Menschliches, das nicht in ihren Herzen seinen Widerhall fände. Ist doch ihre eigene Gemeinschaft aus Menschen gebildet, die, in Christus geeinigt, vom Heiligen Geist auf ihrer Pilgerschaft zum Reich des Vaters geleitet werden und eine Heilsbotschaft empfangen haben, die allen auszurichten ist. Darum erfährt diese Gemeinschaft sich mit der Menschheit und ihrer Geschichte wirklich engstens verbunden. GS 1

Daher wendet sich das Zweite Vatikanische Konzil nach einer tieferen Klärung des Geheimnisses der Kirche ohne Zaudern nicht mehr bloß an die Kinder der Kirche und an alle, die Christi Namen anrufen, sondern an alle Menschen schlechthin in der Absicht, allen darzulegen, wie es Gegenwart und Wirken der Kirche in der Welt von heute versteht. GS 2

2| K. Rahner / H. Vorgrimler, Kleines Konzilskompendium, Freiburg 1966, 425.

GS 3 Gewiss ist die Menschheit in unseren Tagen voller Bewunderung für die eigenen Erfindungen und die eigene Macht; trotzdem wird sie oft ängstlich bedrückt durch die Fragen nach der heutigen Entwicklung der Welt, nach Stellung und Aufgabe des Menschen im Universum, nach dem Sinn seines individuellen und kollektiven Schaffens, schließlich nach dem letzten Ziel der Dinge und Menschen. Als Zeuge und Künder des Glaubens des gesamten in Christus geeinten Volkes Gottes *kann daher das Konzil dessen Verbundenheit, Achtung und Liebe gegenüber der ganzen Menschheitsfamilie, der dieses ja selbst eingefügt ist, nicht beredter bekunden als dadurch, dass es mit ihr in einen Dialog eintritt über all diese verschiedenen Probleme*; dass es das Licht des Evangeliums bringt und dass es dem Menschengeschlecht jene Heilskräfte bietet, die die Kirche selbst, vom Heiligen Geist geleitet, von ihrem Gründer empfängt. *Es geht um die Rettung der menschlichen Person, es geht um den rechten Aufbau der menschlichen Gesellschaft. Der Mensch also, der eine und ganze Mensch, mit Leib und Seele, Herz und Gewissen, Vernunft und Willen steht im Mittelpunkt unserer Ausführungen.*

GS 44 Wie es aber im Interesse der Welt liegt, die Kirche als gesellschaftliche Wirklichkeit der Geschichte und als deren Ferment anzuerkennen, *so ist sich die Kirche auch darüber im klaren, wieviel sie selbst der Geschichte und Entwicklung der Menschheit verdankt.* Die Erfahrung der geschichtlichen Vergangenheit, der Fortschritt der Wissenschaften, die Reichtümer, die in den verschiedenen Formen der menschlichen Kultur liegen, durch die die Menschennatur immer klarer zur Erscheinung kommt und neue Wege zur Wahrheit aufgetan werden, gereichen auch der Kirche zum Vorteil. Von Beginn ihrer Geschichte an hat sie gelernt, die Botschaft Christi in der Vorstellungswelt und Sprache der verschiedenen Völker auszusagen und darüber hinaus diese Botschaft mit Hilfe der Weisheit der Philosophen zu verdeutlichen, um so das Evangelium sowohl dem Verständnis aller als auch berechtigten Ansprüchen der Gebildeten angemessen zu verkünden. *Diese in diesem Sinne angepasste Verkündigung des geoffenbarten Wortes muss ein Gesetz aller Evangelisation bleiben. Denn so wird in jedem Volk die Fähigkeit, die Botschaft Christi auf eigene Weise auszusagen, entwickelt und zugleich der lebhafte Austausch zwischen der Kirche und den verschiedenen nationalen Kulturen gefördert.* Zur Steigerung dieses Austauschs bedarf die Kirche vor allem in unserer Zeit mit ihrem schnellen Wandel der Verhältnisse und der Vielfalt ihrer Denkweisen der besonderen Hilfe der in der Welt Stehenden, die eine wirkliche Kenntnis der verschiedenen Institutionen und Fachgebiete haben und die Mentalität, die in diesen am Werk ist, wirklich verstehen, gleichgültig, ob es sich um Gläubige oder Ungläubige handelt. *Es ist jedoch Aufgabe des ganzen Gottesvolkes, vor allem auch der Seelsorger und Theologen, unter dem Beistand des Heiligen Geistes auf die verschiedenen Sprachen unserer Zeit zu hören, sie zu unterscheiden, zu deuten und im Licht des Gotteswortes zu beurteilen,* damit die geoffenbarte Wahrheit immer tiefer erfasst, besser verstanden und passender verkündet werden kann.

Im Glauben daran, dass es vom Geist des Herrn geführt wird, der den Erdkreis erfüllt, bemüht sich das Volk Gottes, in den Ereignissen, Bedürfnissen und Wünschen, die es zusammen mit den übrigen Menschen unserer Zeit teilt, zu unterscheiden, was darin wahre Zeichen der Gegenwart oder der Absicht Gottes sind. Der Glaube erhellt nämlich alles mit einem neuen Licht, enthüllt den göttlichen Ratschluss hinsichtlich der integralen Berufung des Menschen und orientiert daher den Geist auf wirklich humane Lösungen hin … Was denkt die Kirche vom Menschen? Welche Empfehlungen erscheinen zum Aufbau der heutigen Gesellschaft angebracht? Was ist die letzte Bedeutung der menschlichen Tätigkeit in der gesamten Welt? Auf diese Fragen erwartet man Antwort. *Von da wird klarer in Erscheinung treten, dass das Volk Gottes und die Menschheit, der es eingefügt ist, in gegenseitigem Dienst stehen,* so dass die Sendung der Kirche sich als eine religiöse und gerade dadurch höchst humane erweist. GS 11

2. Auf der Suche nach Solidarität

Zu den charakteristischen Aspekten der heutigen Welt gehört die Zunahme der gegenseitigen Verflechtungen unter den Menschen, zu deren Entwicklung der heutige technische Fortschritt ungemein viel beiträgt. Doch das brüderliche Gespräch der Menschen findet seine Vollendung nicht in diesen Fortschritten, sondern grundlegender in jener Gemeinschaft von Personen, die eine gegenseitige Achtung der allseits erfassten geistigen Würde verlangt. Zur Förderung dieser Gemeinschaft der Personen bietet die christliche Offenbarung eine große Hilfe; gleichzeitig führt sie uns zu einem tieferen Verständnis der Gesetze des gesellschaft- GS 23 lichen Lebens, die der Schöpfer in die geistliche und sittliche Natur des Menschen eingeschrieben hat.

GS 25 *Aus der gesellschaftlichen Natur des Menschen geht hervor, dass der Fortschritt der menschlichen Person und das Wachsen der Gesellschaft als solcher sich gegenseitig bedingen.* Wurzelgrund nämlich, Träger und Ziel aller gesellschaftlichen Institutionen ist und muss auch sein die menschliche Person, die ja von ihrem Wesen selbst her des gesellschaftlichen Lebens durchaus bedarf. *Da also das gesellschaftliche Leben für den Menschen nicht etwas äußerlich Hinzukommendes ist, wächst der Mensch nach allen seinen Anlagen und kann seiner Berufung entsprechen durch Begegnung mit anderen, durch gegenseitige Dienstbarkeit und durch den Dialog mit den Brüdern.*

GS 32 So wie Gott die Menschen nicht zu einem Leben in Vereinzelung, sondern zum Zusammenschluss in gesellschaftlicher Einheit erschuf, hat es ihm ebenso »gefallen, die Menschen nicht einzeln, unabhängig von aller wechselseitigen Verbindung, zu heiligen und zu retten, sondern sie zu einem Volke zu machen, das ihn in Wahrheit anerkennen und ihm in Heiligkeit dienen soll« (LG 9). Seit Beginn der Heilsgeschichte erwählte er Menschen nicht nur als Einzelwesen, sondern als Glieder einer bestimmten Gemeinschaft. Denn jene Erwählten, denen Gott seinen Heilsratschluss offenbarte, nannte er »sein Volk« (Ex 3, 7–12); mit ihm schloss er dann den Sinaibund ...
Diese Solidarität muss stetig wachsen bis zu jenem Tag, an dem sie vollendet sein wird und die aus Gnade geretteten Menschen als eine von Gott und Christus, ihrem Bruder, geliebte Familie Gott vollkommen verherrlichen werden.

3. Gleichgewichtsstörungen

GS 4 Heute steht die Menschheit in einer neuen Epoche ihrer Geschichte, in der tiefgehende und rasche Veränderungen Schritt um Schritt auf die ganze Welt übergreifen. Vom Menschen, seiner Vernunft und schöpferischen Gestaltungskraft gehen sie aus; sie wirken auf ihn wieder zurück, auf seine persönlichen und kollektiven Urteile und Wünsche, auf seine Art und Weise, die Dinge und die Menschen zu sehen und mit ihnen um-

zugehen. So kann man schon von einer wirklichen sozialen und kulturellen Umgestaltung sprechen, die sich auch auf das religiöse Leben auswirkt. Wie es bei jeder Wachstumskrise geschieht, bringt auch diese Umgestaltung nicht geringe Schwierigkeiten mit sich. So dehnt der Mensch seine Macht so weit aus und kann sie doch nicht immer so steuern, dass sie ihm wirklich dient. Er unternimmt es, in immer tiefere seelische Bereiche einzudringen, und scheint doch oft ratlos über sich selbst. Schritt für Schritt entdeckt er die Gesetze des gesellschaftlichen Lebens und weiß doch nicht, welche Ausrichtungen er ihm geben soll.
Noch niemals verfügte die Menschheit über so viel Reichtum, Möglichkeiten und wirtschaftliche Macht, und doch leidet noch ein ungeheurer Teil der Bewohner unserer Erde Hunger und Not, gibt es noch unzählige Analphabeten. Niemals hatten die Menschen einen so wachen Sinn für Freiheit wie heute, und gleichzeitig entstehen neue Formen von gesellschaftlicher und psychischer Knechtung. Die Welt spürt lebhaft ihre Einheit und die wechselseitige Abhängigkeit aller von allen in einer notwendigen Solidarität und wird doch zugleich heftig von einander widerstreitenden Kräften auseinander gerissen. Denn harte politische, soziale, wirtschaftliche, rassische und ideologische Spannungen dauern an; selbst die Gefahr eines Krieges besteht weiter, der alles bis zum letzten zerstören würde. Zwar nimmt der Meinungsaustausch zu; und doch erhalten die gleichen Worte, in denen sich gewichtige Auffassungen ausdrücken, in den verschiedenen Ideologien einen sehr unterschiedlichen Sinn. Man strebt schließlich unverdrossen nach einer vollkommeneren Ordnung im irdischen Bereich, aber das geistliche Wachstum hält damit nicht gleichen Schritt.

Ein so rascher Wandel der Zustände, der oft ordnungslos vor sich geht, GS 8
und dazu ein schärferes Bewusstsein für die Spannungen in der Welt erzeugen oder vermehren Widersprüche und Störungen des Gleichgewichts.

Unter diesen Umständen zeigt sich die moderne Welt zugleich stark und GS 9
schwach, in der Lage, das Beste oder das Schlimmste zu tun; für sie ist der Weg offen zu Freiheit oder Knechtschaft, Fortschritt oder Rückschritt, Brüderlichkeit oder Hass. Zudem wird nun der Mensch sich dessen bewusst, dass es seine eigene Aufgabe ist, jene Kräfte, die er selbst geweckt hat und die ihn zermalmen oder ihm dienen können, richtig zu lenken. Wonach er fragt, ist darum er selber.

GS 10 *In Wahrheit hängen die Störungen des Gleichgewichts, an denen die moderne Welt leidet, mit jener tiefer liegenden Störung des Gleichgewichts zusammen, die im Herzen des Menschen ihren Ursprung hat. Denn im Menschen selbst sind viele widersprüchliche Elemente gegeben.* Einerseits erfährt er sich nämlich als Geschöpf vielfältig begrenzt, andererseits empfindet er sich in seinem Verlangen unbegrenzt und berufen zu einem Leben höherer Ordnung. Zwischen vielen Möglichkeiten, die ihn anrufen, muss er dauernd unweigerlich eine Wahl treffen und so auf dieses oder jenes verzichten. Als schwacher Mensch und Sünder tut er oft das, was er nicht will, und was er tun wollte, tut er nicht. So leidet er an einer inneren Zwiespältigkeit, und daraus entstehen viele und schwere Zerwürfnisse auch in der Gesellschaft. Freilich werden viele durch eine praktisch materialistische Lebensführung von einer klaren Erfassung dieses dramatischen Zustandes abgelenkt oder vermögen unter dem Druck ihrer Verelendung sich nicht mit ihm zu beschäftigen. Viele glauben, in einer der vielen Weltdeutungen ihren Frieden zu finden. Andere wieder erwarten vom bloßen menschlichen Bemühen die wahre und volle Befreiung der Menschheit und sind davon überzeugt, dass die künftige Herrschaft des Menschen über die Erde alle Wünsche ihres Herzens erfüllen wird. Andere wieder preisen, am Sinn des Lebens verzweifelnd, den Mut derer, die in der Überzeugung von der absoluten Bedeutungslosigkeit der menschlichen Existenz versuchen, ihr nun die ganze Bedeutung ausschließlich aus autonomer Verfügung des Subjekts zu geben. *Dennoch wächst angesichts der heutigen Weltentwicklung die Zahl derer, die die Grundfragen stellen oder mit neuer Schärfe spüren: Was ist der Mensch? Was ist der Sinn des Schmerzes, des Bösen, des Todes – alles Dinge, die trotz solchen Fortschrittes noch immer weiterbestehen? Wozu diese Siege, wenn sie so teuer erkauft werden mussten? Was kann der Mensch der Gesellschaft geben, was von ihr erwarten? Was kommt nach diesem irdischen Leben?*

4. *Atheismus*

GS 19 Ein besonderer Wesenszug der Würde des Menschen liegt in seiner Berufung zur Gemeinschaft mit Gott. Zum Dialog mit Gott ist der Mensch schon von seinem Ursprung her aufgerufen: er existiert nämlich nur, weil er, von Gott aus Liebe geschaffen, immer aus Liebe erhalten wird; und er lebt nicht voll gemäß der Wahrheit, wenn er diese Liebe nicht frei anerkennt und sich seinem Schöpfer anheimgibt. Viele unserer Zeitgenossen erfassen aber diese innigste und lebensvolle Verbindung mit Gott gar nicht oder verwerfen sie ausdrücklich. *So muss man den Atheismus zu den ernstesten Gegebenheiten dieser Zeit rechnen und aufs sorgfältigste prüfen. Mit dem Wort Atheismus werden voneinander sehr verschiedene Phänomene bezeichnet.* Manche leugnen Gott ausdrücklich; andere meinen, der Mensch könne überhaupt nichts über ihn aussagen; wieder andere stellen die Frage nach Gott unter solchen methodischen Voraussetzungen, dass sie von vornherein sinnlos zu sein scheint. Viele überschreiten den Zuständigkeitsbereich der Erfahrungswissenschaften und erklären, alles sei nur Gegenstand solcher naturwissenschaftlicher Forschung, oder sie verwerfen umgekehrt jede Möglichkeit einer absoluten Wahrheit. Manche sind, wie es scheint, mehr interessiert an der Bejahung des Menschen als an der Leugnung Gottes, rühmen aber den Menschen so, dass ihr Glaube an Gott keine Lebensmacht mehr bleibt. Andere machen sich ein solches Bild von Gott, dass jenes Gebilde, das sie ablehnen, keineswegs der Gott des Evangeliums ist. Andere nehmen die Fragen nach Gott nicht einmal in Angriff, da sie keine Erfahrung der religiösen Unruhe zu machen scheinen und keinen Anlass sehen, warum sie sich um Religion kümmern sollten. Der Atheismus entsteht außerdem nicht selten aus dem heftigen Protest gegen das Übel in der Welt oder aus der unberechtigten Übertragung des Begriffs des Absoluten auf gewisse menschliche Werte, so dass diese an Stelle Gottes treten. Auch die heutige Zivilisation kann oft, zwar nicht von ihrem Wesen her, aber durch ihre einseitige Zuwendung zu den irdischen Wirklichkeiten, den Zugang zu Gott erschweren. Gewiss sind die, die in Ungehorsam gegen den Spruch ihres Gewissens absichtlich Gott von ihrem Herzen fernzuhalten und religiöse Fragen zu vermeiden suchen, nicht ohne Schuld; aber auch die Gläubigen selbst tragen daran eine gewisse Verantwortung. Denn der Atheismus, allseitig betrachtet, ist nicht eine ursprüngliche und eigenständige Erscheinung; er entsteht vielmehr aus verschiedenen Ursachen, zu denen auch die kritische Reaktion gegen die Religionen, und zwar in einigen Ländern vor allem gegen die christliche Religion, zählt. *Deshalb können an dieser Entstehung des Atheismus die Gläubigen einen erheblichen Anteil haben, insofern man sagen muss, dass sie durch Vernachlässigung der Glaubenserziehung, durch missverständliche Darstellung der Lehre oder auch durch die Mängel ihres religiösen, sittlichen und gesellschaftlichen Lebens das wahre Antlitz Gottes und der Religion eher verhüllen als offenbaren.*

GS 20 *Der moderne Atheismus stellt sich oft auch in systematischer Form dar*, die, außer anderen Ursachen, das Streben nach menschlicher Autonomie so weit treibt, dass er Widerstände gegen jedwede Abhängigkeit von Gott schafft. Die Bekenner dieses Atheismus behaupten, die Freiheit bestehe darin, dass der Mensch sich selbst Ziel und einziger Gestalter und Schöpfer seiner eigenen Geschichte sei. Das aber, so behaupten sie, sei unvereinbar mit der Anerkennung des Herrn, des Urhebers und Ziels aller Wirklichkeit, oder mache wenigstens eine solche Bejahung völlig überflüssig. Diese Lehre kann begünstigt werden durch das Erlebnis der Macht, das der heutige technische Fortschritt dem Menschen gibt. Unter den Formen des heutigen Atheismus darf jene nicht übergangen werden, die die Befreiung des Menschen vor allem von seiner wirtschaftlichen und gesellschaftlichen Befreiung erwartet. Er behauptet, dass dieser Befreiung die Religion ihrer Natur nach im Wege stehe, insofern sie die Hoffnung des Menschen auf ein künftiges und trügerisches Leben richte und ihn dadurch vom Aufbau der irdischen Gesellschaft abschrecke. Daher bekämpfen die Anhänger dieser Lehre, wo sie zur staatlichen Macht kommen, die Religion heftig und breiten den Atheismus aus, auch unter Verwendung, vor allem in der Erziehung der Jugend, jener Mittel der Pression, die der öffentlichen Gewalt zur Verfügung stehen.

GS 21 Die Kirche kann, in Treue zu Gott wie zu den Menschen, nicht anders, als voll Schmerz jene verderblichen Lehren und Maßnahmen, die der Vernunft und der allgemein menschlichen Erfahrung widersprechen und den Menschen seiner angeborenen Größe entfremden, mit aller Festigkeit zu verurteilen, wie sie sie auch bisher verurteilt hat.

Jedoch sucht die Kirche die tiefer in der atheistischen Mentalität liegenden Gründe für die Leugnung Gottes zu erfassen und ist im Bewusstsein vom Gewicht der Fragen, die der Atheismus aufgibt, wie auch um der Liebe zu allen Menschen willen der Meinung, dass diese Gründe ernst und gründlicher geprüft werden müssen. Die Kirche hält daran fest, dass die Anerkennung Gottes der Würde des Menschen keineswegs widerstreitet, da diese Würde eben in Gott selbst gründet und vollendet wird. Denn der Mensch ist vom Schöpfergott mit Vernunft und Freiheit als Wesen der Gemeinschaft geschaffen; vor allem aber ist er als dessen Kind zur eigentlichen Gemeinschaft mit Gott und zur Teilnahme an dessen eigener Seligkeit berufen. Außerdem lehrt die Kirche, dass durch die eschatologische Hoffnung die Bedeutung der irdi-

schen Aufgaben nicht gemindert wird, dass vielmehr ihre Erfüllung durch neue Motive unterbaut wird. Wenn dagegen das göttliche Fundament und die Hoffnung auf das ewige Leben schwinden, wird die Würde des Menschen aufs schwerste verletzt, wie sich heute oft bestätigt, und die Rätsel von Leben und Tod, Schuld und Schmerz bleiben ohne Lösung, so dass die Menschen nicht selten in Verzweiflung stürzen.
Jeder Mensch bleibt vorläufig sich selbst eine ungelöste Frage, die er dunkel spürt. Denn niemand kann in gewissen Augenblicken, besonders in den bedeutenderen Ereignissen des Lebens, diese Frage gänzlich verdrängen. *Auf diese Frage kann nur Gott die volle und ganz sichere Antwort geben*; Gott, der den Menschen zu tieferem Nachdenken und demütigerem Suchen aufruft.
Das Heilmittel gegen den Atheismus kann nur von einer situationsgerechten Darlegung der Lehre und vom integren Leben der Kirche und ihrer Glieder erwartet werden. Denn es ist Aufgabe der Kirche, Gott den Vater und seinen menschgewordenen Sohn präsent und sozusagen sichtbar zu machen, indem sie sich selbst unter der Führung des Heiligen Geistes unaufhörlich erneuert und läutert (LG 8), das wird vor allem erreicht durch das Zeugnis eines lebendigen und gereiften Glaubens, der so weit herangebildet ist, dass er die Schwierigkeiten klar zu durchschauen und sie zu überwinden vermag. Ein leuchtendes Zeugnis dieses Glaubens gaben und geben die vielen Märtyrer. *Dieser Glaube muss seine Fruchtbarkeit bekunden, indem er das gesamte Leben der Gläubigen, auch das profane, durchdringt und sie zu Gerechtigkeit und Liebe, vor allem gegenüber den Armen, bewegt.* Dazu, dass Gott in seiner Gegenwärtigkeit offenbar werde, trägt schließlich besonders die Bruderliebe der Gläubigen bei, wenn sie in einmütiger Gesinnung zusammenarbeiten für den Glauben an das Evangelium und sich als Zeichen der Einheit erweisen.
Wenn die Kirche auch den Atheismus eindeutig verwirft, so bekennt sie doch aufrichtig, dass alle Menschen, Glaubende und Nichtglaubende, zum richtigen Aufbau dieser Welt, in der sie gemeinsam leben, zusammenarbeiten müssen. Das kann gewiss nicht geschehen ohne einen aufrichtigen und klugen Dialog. Deshalb beklagt sie die Diskriminierung zwischen Glaubenden und Nichtglaubenden, die gewisse Staatslenker in Nichtachtung der Grundrechte der menschlichen Person ungerechterweise durchführen. *Für die Glaubenden verlangt die Kirche Handlungsfreiheit, damit sie in dieser Welt auch den Tempel Gottes errichten können. Die Atheisten aber lädt sie schlicht ein, das Evangelium Christi unbefangen zu würdigen. Denn sehr genau weiß die Kirche,*

dass ihre Botschaft dann dem tiefsten Verlangen des menschlichen Herzens entspricht, wenn sie die Würde der menschlichen Berufung verteidigt und denen, die schon an ihrer höheren Bestimmung verzweifeln, die Hoffnung wiedergibt. Ihre Botschaft mindert nicht nur den Menschen nicht, sondern verbreitet, um ihn zu fördern, Licht, Leben und Freiheit; und außer ihr vermag nichts dem Menschenherzen zu genügen: »Du hast uns auf dich hin gemacht«, o Herr, »und unruhig ist unser Herz, bis es Ruhe findet in dir«. (Augustinus)

5. *Ringen um das Menschenbild*

GS 12 Es ist fast einmütige Auffassung der Gläubigen und der Nichtgläubigen, dass alles auf Erden auf den Menschen als seinen Mittel- und Höhepunkt hinzuordnen ist.

Was ist aber der Mensch? Viele verschiedene und auch gegensätzliche Auffassungen über sich selbst hat er vorgetragen und trägt er vor, in denen er sich oft entweder selbst zum höchsten Maßstab macht oder bis zur Hoffnungslosigkeit abwertet, und ist so unschlüssig und voll Angst. *In eigener Erfahrung dieser Nöte kann die Kirche doch, von der Offenbarung Gottes unterwiesen, für sie eine Antwort geben,* um so die wahre Verfassung des Menschen zu umreißen und seine Schwäche zu erklären, zugleich aber auch die richtige Anerkennung seiner Würde und Berufung zu ermöglichen. Die Heilige Schrift lehrt nämlich, dass der Mensch »nach dem Bild Gottes« geschaffen ist, fähig, seinen Schöpfer zu erkennen und zu lieben, von ihm zum Herrn über alle irdischen Geschöpfe gesetzt, um sie in Verherrlichung Gottes zu beherrschen und zu nutzen ... Aber Gott hat den Menschen nicht allein geschaffen: denn von Anfang an hat er ihn »als Mann und Frau geschaffen« (Gen 1, 27); ihre Verbindung schafft die erste Form personaler Gemeinschaft. Der Mensch ist nämlich aus seiner innersten Natur ein gesellschaftliches Wesen; ohne Beziehung zu den anderen kann er weder leben noch seine Anlagen zur Entfaltung bringen. Gott sah also, wie wir wiederum in der Heiligen Schrift lesen, »alles, was er gemacht hatte, und es war sehr gut« (Gen 1, 31).

GS 13 *Obwohl in Gerechtigkeit von Gott begründet, hat der Mensch* unter dem Einfluss des Bösen gleich von Anfang der Geschichte an durch Auflehnung gegen

Gott und den Willen, sein Ziel außerhalb Gottes zu erreichen, *seine Freiheit missbraucht ... Was uns aus der Offenbarung Gottes bekannt ist, steht mit der Erfahrung in Einklang*: der Mensch erfährt sich, wenn er in sein Herz schaut, auch zum Bösen geneigt und verstrickt in vielfältige Übel, die nicht von seinem guten Schöpfer herkommen können. Oft weigerte er sich, Gott als seinen Ursprung anzuerkennen; er durchbricht dadurch auch die geschuldete Ausrichtung auf sein letztes Ziel, zugleich aber auch seine ganze Ordnung hinsichtlich seiner selbst wie hinsichtlich der anderen Menschen und der ganzen Schöpfung.

In Leib und Seele einer, vereint der Mensch durch seine Leiblichkeit die Elemente der stofflichen Welt in sich: Durch ihn erreichen diese die Höhe ihrer Bestimmung und erheben ihre Stimme zum freien Lob des Schöpfers. Das leibliche Leben darf also der Mensch nicht geringachten; er muss im Gegenteil seinen Leib als von Gott geschaffen und zur Auferweckung am Jüngsten Tage bestimmt für gut und der Ehre würdig halten. Durch die Sünde aber verwundet, erfährt er die Widerstände seiner Leiblichkeit. Daher verlangt die Würde des Menschen, dass er Gott in seinem Leibe verherrliche und ihn nicht den bösen Neigungen seines Herzens dienen lasse. GS 14

In Teilnahme am Licht des göttlichen Geistes urteilt der Mensch richtig, dass er durch seine Vernunft die Dingwelt überragt. In unermüdlicher Anwendung seiner Geistesanlagen hat er im Lauf der Zeit die empirischen Wissenschaften, die Technik und seine geistige und künstlerische Bildung sehr entwickelt. In unserer Zeit aber hat er mit ungewöhnlichem Erfolg besonders die materielle Welt erforscht und sich dienstbar gemacht. Immer jedoch suchte und fand er eine tiefere Wahrheit. *Die Vernunft ist nämlich nicht auf die bloßen Phänomene eingeengt, sondern vermag geistig-tiefere Strukturen der Wirklichkeit mit wahrer Sicherheit zu erreichen,* wenn sie auch infolge der Sünde zum Teil verdunkelt und geschwächt ist. GS 15

Die zu erstrebende Vollendung der Vernunftnatur der menschlichen Person ist die Weisheit, die den Geist des Menschen sanft zur Suche und Liebe des Wahren und Guten hinzieht und den durch sie geleiteten Menschen vom Sichtbaren zum Unsichtbaren führt. *Unsere Zeit braucht mehr als die vergangenen Jahrhunderte diese Weisheit, damit humaner wird, was Neues vom Menschen entdeckt wird.* Es gerät nämlich das künftige Geschick der Welt in Gefahr, wenn nicht weisere Menschen entstehen. Zudem ist zu bemerken, dass viele Nationen an wirtschaftlichen Gütern verhältnismäßig arm, an Weisheit aber reicher sind und den übrigen hervorragende Hilfe leisten können.

GS 16 Im Innern seines Gewissens entdeckt der Mensch ein Gesetz, das er sich nicht selbst gibt, sondern dem er gehorchen muss und dessen Stimme ihn immer zur Liebe und zum Tun des Guten und zur Unterlassung des Bösen anruft und, wo nötig, in den Ohren des Herzens tönt: Tu dies, meide jenes. Denn der Mensch hat ein Gesetz, das von Gott seinem Herzen eingeschrieben ist, dem zu gehorchen eben seine Würde ist und gemäß dem er gerichtet werden wird. Das Gewissen ist die verborgenste Mitte und das Heiligtum im Menschen, wo er allein ist mit Gott, dessen Stimme in diesem seinem Innersten zu hören ist. Im Gewissen erkennt man in wunderbarer Weise jenes Gesetz, das in der Liebe zu Gott und dem nächsten seine Erfüllung hat. *Durch die Treue zum Gewissen sind die Christen mit den übrigen Menschen verbunden im Suchen nach der Wahrheit und zur wahrheitsgemäßen Lösung all der vielen moralischen Probleme, die im Leben der Einzelnen wie im gesellschaftlichen Zusammenleben entstehen.* Je mehr also das rechte Gewissen sich durchsetzt, desto mehr lassen die Personen und Gruppen von der blinden Willkür ab und suchen sich nach den objektiven Normen der Sittlichkeit zu richten. Nicht selten jedoch geschieht es, dass das Gewissen aus unüberwindlicher Unkenntnis irrt, ohne dass es dadurch seine Würde verliert. Das kann man aber nicht sagen, wenn der Mensch sich zu wenig darum müht, nach dem Wahren und Guten zu suchen, und das Gewissen durch Gewöhnung an die Sünde allmählich fast blind wird.

GS 17 *Aber nur frei kann der Mensch sich zum Guten hinwenden.* Und diese Freiheit schätzen unsere Zeitgenossen hoch und erstreben sie leidenschaftlich. Mit Recht. Oft jedoch vertreten sie sie in verkehrter Weise, als Berechtigung, alles zu tun, wenn es nur gefällt, auch das Böse. Die wahre Freiheit aber ist ein erhabenes Kennzeichen des Bildes Gottes im Menschen: Gott wollte nämlich den Menschen »in der Hand seines Entschlusses lassen« (Sir 15, 14), so dass er seinen Schöpfer aus eigenem Entscheid suche und frei zur vollen und seligen Vollendung in Einheit mit Gott gelange. *Die Würde des Menschen verlangt daher, dass er in bewusster und freier Wahl handle, das heißt personal, von innen her bewegt und geführt und nicht unter blindem inne-*

rem Drang oder unter bloßem äußerem Zwang. Eine solche Würde erwirbt der Mensch, wenn er sich aus aller Knechtschaft der Leidenschaften befreit und sein Ziel in freier Wahl des Guten verfolgt sowie sich die geeigneten Hilfsmittel wirksam und in angestrengtem Bemühen verschafft. Die Freiheit des Menschen, die durch die Sünde verwundet ist, kann nur mit Hilfe der Gnade Gottes die Hinordnung auf Gott zur vollen Wirksamkeit bringen. Jeder aber muss vor dem Richterstuhl Gottes Rechenschaft geben von seinem eigenen Leben, so wie er selber Gutes oder Böses getan hat.

Angesichts des Todes wird das Rätsel des menschlichen Daseins am größten. Der GS 18
Mensch erfährt nicht nur den Schmerz und den fortschreitenden Abbau des Leibes, sondern auch, ja noch mehr *die Furcht vor immerwährendem Verlöschen. Er urteilt aber im Instinkt seines Herzens richtig, wenn er die völlige Zerstörung und den endgültigen Untergang seiner Person mit Entsetzen ablehnt.* Der Keim der Ewigkeit im Menschen lässt sich nicht auf die bloße Materie zurückführen und wehrt sich gegen den Tod. Alle Maßnahmen der Technik, so nützlich sie sind, können aber die Angst des Menschen nicht beschwichtigen. Die Verlängerung der biologischen Lebensdauer kann jenem Verlangen nach einem weiteren Leben nicht genügen, das unüberwindlich in seinem Herzen lebt. *Während vor dem Tod alle Träume nichtig werden, bekennt die Kirche, belehrt von der Offenbarung Gottes, dass der Mensch von Gott zu einem seligen Ziel jenseits des irdischen Elends geschaffen ist ...* Gott rief und ruft nämlich den Menschen, dass er ihm in der ewigen Gemeinschaft unzerstörbaren göttlichen Lebens mit seinem ganzen Wesen anhange. Diesen Sieg hat Christus, da er den Menschen durch seinen Tod vom Tod befreite, in seiner Auferstehung zum Leben errungen.

6. Gleiche Würde aller

Gleichzeitig wächst die Überzeugung, dass die Menschheit nicht nur GS 9
ihre Herrschaft über die Schöpfung immer weiter verstärken kann und muss, sondern dass es auch ihre Aufgabe ist, eine politische, soziale und wirtschaftliche *Ordnung zu schaffen*, die immer besser im Dienst des Menschen steht und *die dem Einzelnen wie den Gruppen dazu hilft, die ihnen eigene Würde zu behaupten und zu entfalten.*

Daher erheben sehr viele heftig Anspruch auf jene Güter, die ihnen nach ihrer tief empfundenen Überzeugung durch Ungerechtigkeit oder falsche Verteilung vorenthalten werden. Die aufsteigenden Völker, wie jene, die erst jüngst unabhängig geworden sind, verlangen ihren Anteil an den heutigen Kulturgütern nicht nur auf politischem, sondern auch auf wirtschaftlichem Gebiet und wollen frei ihre Rolle in der Welt spielen, während andererseits zugleich ihr Abstand und häufig auch ihre wirtschaftliche Abhängigkeit von den reicheren Völkern wächst, die sich schneller weiterentwickeln. *Die vom Hunger heimgesuchten Völker fordern Rechenschaft von den reicheren Völkern. Die Frauen verlangen für sich die rechtliche und faktische Gleichstellung mit den Männern, wo sie diese noch nicht erlangt haben.* Die Arbeiter und Bauern wollen nicht bloß das zum Lebensunterhalt Notwendige erwerben können, sondern durch ihre Arbeit auch ihre Persönlichkeitswerte entfalten und überdies an der Gestaltung des wirtschaftlichen, gesellschaftlichen, politischen und kulturellen Lebens ihren Anteil haben.
Zum erstenmal in der Geschichte der Menschheit haben alle Völker die Überzeugung, dass die Vorteile der Zivilisation auch wirklich allen zugute kommen können und müssen.
Hinter allen diesen Ansprüchen steht ein tieferes und umfassenderes Verlangen: die Einzelpersonen und die Gruppen begehren ein erfülltes und freies Leben, das des Menschen würdig ist, indem sie sich selber alles, was die heutige Welt ihnen so reich darzubieten vermag, dienstbar machen. Die Völker streben darüber hinaus immer stärker nach einer gewissen alle umfassenden Gemeinschaft.

GS 29 Da alle Menschen eine geistige Seele haben und nach Gottes Bild geschaffen sind, da sie dieselbe Natur und denselben Ursprung haben, da sie, als von Christus Erlöste, sich derselben göttlichen Berufung und Bestimmung erfreuen, *darum muss die grundlegende Gleichheit aller Menschen immer mehr zur Anerkennung gebracht werden.*
Gewiss, was die verschiedenen physischen Fähigkeiten und die unterschiedlichen geistigen und sittlichen Kräfte angeht, stehen nicht alle Menschen auf gleicher Stufe. Doch jede Form einer Diskriminierung in den gesellschaftlichen und kulturellen Grundrechten der Person, sei es wegen des Geschlechts oder der Rasse, der Farbe, der gesellschaftlichen Stellung, der Sprache oder der Religion, muss überwunden und beseitigt werden, da sie dem Plan Gottes widerspricht. *Es ist eine beklagenswerte Tat-*

sache, dass jene Grundrechte der Person noch immer nicht überall unverletzlich gelten; wenn man etwa der Frau das Recht der freien Wahl des Gatten und des Lebensstandes oder die gleiche Stufe der Bildungsmöglichkeit und Kultur, wie sie dem Mann zuerkannt wird, verweigert. Obschon zwischen den Menschen berechtigte Unterschiede bestehen, fordert ferner die Gleichheit der Personwürde doch, dass wir zu humaneren und der Billigkeit entsprechenden Lebensbedingungen kommen. *Allzu große wirtschaftliche und gesellschaftliche Ungleichheiten zwischen den Gliedern oder Völkern in der einen Menschheitsfamilie erregen Ärgernis; sie widersprechen der sozialen Gerechtigkeit, der Billigkeit, der menschlichen Personwürde und dem gesellschaftlichen und internationalen Frieden.* Die privaten und öffentlichen menschlichen Institutionen sollen sich darum bemühen, der Würde und dem Ziel des Menschen zu dienen, indem sie gegen jedwede gesellschaftliche oder politische Verknechtung entschieden ankämpfen und die Wahrung der Grundrechte des Menschen unter jedem politischen Regime sichern. Ja die Institutionen dieser Art müssen allmählich ein entsprechendes Verhältnis finden auch zu den eigentlich geistigen Werten, die an Rang am höchsten stehen, auch wenn manchmal zur Erreichung des erstrebten Zieles eine ziemlich lange Zeit nötig sein wird.

Damit die einzelnen Menschen ihre Gewissenspflicht sowohl gegenüber GS 31
sich selbst als auch gegenüber den verschiedenen Gruppen, deren Glieder sie sind, genauer erfüllen, muss man darauf bedacht sein, sie mit den heute der Menschheit zur Verfügung stehenden reichen Hilfen zu einer umfassenderen Kultur des inneren Menschen zu erziehen. Vor allem *ist die Erziehung der Jugendlichen* jedweder gesellschaftlichen Herkunft *so zu gestalten, dass Männer und Frauen werden, die nicht bloß intellektuell ausgezeichnet gebildet sind, sondern auch jenen hochherzigen Charakter besitzen, Menschen, wie sie unsere Zeit dringend fordert.*

Doch zu diesem Verantwortungsbewusstsein kommt der Mensch kaum, wenn die Lebensbedingungen ihn nicht zu einer Erfahrung seiner Würde und zur Erfüllung seiner Berufung durch die Hingabe seiner selbst für Gott und den Nächsten kommen lassen. Die menschliche Freiheit ist oft eingeschränkt, wenn der Mensch in äußerster Armut lebt, wie sie umgekehrt verkommt, wenn der Mensch es sich im Leben zu bequem macht und sich in einer »einsamen Selbstherrlichkeit« verschanzt. Umgekehrt gewinnt sie an Kraft, wenn der Mensch die unvermeidlichen Notwendigkeiten des gesellschaftlichen

Lebens auf sich nimmt, die vielfachen Forderungen des menschlichen Zusammenlebens bejaht und sich dem Dienst an der menschlichen Gemeinschaft verpflichtet weiß.
Bei allen muss daher der Wille zur Mitwirkung an gemeinsamen Werken geweckt werden. Anerkennung verdient das Vorgehen jener Nationen, in denen ein möglichst großer Teil der Bürger in echter Freiheit am Gemeinwesen beteiligt ist. Zu berücksichtigen sind jedoch die konkrete Lage jedes einzelnen Volkes und die notwendige Stärke der öffentlichen Gewalt. Damit aber alle Bürger zur Beteiligung am Leben der verschiedenen Gruppen des Gesellschaftskörpers bereit seien, müssen sie auch in diesen Gruppen Werte finden, die sie anziehen und zum Dienst für andere willig machen. Mit Recht dürfen wir annehmen, dass das künftige Schicksal der Menschheit in den Händen jener ruht, die den kommenden Geschlechtern Triebkräfte des Lebens und der Hoffnung vermitteln können.

GE 1 *Alle Menschen, gleich welcher Herkunft, welchen Standes und Alters, haben kraft ihrer Personenwürde das unveräußerliche Recht auf eine Erziehung, die ihrem Lebensziel, ihrer Veranlagung, dem Unterschied der Geschlechter Rechnung trägt*, der heimischen kulturellen Überlieferung angepasst und zugleich der brüderlichen Partnerschaft mit anderen Völkern geöffnet ist, um der wahren Einheit und dem Frieden auf Erden zu dienen. Die wahre Erziehung erstrebt die Bildung der menschlichen Person in Hinordnung auf ihr letztes Ziel, zugleich aber auch auf das Wohl der Gemeinschaften, deren Glied der Mensch ist und an deren Aufgaben er als Erwachsener einmal Anteil erhalten soll.
Unter Verwertung der Fortschritte der psychologischen, der pädagogischen und der didaktischen Wissenschaft sollen also die Kinder und Jugendlichen in der harmonischen Entfaltung ihrer körperlichen, sittlichen und geistigen Anlagen so gefördert werden, dass sie allmählich ein tieferes Verantwortungsbewusstsein erwerben für ihr eigenes Leben und seine im steten Streben zu leistende Entfaltung und für das Wachsen in der wahren Freiheit, in der tapferen und beharrlichen Überwindung der widerstreitenden Kräfte. *Nach den jeweiligen Altersstufen sollen sie durch eine positive und kluge Geschlechtserziehung unterwiesen werden.*
Außerdem müssen sie für die Teilnahme am gesellschaftlichen Leben so geformt werden, dass sie, versehen mit dem notwendigen und geeigne-

ten Rüstzeug, sich in die verschiedenen Gruppen der menschlichen Gemeinschaft tätig einzugliedern vermögen, dem Gespräch mit anderen sich öffnen und bereitwillig für das Allgemeinwohl eintreten.
Ebenso erklärt die Heilige Synode: Die Kinder und Heranwachsenden haben ein Recht darauf, angeleitet zu werden, die sittlichen Werte mit richtigem Gewissen zu schätzen und sie in personaler Bindung zu erfassen und Gott immer vollkommener zu erkennen und zu lieben. Daher richtet sie an alle Staatenlenker und Erzieher die dringende Bitte, dafür zu sorgen, dass die Jugend niemals dieses heiligen Rechtes beraubt werde. Die Söhne der Kirche aber ermahnt sie zum hochherzigen Einsatz ihrer Kräfte im gesamten Bereich der Erziehung; vor allem sollen sie mitarbeiten, dass möglichst bald alle Menschen auf der ganzen Welt in den Genuss einer angemessenen Erziehung und Bildung gelangen können.

V. Religionen in Begegnung

Hinführung

Die französischen Publizisten Delammenais und Montalembert, die sich im 19. Jahrhundert leidenschaftlich gegen jede Form von Unterdrückung aussprachen und aus ihrem katholischen Glauben heraus für die Zusammengehörigkeit von Religion und Freiheit, für die Pressefreiheit, Kultusfreiheit und Gewissensfreiheit argumentierten, wurden durch Papst Gregor XVI. schneidend zurückgewiesen: »Die absurde, irrige Auffassung, die Wahnidee, die für jeden Menschen Gewissensfreiheit behauptet und fordert, fließt aus der widerlichen Quelle des Indifferentismus« (DS 2730). Dreißig Jahre später (1864) meinte Pius IX. diese Abwehr noch einmal bestätigen zu müssen in seinem »Syllabus«, der umfangreichen Sammlung zu verurteilender neuzeitlicher »Irrtümer« (DS 2915).

Das II. Vatikanum hatte den Mut, auch das Anliegen dieser »Journalisten« (endlich) gegen die päpstlichen Verurteiler ins Recht zu setzen. Mit der Unterschrift Pauls VI. und fast aller Konzilsväter verkündete es die »Religionsfreiheit«, die aus der Würde der menschlichen Person entspringt und es verbietet, dass jemand gezwungen wird, gegen sein Gewissen zu handeln (DH 2).

Auch das Verhältnis zum »Judentum«, dem »Wurzelgrund unseres Glaubens« (vgl. Röm 11, 18) war ein vielfach gebrochenes. Zwar gehörten christliche Judenpogrome glücklicherweise der (mittelalterlichen) Vergangenheit an, aber mancherlei missverständliche Formulierungen der Liturgie nährten die abwegige, aber – trotz der eindeutigen Argumentation des Paulus zur Erwählung und Errettung ganz Israels (Röm 11) – verbreitete Auffassung, »die Juden« seien von Gott verworfen. Ob ein solches Fehlurteil nicht auch zu den vielfältigen, indirekten Ursachen des schrecklichen »Holocaust« gehörte?

Es war dringender Wunsch von Papst Johannes XXIII., durch eine eindeutige Erklärung das vielfach gestörte Verhältnis zu den Juden auf eine neue Grundlage zu stellen und jedem »Antisemitismus« in Zukunft seine quasi-theologische Legitimation zu nehmen. Der heftige Widerstand aus arabischen Ländern konnte schließlich nur überwunden werden durch die Einbindung in einen neu erstellten Text über die »nichtchristlichen Religionen« überhaupt, dessen Funktion auch seine (letztlich unbefriedigende) Kürze erklärt. Wichtig ist, dass die knappe, aber inhaltsschwere »Judenerklärung« auf diese Weise verabschiedet werden konnte, wichtig ist aber nun auch, dass der Rahmentext eine grundsätzlich positive Einstellung der katholischen Kirche zu den anderen großen Weltreligionen zum Ausdruck bringt. Die theologische Basis dafür ist die Offenbarungswahrheit vom »universalen Heilswillen Gottes«, der »will, dass alle Menschen gerettet werden und zur Erkenntnis der Wahrheit gelangen« (1 Tim 2, 4; vgl. Lk 3, 6; Tit 2, 11), und der sich deshalb auch in der religiösen Welt anderer Völker und Kulturen authentisch zur Erfahrung bringen kann. Dass diese Feststellung unsere Verpflichtung zur Verkündigung des Evangeliums nicht aufhebt, ist an anderer Stelle vom Konzil überzeugend ausgeführt.

1. *Religionsfreiheit*

Das Vatikanische Konzil erklärt, dass die menschliche Person das Recht auf religiöse Freiheit hat. Diese Freiheit besteht darin, dass alle Menschen frei sein müssen von jedem Zwang sowohl von Seiten Einzelner wie gesellschaftlicher Gruppen, wie jeglicher menschlichen Gewalt, so dass in religiösen Dingen niemand gezwungen wird, gegen sein Gewissen zu handeln, noch daran gehindert wird, privat und öffentlich, als einzelner oder in Verbindung mit anderen – innerhalb der gebührenden Grenzen – nach seinem Gewissen zu handeln. Ferner erklärt das Konzil, das Recht auf religiöse Freiheit sei in Wahrheit auf die Würde der menschlichen Person selbst gegründet, so wie sie durch das geoffenbarte Wort Gottes und durch die Vernunft selbst erkannt wird. Dieses Recht der menschlichen Person auf religiöse Freiheit muss in der rechtlichen Ordnung der Gesellschaft so anerkannt werden, dass es zum bürgerlichen Recht wird. DH 2

Weil die Menschen Personen sind, d.h. mit Vernunft und freiem Willen begabt und damit auch zu persönlicher Verantwortung erhoben, werden alle – ihrer Würde gemäß – von ihrem eigenen Wesen gedrängt und zugleich durch eine moralische Pflicht gehalten, die Wahrheit zu suchen, vor allem jene Wahrheit, welche die Religion betrifft. Sie sind auch dazu verpflichtet, an der erkannten Wahrheit festzuhalten und ihr ganzes Leben nach den Forderungen der Wahrheit zu ordnen. Der Mensch vermag aber dieser Verpflichtung auf die seinem eigenen Wesen entsprechende Weise nicht nachzukommen, wenn er nicht im Genuss der inneren, psychologischen Freiheit und zugleich der Freiheit von äußerem Zwang steht. *Demnach ist das Recht auf religiöse Freiheit nicht in einer subjektiven Verfassung der Person, sondern in ihrem Wesen selbst begründet. So bleibt das Recht auf religiöse Freiheit auch denjenigen erhalten, die ihrer Pflicht, die Wahrheit zu suchen und daran festzuhalten, nicht nachkommen, und ihre Ausübung darf nicht gehemmt werden,* wenn nur die gerechte öffentliche Ordnung gewahrt bleibt.

DH 6 Das Gemeinwohl der Gesellschaft besteht in der Gesamtheit jener Bedingungen des sozialen Lebens, unter denen die Menschen ihre eigene Vervollkommnung in größerer Fülle und Freiheit erlangen können; es besteht besonders in der Wahrung der Rechte und Pflichten der menschlichen Person. *Somit obliegt die Sorge für das Recht auf religiöse Freiheit sowohl den Bürgern wie auch den sozialen Gruppen und den Staatsgewalten, der Kirche und den anderen religiösen Gemeinschaften, dies je nach ihrer eigenen Weise und je nach der Pflicht, die sie dem Gemeinwohl gegenüber haben.* Der Schutz und die Förderung der unverletzlichen Menschenrechte gehört wesenhaft zu den Pflichten einer jeden staatlichen Gewalt. Die Staatsgewalt muss also durch gerechte Gesetze und durch andere geeignete Mittel den Schutz der religiösen Freiheit aller Bürger wirksam und tatkräftig übernehmen und für die Förderung des religiösen Lebens günstige Bedingungen schaffen, damit die Bürger auch wirklich in der Lage sind, ihre religiösen Rechte auszuüben und die religiösen Pflichten zu erfüllen, und damit der Gesellschaft selber die Werte der Gerechtigkeit und des Friedens zugute kommen, die aus der Treue der Menschen gegenüber Gott und seinem heiligen Willen hervorgehen.

Wenn in Anbetracht besonderer Umstände in einem Volk einer einzigen religiösen Gemeinschaft in der Rechtsordnung des Staates eine spezielle bürgerliche Anerkennung gezollt wird, so ist es notwendig, dass zugleich das Recht auf Freiheit in religiösen Dingen für alle Bürger und religiösen Gemeinschaften anerkannt und gewahrt wird.

Endlich muss die Staatsgewalt dafür sorgen, dass die Gleichheit der Bürger vor dem Gesetz, die als solche zum Gemeinwohl der Gesellschaft gehört, niemals entweder offen oder auf verborgene Weise um der Religion willen verletzt wird und dass unter ihnen keine Diskriminierung geschieht. Hieraus folgt, dass es für die öffentliche Gewalt ein Unrecht wäre, den Bürgern durch Zwang oder Furcht oder auf andere Weise das

Bekenntnis oder die Verwerfung irgendeiner Religion aufzuerlegen oder jemand daran zu hindern, sich einer religiösen Gemeinschaft anzuschließen oder sie zu verlassen. Umso mehr wird gegen den Willen Gottes und gegen die geheiligten Rechte der Person und der Völkerfamilie gehandelt, wenn auf irgendeine Weise Gewalt angewendet wird zur Zerstörung oder Behinderung der Religion, sei es im ganzen Menschengeschlecht oder in irgendeinem Lande oder in einer bestimmten Gemeinschaft.

Was das Vatikanische Konzil über das Recht des Menschen auf religiöse Freiheit erklärt, *hat seine Grundlage in der Würde der Person, deren Forderungen die menschliche Vernunft durch die Erfahrung der Jahrhunderte vollständiger erkannt hat. Jedoch hat diese Lehre von der Freiheit ihre Wurzeln in der göttlichen Offenbarung, weshalb sie von Christen umso gewissenhafter beobachtet werden muss.* Denn obgleich die Offenbarung das Recht auf Freiheit von äußerem Zwang in religiösen Dingen nicht ausdrücklich lehrt, lässt sie doch die Würde der menschlichen Person in ihrem ganzen Umfang ans Licht treten; sie zeigt, wie Christus die Freiheit des Menschen in Erfüllung der Pflicht, dem Wort Gottes zu glauben, beachtet hat, und belehrt uns über den Geist, den die Jünger eines solchen Meisters anerkennen und dem sie in allem Folge leisten sollen. All dies verdeutlicht die allgemeinen Prinzipien, auf welche die Lehre dieser Erklärung über die Religionsfreiheit gegründet ist. Besonders ist die religiöse Freiheit in der Gesellschaft völlig im Einklang mit der Freiheit des christlichen Glaubensaktes. DH 9

Es ist ein Hauptbestandteil der katholischen Lehre, in Gottes Wort enthalten und von den Vätern ständig verkündet, dass der Mensch freiwillig durch seinen Glauben Gott antworten soll, dass dementsprechend niemand gegen seinen Willen zur Annahme des Glaubens gezwungen werden darf. Denn der Glaubensakt ist seiner Natur nach ein freier Akt, da der Mensch, von seinem Erlöser Christus losgekauft und zur Annahme an Sohnes Statt durch Jesus Christus berufen, dem sich offenbarenden Gott nicht anhangen könnte, wenn er nicht, indem der Vater ihn zieht, Gott einen vernunftgemäßen und freien Glaubensgehorsam leisten würde. *Es entspricht also völlig der Wesensart des Glaubens, dass in religiösen Dingen jede Art von Zwang von Seiten der Menschen ausgeschlossen ist.* Und deshalb trägt der Grundsatz der Religionsfreiheit nicht wenig bei zur Begünstigung solcher Verhältnisse, unter denen die Menschen ungehindert die DH 10

Einladung zum christlichen Glauben vernehmen, ihn freiwillig annehmen und in ihrer ganzen Lebensführung tatkräftig bekennen können.

DH 13 In der menschlichen Gesellschaft und angesichts einer jeden öffentlichen Gewalt erhebt die Kirche Anspruch auf Freiheit als geistliche, von Christus dem Herrn gestiftete Autorität, die kraft göttlichen Auftrags die Pflicht hat, in die ganze Welt zu gehen, um das Evangelium allen Geschöpfen zu verkündigen. Ebenso fordert die Kirche Freiheit für sich, insofern sie auch eine Gesellschaft von Menschen ist, die das Recht besitzen, nach den Vorschriften des christlichen Glaubens in der bürgerlichen Gesellschaft zu leben.

DH 15 Zweifellos verlangen die Menschen unseres Zeitalters danach, die Religion privat und öffentlich in Freiheit bekennen zu können; bekanntlich ist die Religionsfreiheit auch in den meisten Verfassungen schon zum bürgerlichen Recht erklärt, und sie wird in internationalen Dokumenten feierlich anerkannt. Anderseits gibt es auch Regierungsformen, in denen die öffentlichen Gewalten trotz der Anerkennung der religiösen Kultusfreiheit durch ihre Verfassung doch den Versuch machen, die Bürger vom Bekenntnis der Religion abzubringen und den religiösen Gemeinschaften das Leben aufs äußerste zu erschweren und zu gefährden. Indem das Konzil jene glückhaften Zeichen unserer Zeit mit Freude begrüßt, diese beklagenswerten Tatsachen jedoch mit großem Schmerz feststellt, *richtet es die Mahnung an die Katholiken und die Bitte an alle Menschen, dass sie sich angelegentlich vor Augen stellen, wie notwendig die Religionsfreiheit ist, besonders in der gegenwärtigen Situation der Menschheitsfamilie.*

Denn es ist eine offene Tatsache, dass alle Völker immer mehr eine Einheit werden, dass Menschen verschiedener Kultur und Religion enger miteinander in Beziehung kommen und dass das Bewusstsein der eigenen Verantwortlichkeit im Wachsen begriffen ist. Damit nun friedliche Beziehungen und Eintracht in der Menschheit entstehen und gefestigt werden, ist es erforderlich, dass überall auf Erden die Religionsfreiheit einen wirksamen Rechtsschutz genießt und dass die höchsten Pflichten und Rechte des Menschen, ihr religiöses Leben in der Gesellschaft in Freiheit zu gestalten, wohl beachtet werden.

Gebe Gott, der Vater aller, dass die Menschheitsfamilie unter sorgsamer Wahrung des Grundsatzes der religiösen Freiheit in der Gesellschaft durch die Gnade Christi und die Kraft des Heiligen Geistes zu jener höchsten und ewigen herrlichen »Freiheit der Söhne Gottes« (Röm 8, 21) geleitet werde.

2. Bereit zum Dialog

Wir wenden uns dann auch allen zu, die Gott anerkennen und in ihren Traditionen wertvolle Elemente der Religion und Humanität bewahren, und wünschen, dass ein offener Dialog uns alle dazu bringt, die Anregungen des Geistes treulich aufzunehmen und mit Eifer zu erfüllen. GS 92
Der Wunsch nach einem solchen Dialog, geführt einzig aus Liebe zur Wahrheit und unter Wahrung angemessener Diskretion, *schließt unsererseits niemanden aus*, weder jene, die hohe Güter der Humanität pflegen, deren Urheber aber noch nicht anerkennen, noch jene, die Gegner der Kirche sind und sie auf verschiedene Weise verfolgen. *Da Gott der Vater Ursprung und Ziel aller ist, sind wir alle dazu berufen, Brüder zu sein.* Und darum können und müssen wir aus derselben menschlichen und göttlichen Berufung ohne Gewalt und ohne Hintergedanken zum Aufbau einer wahrhaft friedlichen Welt zusammenarbeiten.

3. Verhältnis zu den Juden

Bei ihrer Besinnung auf das Geheimnis der Kirche gedenkt die Heilige Synode des Bandes, wodurch das Volk des Neuen Bundes mit dem Stamme Abrahams geistlich verbunden ist. *So anerkennt die Kirche Christi, dass nach dem Heilsgeheimnis Gottes die Anfänge ihres Glaubens und ihrer Erwählung sich schon bei den Patriarchen, bei Moses und den Propheten finden.* Sie bekennt, dass alle Christgläubigen als Söhne Abrahams dem Glauben nach in der Berufung dieses Patriarchen eingeschlossen sind und dass in dem Auszug des erwählten Volkes aus dem Lande der Knechtschaft das Heil der Kirche geheimnisvoll vorgebildet ist. *Deshalb kann die Kirche auch nicht vergessen, dass sie durch jenes Volk, mit dem Gott aus unsagbarem Erbarmen den Alten Bund geschlossen hat, die Offenbarung des Alten Testamentes empfing und genährt wird von der Wurzel des guten Ölbaums, in den die Heiden als wilde Schösslinge eingepfropft sind* (vgl. Röm 11, 17–24). Denn die Kirche glaubt, dass NA 4

Christus, unser Friede, Juden und Heiden durch das Kreuz versöhnt und beide in sich vereinigt hat (vgl. Eph 2, 14–16). Die Kirche hat auch stets die Worte des Apostels Paulus vor Augen, der von seinen Stammverwandten sagt, dass »ihnen die Annahme an Sohnes Statt und die Herrlichkeit, der Bund und das Gesetz, der Gottesdienst und die Verheißungen gehören wie auch die Väter und dass aus ihnen Christus dem Fleische nach stammt« (Röm 9, 4–5), der Sohn der Jungfrau Maria. Auch hält sie sich gegenwärtig, dass aus dem jüdischen Volk die Apostel stammen, die Grundfesten und Säulen der Kirche, sowie die meisten jener ersten Jünger, die das Evangelium Christi der Welt verkündet haben. Wie die Schrift bezeugt, hat Jerusalem die Zeit seiner Heimsuchung nicht erkannt (vgl. Lk 19, 44), und *ein großer Teil der Juden hat das Evangelium nicht angenommen*, ja nicht wenige haben sich seiner Ausbreitung widersetzt. *Nichtsdestoweniger sind die Juden nach dem Zeugnis der Apostel immer noch von Gott geliebt um der Väter willen: sind doch seine Gnadengaben und seine Berufung unwiderruflich.* Mit den Propheten und mit demselben Apostel erwartet die Kirche den Tag, der nur Gott bekannt ist, an dem alle Völker mit einer Stimme den Herrn anrufen und ihm »Schulter an Schulter dienen« (Zef 3, 9).

Da also das Christen und Juden gemeinsame geistliche Erbe so reich ist, will die Heilige Synode die gegenseitige Kenntnis und Achtung fördern, die vor allem die Frucht biblischer und theologischer Studien sowie des brüderlichen Gespräches ist. *Obgleich die jüdischen Obrigkeiten mit ihren Anhängern auf den Tod Christi gedrungen haben, kann man dennoch die Ereignisse seines Leidens weder allen damals lebenden Juden ohne Unterschied noch den heutigen Juden zur Last legen. Gewiss ist die Kirche das neue Volk Gottes, trotzdem darf man die Juden nicht als von Gott verworfen oder verflucht darstellen, als wäre dies aus der Heiligen Schrift zu folgern. Darum sollen alle dafür Sorge tragen, dass niemand in der Katechese oder bei der Predigt des Gotteswortes etwas lehre, das mit der evangelischen Wahrheit und dem Geiste Christi nicht im Einklang steht.*

Im Bewusstsein des Erbes, das sie mit den Juden gemeinsam hat, beklagt die Kirche, die alle Verfolgungen gegen irgendwelche Menschen verwirft, nicht aus politischen Gründen, sondern auf Antrieb der religiösen Liebe des Evangeliums *alle Hassausbrüche, Verfolgungen und Manifestationen des Antisemitismus, die sich zu irgendeiner Zeit und von irgend jemandem gegen die Juden gerichtet haben.*

Auch hat ja Christus, wie die Kirche immer gelehrt hat und lehrt, in Freiheit, um der Sünden aller Menschen willen, sein Leiden und seinen Tod aus unendlicher Liebe auf sich genommen, damit alle das Heil erlangen. So ist es die Aufgabe der Predigt der Kirche, das Kreuz Christi als Zeichen der universalen Liebe Gottes und als Quelle aller Gnaden zu verkünden.

4. Andere Religionen (Hinduismus, Buddhismus, Islam)

In unserer Zeit, da sich das Menschengeschlecht von Tag zu Tag enger zusammenschließt und die Beziehungen unter den verschiedenen Völkern sich mehren, erwägt die Kirche mit umso größerer Aufmerksamkeit, in welchem Verhältnis sie zu den nichtchristlichen Religionen steht. Gemäß ihrer Aufgabe, Einheit und Liebe unter den Menschen und damit auch unter den Völkern zu fördern, fasst sie vor allem das ins Auge, was den Menschen gemeinsam ist und sie zur Gemeinschaft untereinander führt. NA 1

Alle Völker sind ja eine einzige Gemeinschaft, sie haben denselben Ursprung, da Gott das ganze Menschengeschlecht auf dem gesamten Erdkreis wohnen ließ, auch haben sie Gott als ein und dasselbe letzte Ziel. Seine Vorsehung, die Bezeugung seiner Güte und seine Heilsratschlüsse erstrecken sich auf alle Menschen, bis die Erwählten vereint sein werden in der Heiligen Stadt, deren Licht die Herrlichkeit Gottes sein wird; werden doch alle Völker in seinem Lichte wandeln.

Die Menschen erwarten von den verschiedenen Religionen Antwort auf die ungelösten Rätsel des menschlichen Daseins, die heute wie von je die Herzen der Menschen im tiefsten bewegen: Was ist der Mensch? Was ist Sinn und Ziel unseres Lebens? Was ist das Gute, was die Sünde? Woher kommt das Leid, und welchen Sinn hat es? Was ist der Weg zum wahren Glück? Was ist der Tod, das Gericht und die Vergeltung nach dem Tode? Und schließlich: Was ist jenes letzte und unsagbare Geheimnis unserer Existenz, aus dem wir kommen und wohin wir gehen?

Von den ältesten Zeiten bis zu unseren Tagen findet sich bei den verschiedenen Völkern eine gewisse Wahrnehmung jener verborgenen Macht, die dem Lauf der Welt und den Ereignissen des menschlichen Lebens gegenwärtig ist, und nicht selten findet sich auch die Anerkenntnis einer höchsten Gottheit oder sogar eines Vaters. Diese Wahrnehmung und Anerkenntnis durchtränkt ihr Leben mit einem tiefen religiösen Sinn. Im Zusammenhang mit dem NA 2

Fortschreiten der Kultur suchen die Religionen mit genaueren Begriffen und in einer mehr durchgebildeten Sprache Antwort auf die gleichen Fragen. So erforschen im Hinduismus die Menschen das göttliche Geheimnis und bringen es in einem unerschöpflichen Reichtum von Mythen und in tiefdringenden philosophischen Versuchen zum Ausdruck und suchen durch aszetische Lebensformen oder tiefe Meditation oder liebend-vertrauende Zuflucht zu Gott Befreiung von der Enge und Beschränktheit unserer Lage. In den verschiedenen Formen des Buddhismus wird das radikale Ungenügen der veränderlichen Welt anerkannt und ein Weg gelehrt, auf dem die Menschen mit frommem und vertrauendem Sinn entweder den Zustand vollkommener Befreiung zu erreichen oder – sei es durch eigene Bemühung, sei es vermittels höherer Hilfe – zur höchsten Erleuchtung zu gelangen vermögen. So sind auch die übrigen in der ganzen Welt verbreiteten Religionen bemüht, der Unruhe des menschlichen Herzens auf verschiedene Weise zu begegnen, indem sie Wege weisen: Lehren und Lebensregeln sowie auch heilige Riten.

Die katholische Kirche lehnt nichts von alledem ab, was in diesen Religionen wahr und heilig ist. Mit aufrichtigem Ernst betrachtet sie jene Handlungs- und Lebensweisen, jene Vorschriften und Lehren, die zwar in manchem von dem abweichen, was sie selber für wahr hält und lehrt, doch nicht selten einen Strahl jener Wahrheit erkennen lassen, die alle Menschen erleuchtet. Unablässig aber verkündet sie und muss sie verkündigen Christus, der ist »der Weg, die Wahrheit und das Leben« (Joh 14, 6), in dem die Menschen die Fülle des religiösen Lebens finden, in dem Gott alles mit sich versöhnt hat.

Deshalb mahnt sie ihre Söhne, dass sie mit Klugheit und Liebe, durch Gespräch und Zusammenarbeit mit den Bekennern anderer Religionen sowie durch ihr Zeugnis des christlichen Glaubens und Lebens jene geistlichen und sittlichen Güter und auch die sozial-kulturellen Werte, die sich bei ihnen finden, anerkennen, wahren und fördern.

NA 3 *Mit Hochachtung betrachtet die Kirche auch die Muslim, die den alleinigen Gott anbeten, den lebendigen und in sich seienden, barmherzigen und allmächtigen, den Schöpfer Himmels und der Erde, der zu den Menschen gesprochen hat.* Sie mühen sich, auch seinen verborgenen Ratschlüssen sich mit ganzer Seele zu unterwerfen, so wie Abraham sich Gott unterworfen hat, auf den der islamische Glaube sich gerne beruft. Jesus, den sie allerdings nicht als Gott anerkennen, verehren sie doch als Propheten, und sie ehren seine jungfräuliche Mutter Maria, die sie bisweilen auch in Frömmigkeit anrufen. Überdies erwarten sie den Tag des Gerichtes, an dem Gott alle Menschen auferweckt und ihnen vergilt. Deshalb legen sie Wert auf sittliche Lebenshaltung und verehren Gott besonders durch Gebet, Almosen und Fasten. Da es jedoch im Lauf der Jahrhunderte zu manchen Zwistigkeiten und Feindschaften zwischen Christen und Muslim kam, *ermahnt die Heilige Synode alle, das Vergangene beiseite zu lassen, sich aufrichtig um gegenseitiges Verstehen zu bemühen* und gemeinsam einzutreten für Schutz und Förderung der sozialen Gerechtigkeit, der sittlichen Güter und nicht zuletzt des Friedens und der Freiheit für alle Menschen.

Wir können aber Gott, den Vater aller, nicht anrufen, wenn wir irgendwelchen Menschen, die ja nach dem Ebenbild Gottes geschaffen sind, die brüderliche Haltung verweigern. Das Verhalten des Menschen zu Gott dem Vater und sein Verhalten zu den Menschenbrüdern stehen in so engem Zusammenhang, dass die Schrift sagt: »Wer nicht liebt, kennt Gott nicht« (1 Joh 4, 8). So wird also jeder Theorie oder Praxis das Fundament entzogen, die zwischen Mensch und Mensch, zwischen Volk und Volk bezüglich der Menschenwürde und der daraus fließenden Rechte einen Unterschied macht. NA 5
Deshalb verwirft die Kirche jede Diskriminierung eines Menschen oder jeden Gewaltakt gegen ihn um seiner Rasse oder Farbe, seines Standes oder seiner Religion willen, weil dies dem Geist Christi widerspricht. Und dementsprechend ruft die Heilige Synode, den Spuren der heiligen Apostel Petrus und Paulus folgend, die Gläubigen mit leidenschaftlichem Ernst dazu auf, dass sie »einen guten Wandel unter den Völkern führen« (1 Petr 2, 12) und womöglich, soviel an ihnen liegt, mit allen Menschen Frieden halten, so dass sie in Wahrheit Söhne des Vaters sind, der im Himmel ist.

VI. Grundvollzug: Zeugendienst (martyria)

Hinführung

Wenn der Glaube, dass Jesus von Nazareth, der Christus Gottes, der endgültige Retter und Befreier aus Sünde, Verzweiflung und Tod ist, in unserer Welt mit den unterschiedlichsten Heilsangeboten Platz greifen soll, dann muss von ihm glaubhaft und überzeugend geredet und durch das Zeugnis eines Jesus entsprechenden Lebens geworben werden. Für Paulus, den außergewöhnlichen Missionar in der Frühzeit der christlichen Gemeindebildung war jedenfalls klar: »Wie sollen sie an den glauben, von dem sie nichts gehört haben? Wie sollen sie hören, wenn niemand verkündet? Wie soll aber jemand verkündigen, wenn er nicht gesandt ist?« (Röm 10, 14) Da wundert es nicht, dass die Väter des II. Vatikanums die Verkündigung des Evangeliums den Bischöfen und Priestern als herausragende, primäre Aufgabe ihres Dienstes ans Herz legen. In der Kirchenkonstitution (LG 17) erinnern sie an den grandiosen Schluss des Matthäusevangeliums und seine universalistische, gewissermaßen Totalität demonstrierende Perspektive: »Mir ist alle Macht gegeben im Himmel und auf der Erde. Darum geht zu allen Völkern und macht alle Menschen zu meinen Jüngern; tauft sie auf den Namen des Vaters und des Sohnes und des Heiligen Geistes und lehrt sie alles befolgen, was ich euch geboten habe. Seid gewiss: Ich bin bei euch alle Tage bis zum Ende der Welt« (Mt 28,18–20). Das fünffache »alle« im Manifest des Auferstandenen hat der Freiburger Neutestamentler Anton Vögtle in seinem Buch »Was Ostern bedeutet« (Freiburg 1976) als »Vollmachtswort, Sendungsbefehl und Beistandszusage« eindrucksvoll interpretiert und die Situation der Abfassungszeit zu der Not des Christseins heute in unmittelbare Beziehung gesetzt. Mit der Zeit des Matthäus »befinden wir uns bereits am Ende der zweiten christlichen Generation. Der religiöse Eifer der Anfangszeit ist schon verflogen. Das Gesetz der Masse wirkt sich aus. Gewohnheit und Trägheit haben Platz gegriffen. Die Zugehörigkeit zur christlichen Gemeinde ist schon weitgehend eine Angelegenheit der Familientradition. Laxistische Strömungen machen sich breit. Der Name Christ wird gelästert, weil Außenstehende sagen und auch sagen können, viele Christen seien nicht anders, nicht besser als die anderen [...] In den

Elf, die zu dieser Zeit ohnedies wohl schon alle nicht mehr am Leben waren, lässt der Evangelist deshalb auch und vor allem die Lehrer und Hirten seiner Gegenwart angesprochen sein [...] Dem ›du sollst‹ ging ja auch hier deutlich genug das ›du kannst‹ vorauf, das Wort von der in der Taufe geschenkten Gnade der Sohnschaft. Der durch Ostern begründete Neuansatz der Verkündigung und Heilszueignung umfasst die ganze Heilsbotschaft, den irdischen und den erhöhten Christus [...] Die zwischen Ostern und Endgericht lebende Kirche ist gefragt, ob sie in dieser Welt in Glaube und Gehorsam den Weg zum Heil findet und geht.«[1]

1. *Weitergabe des Evangeliums*

Wie nämlich der Sohn vom Vater gesandt ist, so hat er selbst die Apostel gesandt (vgl. Joh 20, 21) mit den Worten: »Gehet hin und lehret alle Völker, taufet sie im Namen des Vaters und des Sohnes und des Heiligen Geistes, lehret sie alles halten, was ich euch geboten habe. Und siehe, ich bin bei euch alle Tage bis ans Ende der Welt« (Mt 28, 18–20). *Diesen feierlichen Auftrag Christi zur Verkündigung der Heilswahrheit hat die Kirche von den Aposteln erhalten und muss ihn erfüllen bis zu den Grenzen der Erde (vgl. Apg 1, 8). Daher macht sie sich die Worte des Apostels zu eigen: »Weh ... mir, wenn ich die Frohbotschaft nicht verkünde!«* (1 Kor 9, 16). Unablässig fährt sie darum fort, Verkünder auszusenden, bis die neuen Kirchen voll errichtet sind und auch selbst das Werk der Verkündigung fortsetzen können. Sie wird nämlich vom Heiligen Geiste angetrieben, mitzuwirken, dass der Ratschluss Gottes, der Christus zum Ursprung des Heils für die ganze Welt bestellt hat, tatsächlich ausgeführt werde. In der Verkündigung der Frohbotschaft sucht die Kirche die Hörer zum Glauben und zum Bekenntnis des Glaubens zu bringen. LG 17

Zur Völkerwelt von Gott gesandt, soll die Kirche »das allumfassende Sakrament des Heils« (LG 48) sein. *So müht sie sich* gemäß dem innersten Anspruch ihrer eigenen Katholizität und *im Gehorsam gegen den Auftrag ihres Stifters, das Evangelium allen Menschen zu verkünden.* Denn auch die Apostel, auf die die Kirche gegründet worden ist, haben, den Spuren AG 1

1| A. Vögtle, Was Ostern bedeutet, Freiburg 1976, 83–85.

Christi folgend, »das Wort der Wahrheit verkündet und Kirchen gezeugt« (Augustinus). Pflicht ihrer Nachfolger ist es, diesem Werk Dauer zu verleihen, »damit das Wort Gottes seinen Lauf nehme und verherrlicht werde« (2 Thess 3, 1) und die Herrschaft Gottes überall auf Erden angekündigt und aufgerichtet werde.
In der gegenwärtigen Weltlage, aus der für die Menschheit eine neue Situation entsteht, ist die Kirche, die da ist Salz der Erde und Licht der Welt, mit verstärkter Dringlichkeit gerufen, dem Heil und der Erneuerung aller Kreatur zu dienen, damit alles in Christus zusammengefasst werde und in ihm die Menschen eine einzige Familie und ein einziges Gottesvolk bilden.

AG 2 *Die pilgernde Kirche ist ihrem Wesen nach »missionarisch«* (d.h. als Gesandte unterwegs), da sie selbst ihren Ursprung aus der Sendung des Sohnes und der Sendung des Heiligen Geistes herleitet gemäß dem Plan Gottes des Vaters.

AG 3 Christus, »den der Vater geheiligt und in die Welt gesandt hat« (Joh 10, 36), hat nämlich von sich selbst gesagt: »Der Geist des Herrn ruht auf mir; denn er hat mich gesalbt, frohe Botschaft den Armen zu künden; er hat mich gesandt, zu heilen, die zertretenen Herzens sind, den Gefangenen Freilassung anzukündigen und den Blinden das Augenlicht« (Lk 4, 18). Und an anderer Stelle: »Der Menschensohn ist gekommen, zu suchen und heil zu machen, was verloren war« (Lk 19, 10).
Was aber vom Herrn ein für allemal verkündet oder in ihm für das Heil des Menschengeschlechts getan *worden ist, muss ausgerufen und ausgesät werden bis ans Ende der Erde* (vgl. Apg 1,8), beginnend von Jerusalem (vgl. Lk 24, 47) aus. So soll, was einmal für alle zum Heil vollzogen worden ist, in allen im Ablauf der Zeiten seine Wirkung erlangen.

AG 4 Um dies zu vollenden, hat Christus vom Vater her den Heiligen Geist gesandt, der sein Heilswerk von innen her wirken und die Kirche zu ihrer eigenen Ausbreitung bewegen soll. Ohne Zweifel wirkte der Heilige Geist schon in der Welt, ehe Christus verherrlicht wurde. Am Pfingsttage jedoch ist er auf die Jünger herabgekommen, um auf immer bei ihnen zu bleiben. Die Kirche wurde vor der Menge öffentlich bekanntgemacht, die Ausbreitung des Evangeliums unter den Heiden durch die Verkündigung nahm ihren Anfang, und endlich wurde die Vereinigung der Völker in der Katholizität des Glaubens vorausbezeichnet, die sich durch *die Kirche des Neuen Bundes* vollziehen soll, *welche in allen Sprachen spricht, in der Liebe alle Sprachen versteht und umfängt* und so die babylonische Zerstreuung überwindet.

In *dieser Sendung setzt die Kirche die Sendung Christi selbst fort, der den Armen frohe Botschaft zu bringen gesandt war*, und entfaltet sie die Geschichte hindurch. *Deshalb muss sie unter Führung des Geistes Christi denselben Weg gehen, den Christus gegangen ist,* nämlich den Weg der Armut, des Gehorsams, des Dienens und des Selbstopfers bis zum Tode hin, aus dem er dann durch seine Auferstehung als Sieger hervorging. AG 5

So wird deutlich, dass die missionarische Tätigkeit zuinnerst aus dem Wesen der Kirche hervorquillt. Sie breitet ihren heilschaffenden Glauben aus, verwirklicht in der Ausbreitung ihre katholische Einheit und wird von ihrer Apostolizität gehalten. Sie ist Vollzug der kollegialen Gesinnung ihrer Hierarchie und bezeugt, verbreitet und fördert ihre Heiligkeit. Mithin unterscheidet sich die missionarische Tätigkeit unter den Heiden sowohl von der pastoralen Tätigkeit, die den Gläubigen gegenüber auszuüben ist, als auch von den Bemühungen, die zur Wiederherstellung der christlichen Einheit unternommen werden. Gleichwohl sind diese beiden mit dem missionarischen Wirken der Kirche aufs engste verbunden, denn Spaltung der Christen »ist ein Schaden für die heilige Sache der Verkündigung des Evangeliums vor allen Geschöpfen« (UR 1) und verschließt vielen den Zugang zum Glauben. *Mithin sind von der Notwendigkeit der Mission her alle Gläubigen dazu gerufen, dass sie in einer Herde vereint werden und so vor den Völkern von Christus, ihrem Herrn, einmütig Zeugnis ablegen können.* AG 6

2. Heilige Schrift und Verkündigung

Die Kirche hat die Heiligen Schriften immer verehrt wie den Herrenleib selbst, weil sie, vor allem in der heiligen Liturgie, vom Tisch des Wortes Gottes wie des Leibes Christi ohne Unterlass das Brot des Lebens nimmt und Gläubigen reicht. In ihnen zusammen mit der Heiligen Überlieferung sah sie immer und sieht sie die höchste Richtschnur ihres Glaubens, weil sie, von Gott eingegeben DV 21 und ein für alle Male niedergeschrieben, das Wort Gottes selbst unwandelbar vermitteln und in den Worten der Propheten und der Apostel die Stimme des Heiligen Geistes vernehmen lassen. *Wie die christliche Religion selbst, so muss auch jede kirchliche Verkündigung sich von der Heiligen Schrift nähren und sich an ihr orientieren.*

In den Heiligen Büchern *kommt ja der Vater*, der im Himmel ist, *seinen Kindern in Liebe entgegen und nimmt mit ihnen das Gespräch auf.* Und solche Gewalt und Kraft west im Worte Gottes, dass es für die Kirche Halt und Leben, für die Kinder der Kirche Glaubensstärke, Seelenspeise und reiner, unversieglicher Quell des geistlichen Lebens ist. Darum gelten von der Heiligen Schrift in besonderer Weise die Worte: »Lebendig ist Gottes Rede und wirksam« (Hebr 4, 12), »mächtig aufzubauen und das Erbe auszuteilen unter allen Geheiligten« (Apg 20, 32; vgl. 1 Thess 2, 13).

DV 24 Die heilige Theologie ruht auf dem geschriebenen Wort Gottes, zusammen mit der Heiligen Überlieferung, wie auf einem bleibenden Fundament. In ihm gewinnt sie sichere Kraft und verjüngt sich ständig, wenn sie alle im Geheimnis Christi beschlossene Wahrheit im Lichte des Glaubens durchforscht. Die Heiligen Schriften enthalten das Wort Gottes und, weil inspiriert, sind sie wahrhaft Wort Gottes: Deshalb sei das Studium des heiligen Buches gleichsam die Seele der heiligen Theologie. *Auch der Dienst des Wortes, nämlich die seelsorgliche Verkündigung, die Katechese und alle christliche Unterweisung in welcher die liturgische Homilie einen hervorragenden Platz haben muss – holt aus dem Wort gesunde Nahrung und heilige Kraft.*

DV 12 *Da Gott in der Heiligen Schrift durch Menschen nach Menschenart gesprochen hat, muss der Schrifterklärer, um zu erfassen, was Gott uns mitteilen wollte, sorgfältig erforschen, was die heiligen Schriftsteller wirklich zu sagen beabsichtigten und was Gott mit ihren Worten kundtun wollte.*

Um die Aussageabsicht der Hagiographen zu ermitteln, ist neben anderem auf die literarischen Gattungen zu achten.

Denn die Wahrheit wird je anders dargelegt und ausgedrückt in Texten von in verschiedenem Sinn geschichtlicher, prophetischer oder dichterischer Art, oder in anderen Redegattungen.

Weiterhin hat der Erklärer nach dem Sinn zu forschen, wie ihn aus einer gegebenen Situation heraus der Hagiograph den Bedingungen seiner Zeit und Kultur entsprechend – mit Hilfe der damals üblichen literarischen Gattungen – hat ausdrücken wollen und wirklich zum Ausdruck gebracht hat. Will man richtig verstehen, was der heilige Verfasser in seiner Schrift aussagen wollte, *so muss man schließlich genau auf die vorgegebenen umweltbedingten Denk-, Sprach- und Erzählformen achten, die zur Zeit des Verfassers herrschten*, wie auf die Formen, die damals im menschlichen Alltagsverkehr üblich waren.

Von größtem Gewicht für die Liturgiefeier ist die Heilige Schrift. Aus ihr werden nämlich Lesungen vorgetragen und in der Homilie ausgedeutet, aus ihr werden Psalmen gesungen, unter ihrem Anhauch und Antrieb sind liturgische Gebete, Orationen und Gesänge geschaffen worden, und aus ihr empfangen Handlungen und Zeichen ihren Sinn. Um daher Erneuerung, Fortschritt und Anpassung der heiligen Liturgie voranzutreiben, *muss jenes innige und lebendige Ergriffensein von der Heiligen Schrift gefördert werden, von dem die ehrwürdige Überlieferung östlicher und westlicher Riten zeugt.* SC 24

Damit deutlich hervortrete, *dass in der Liturgie Ritus und Wort aufs engste miteinander verbunden sind*, ist zu beachten: SC 35

1) Bei den heiligen Feiern soll die Schriftlesung reicher, mannigfaltiger und passender ausgestaltet werden.

2) Da *die Predigt ein Teil der liturgischen Handlung* ist, sollen auch die Rubriken ihr je nach der Eigenart des einzelnen Ritus einen passenden Ort zuweisen. Der Dienst der Predigt soll getreulich und recht erfüllt werden. Schöpfen soll sie vor allem aus dem Quell der Heiligen Schrift und der Liturgie, ist sie doch die Botschaft von den Wundertaten Gottes in der Geschichte des Heils, das heißt im Mysterium Christi, das allezeit in uns zugegen und am Werk ist, vor allem bei der liturgischen Feier ...

4) *Zu fördern sind eigene Wortgottesdienste*, an den Vorabenden der höheren Feste, an Wochentagen im Advent oder in der Quadragesima sowie an den Sonn- und Feiertagen, *besonders da, wo kein Priester zur Verfügung steht; in diesem Fall soll ein Diakon oder ein anderer Beauftragter des Bischofs die Feier leiten.*

3. Gefährdeter Auftrag

GS 33 Durch Arbeit und Geisteskraft hat der Mensch immer versucht, sein Leben reicher zu entfalten. Heute jedoch hat er, vor allem mit den Mitteln der Wissenschaft und der Technik, seine Herrschaft über beinahe die gesamte Natur ausgebreitet und breitet sie beständig weiter aus. Vor allem dank den zwischen den Völkern zunehmenden Beziehungen der mannigfaltigsten Art erfährt und gestaltet sich die Menschheitsfamilie allmählich als eine die ganze Welt umfassende Gemeinschaft. Die Folge von alldem ist, dass sich der Mensch heute viele Güter, die er einst vor allem von höheren Mächten erwartete, durch seine eigene Tat beschafft. Angesichts dieses unermeßlichen Unternehmens, das schon die ganze Menschheit erfasst, stellen sich den Menschen viele Fragen: Was ist der Sinn und der Wert dieser angestrengten Tätigkeit? Wie sind all diese Güter zu nutzen? *Was ist das Ziel dieses individuellen und kollektiven Bemühens? Die Kirche hütet das bei ihr hinterlegte Wort Gottes, aus dem die Grundsätze der religiösen und sittlichen Ordnung gewonnen werden, wenn sie auch nicht immer zu allen einzelnen Fragen eine fertige Antwort bereit hat; und so ist es ihr Wunsch, das Licht der Offenbarung mit der Sachkenntnis aller Menschen in Verbindung zu bringen, damit der Weg, den die Menschheit neuerdings nimmt, erhellt werde.*

GS 34 Eines steht für die Glaubenden fest: *Das persönliche und gemeinsame menschliche Schaffen, dieses gewaltige Bemühen der Menschen im Lauf der Jahrhunderte, ihre Lebensbedingungen stets zu verbessern, entspricht als solches der Absicht Gottes ...* Den Christen liegt es deshalb fern zu glauben, dass die von des Menschen Geist und Kraft geschaffenen Werke einen Gegensatz zu Gottes Macht bilden oder dass das mit Vernunft begabte Geschöpf sozusagen als Rivale dem Schöpfer gegenübertrete. Im Gegenteil, sie sind überzeugt, dass die Siege der Menschheit ein Zeichen der Größe Gottes und die Frucht seines unergründlichen Ratschlusses sind. Je mehr aber die Macht der Menschen wächst, desto mehr weitet sich ihre Verantwortung, sowohl die der Einzelnen wie die der Gemeinschaften. *Daraus wird klar, dass die christliche Botschaft die Menschen nicht vom Aufbau der Welt ablenkt noch zur Vernachlässigung des Wohls ihrer Mitmenschen hintreibt, sondern sie vielmehr strenger zur Bewältigung dieser Aufgaben verpflichtet.*

So wie das menschliche Schaffen aus dem Menschen hervorgeht, so ist es auch auf den Menschen hingeordnet. Durch sein Werk formt der Mensch nämlich nicht nur die Dinge und die Gesellschaft um, sondern vervollkommnet er auch sich selbst. Er lernt vieles, entwickelt seine Fähigkeiten, überschreitet sich und wächst über sich empor. Ein Wachstum dieser Art ist, richtig verstanden, mehr wert als zusammengeraffter äußerer Reichtum. *Der Wert des Menschen liegt mehr in ihm selbst als in seinem Besitz. Ebenso ist alles, was die Menschen zur Erreichung einer größeren Gerechtigkeit, einer umfassenderen Brüderlichkeit und einer humaneren Ordnung der gesellschaftlichen Verflechtungen tun, wertvoller als der technische Fortschritt.* Dieser technische Fortschritt kann nämlich gewissermaßen die Basis für den menschlichen Aufstieg bieten; den Aufstieg selbst wird er von sich allein aus keineswegs verwirklichen. GS 35

Richtschnur für das menschliche Schaffen ist daher, dass es gemäß dem Plan und Willen Gottes mit dem echten Wohl der Menschheit übereinstimme und dem Menschen als Einzelwesen und als Glied der Gesellschaft gestatte, seiner ganzen Berufung nachzukommen und sie zu erfüllen.

Die Heilige Schrift aber, der die Erfahrung aller Zeiten zustimmt, belehrt die Menschheitsfamilie, dass der menschliche Fortschritt, der ein großes Gut für den Menschen ist, freilich auch eine große Versuchung mit sich bringt: *Dadurch, dass die Wertordnung verzerrt und Böses mit Gutem vermengt wird, beachten die einzelnen Menschen und Gruppen nur das, was ihnen, nicht aber was den anderen zukommt.* Daher ist die Welt nicht mehr der Raum der wahren Brüderlichkeit, sondern die gesteigerte Macht der Menschheit bedroht bereits diese selbst mit Vernichtung ... Vor der Frage, wie dieses Elend überwunden werden kann, bekennen die Christen, dass alles Tun des Menschen, das durch Stolz und ungeordnete Selbstliebe täglich gefährdet ist, durch Christi Kreuz und Auferstehung gereinigt und zur Vollendung gebracht werden muss. GS 37

Das Wort Gottes, durch das alles geworden ist, ist selbst Fleisch geworden und ist, auf der Erde der Menschen wohnend, als wirklicher Mensch in die Geschichte der Welt eingetreten, hat sie sich zu eigen gemacht und in sich zusammengefasst. Er offenbart uns, »dass Gott die Liebe ist« (1 Joh 4, 8), und belehrt uns zugleich, *dass das Grundgesetz der menschlichen Vervoll-* GS 38 *kommnung und deshalb auch der Umwandlung der Welt das neue Gebot der Liebe ist*. Denen also, die der göttlichen Liebe glauben, gibt er die Sicherheit, dass allen Menschen der Weg der Liebe offensteht und dass der Versuch, eine allumfassende Brüderlichkeit herzustellen, nicht vergeblich ist. Zugleich mahnt er, dieser Liebe nicht nur in großen Dingen nachzustreben, sondern auch und besonders in den gewöhnlichen Lebensverhältnissen. Für uns Sünder alle nahm er den Tod auf sich und belehrt uns so durch sein Beispiel, dass auch das Kreuz getragen werden muss, das Fleisch und Welt denen auf die Schultern legen, die Frieden und Gerechtigkeit suchen. Durch seine Auferstehung zum Herrn bestellt, wirkt Christus, dem alle Gewalt im Himmel und auf Erden gegeben ist, schon durch die Kraft seines Geistes in den Herzen der Menschen dadurch, dass er nicht nur das Verlangen nach der zukünftigen Welt in ihnen weckt, sondern eben dadurch auch jene selbstlosen Bestrebungen belebt, reinigt und stärkt, durch die die Menschheitsfamilie sich bemüht, ihr eigenes Leben humaner zu gestalten und die ganze Erde diesem Ziel dienstbar zu machen.

GS 39 Zwar werden wir gemahnt, dass es dem Menschen nichts nützt, wenn er die ganze Welt gewinnt, sich selbst jedoch ins Verderben bringt; dennoch darf die Erwartung der neuen Erde die Sorge für die Gestaltung dieser Erde nicht abschwächen, auf der uns der wachsende Leib der neuen Menschenfamilie eine umrisshafte Vorstellung von der künftigen Welt geben kann, sondern muss sie im Gegenteil ermutigen. *Obschon der irdische Fortschritt eindeutig vom Wachstum des Reiches Christi zu unterscheiden ist, so hat er doch große Bedeutung für das Reich Gottes, insofern er zu einer besseren Ordnung der menschlichen Gesellschaft beitragen kann*. Alle guten Erträgnisse der Natur und unserer Bemühungen nämlich, die Güter menschlicher Würde, brüderlicher Gemeinschaft und Freiheit, müssen im Geist des Herrn und gemäß seinem Gebot auf Erden gemehrt werden; dann werden wir sie wiederfinden, gereinigt von jedem Makel, lichtvoll und verklärt, dann nämlich, wenn Christus dem Vater »ein ewiges, allumfassendes Reich übergeben wird: das Reich der Wahrheit und des Lebens, das Reich der Heiligkeit und der Gnade, das Reich der Gerechtigkeit, der Liebe und des Friedens« (Miss. Rom., Präf. Christkönig). Hier auf Erden ist das Reich schon im Geheimnis da; beim Kommen des Herrn erreicht es seine Vollendung.

VII. Grundvollzug: Gottesdienst (leiturgia)

Hinführung

Der Unterschied zwischen vorkonziliarer und nachkonziliarer Konzeption des christlichen Gottesdienstes – und damit des Selbstverständnisses der Ortskirche als Eucharistiegemeinde – wird kaum irgendwo so deutlich wie bei der Beantwortung der Frage: Wer ist der Träger des Gottesdienstes? Vor fünfzig Jahren hätten die meisten Gottesdienstbesucher vermutlich erstaunt geschaut bei einer solchen Frage, die nach etwas scheinbar Selbstverständlichem sucht. Die ständige Erfahrung ließ kaum eine andere Antwort zu als: Der Priester ist der Akteur, der die Liturgie der Messe durchführt, trägt und vollzieht.

Die Älteren unter uns erinnern sich gut, wie die normale »Frühmesse« am Werktag und am Sonntag als »stille« Messe ablief. Der Priester sprach zwar abwechselnd mit den Ministranten lateinische Gebetstexte, die man in den Bänken als leises Murmeln vernahm, wenn auch nicht »verstand«; die anwesenden Gläubigen brauchten aber kein einziges Mal den Mund aufzutun, konnten das auch nicht, weil gar keine Gelegenheit dazu war. Es gab keine Begrüßung, das »Dominus vobiscum« wurde nur vom Ministranten beantwortet, Lesung und Evangelium wurden leise lateinisch gegen die Wand hin »verkündigt«, die Einsetzungsworte des Hochgebets wurden unhörbar geflüstert, eine Akklamation »Deinen Tod, o Herr, verkünden wir…« gab es nicht. Das Vaterunser wurde vom Priester allein gebetet, und auch der abschließende Segen wurde so leise gesprochen, dass nur der Messdiener mit Amen antworten konnte. Die anwesenden Gläubigen waren sich selbst und ihren Messbüchern oder Rosenkränzen[1] überlassen, wurden nirgendwo direkt angesprochen oder in irgendeiner sichtbaren oder hörbaren Form einbezogen, wenn man einmal von den Schellensignalen zur Wandlung und zur Kommu-

1| »Zum Schlimmsten in dieser Beziehung gehörte die Verpflichtung, die ich später in St. Christoph und St. Ignaz in Mainz, zusammen etwa zwei Jahre lang, auf mich nehmen musste, nämlich jeden Tag vor ausgesetztem Allerheiligsten zu zelebrieren, während bei den Gläubigen der Rosenkranz gebetet wurde. Die Sinnlosigkeit dieses Vorgangs war unerträglich, und ich habe einen inneren Schaden nur dadurch vermeiden können, dass ich mich dagegen unempfindlich machte.« R. Guardini, Berichte über mein Leben. Autobiographische Aufzeichnungen, Düsseldorf 1984, 96.

nionausteilung absieht. Immerhin wurde die Kommunion regelmäßig an die Gläubigen ausgeteilt (mancherorts allerdings kurioserweise nicht während, sondern vor der Messe), was in der feierlichen Form der Eucharistiefeier, im sonntäglichen Hochamt, ja über lange Jahre hin einfach unterblieb. Im sonntäglichen Hauptgottesdienst war die Kommunion der Gemeinde lange Zeit nicht üblich und nicht möglich. Alles das ist jüngste Vergangenheit und fällt mir immer gleich ein, wenn über die Mängel der neuen Liturgie geklagt wird und gar die vorkonziliare Zeit als Ideal gepriesen wird, zu dem wir zurückkehren müssten.

Im Bereich des Gottesdienstes sind wohl die Veränderungen durch das letzte Konzil am unmittelbarsten zu spüren. Ist aber das Ziel schon erreicht? Ist wirklich schon ins Selbstverständnis und in die Gottesdienstpraxis unserer Gemeinden eingedrungen, dass alle Teilnehmer aktive Mitträger der gottesdienstlichen Feiern sein sollten, dass sie dazu als Getaufte »Recht und Amt« (»ius et officium«, SC 14) haben? Ist das vorkonziliare Relikt einer »Abspeisung aus dem Tabernakel« durch regelmäßige Konsekration für alle in der Messe verschwunden? Wo ist die ausdrucksstarke, stiftungsgemäße Vollgestalt der »Kommunion unter beiden Gestalten« wiedergewonnen? Hat die Einführung von drei biblischen Lesungen in der sonntäglichen Eucharistiefeier den reichen Schatz der Heiligen Schrift wirklich für alle Gläubigen eröffnet? Warum fällt in vielen Gemeinden nahezu regelmäßig eine Lesung aus? Leider gab es mancherorts bei hastiger, schlecht vorbereiteter Einführung der erneuerten Gestalt der Eucharistiefeier auch forsche Rücksichtslosigkeit des Klerus, die eingeübte Ehrfurchtsformen und fromme Gewohnheiten bei den Gläubigen vor den Kopf stieß und verletzte. Zudem zeigt sich bei manchen Pfarrern immer noch und immer wieder die Neigung zur Geschwätzigkeit, zu Erläuterungen, Kommentaren und Kurzpredigten an unpassender Stelle, welche die Gefahr heraufführen, die Feier der Gottesverehrung zu einer Dauerkatechese zu verfälschen.

Solche Fehlformen der sonntäglichen Eucharistiefeier werden durch die Rückkehr zum vorkonziliaren Ritus als außerordentlicher Form in lateinischer Sprache, die in unseren Breiten nur noch wenige lernen und verstehen, kaum behoben werden.

Die unter Papst Paul VI. sorgfältig bedachte und ausführlich begründete Reform der liturgischen Feierformen bietet alle Voraussetzungen für einen ehrfürchtigen Vollzug der dringend gewünschten »participatio actuosa«, der tätigen Teilnahme aller Gläubigen am »Mysterium des Glaubens«.

Die Taufe als Anteilgabe an Jesu Christi Tod und Auferstehung, als Eingliederung in den Leib Christi und »Weihe« zum gemeinsamen Priestertum ist das Fundament des Christseins. Sie ist als Gemeinschaft aller in den verschiedenen Konfessionskirchen (gültig) Getauften neu ins Bewusstsein getreten. Alle Getauften sind durch dieses »sakramentale Band der Einheit« Schwestern und Brüder Jesu Christi und untereinander. Diese grundlegende Zusammengehörigkeit drängt aus sich zur vollständigen Communio. Das Ringen um die Bedingungen der Eucharistiegemeinschaft mit den orthodoxen und reformatorischen Kirchen darf nicht erlahmen.

1. Gegenwart des Pascha-Mysteriums

Das Heilige Konzil hat sich zum Ziel gesetzt, das christliche Leben unter den Gläubigen mehr und mehr zu vertiefen, die dem Wechsel unterworfenen Einrichtungen den Notwendigkeiten unseres Zeitalters besser anzupassen, zu fördern, was immer zur Einheit aller, die an Christus glauben, beitragen kann, und zu stärken, was immer helfen kann, alle in den Schoß der Kirche zu rufen. *Darum hält es das Konzil auch in besonderer Weise für seine Aufgabe, sich um Erneuerung und Pflege der Liturgie zu sorgen.* SC 1

Gott, der »will, dass alle Menschen gerettet werden und zur Erkenntnis der Wahrheit gelangen« (1 Tim 2, 4), »hat in früheren Zeiten vielfach und auf vielerlei Weise durch die Propheten zu den Vätern gesprochen« (Hebr 1, 1). Als aber die Fülle der Zeiten kam, sandte er seinen Sohn, das Wort, das Fleisch angenommen hat und mit dem Heiligen Geist gesalbt worden ist, den Armen das Evangelium zu predigen und zu heilen, die zerschlagenen Herzens sind, »den Arzt für Leib und Seele« (Ignatius von Antiochien), den Mittler zwischen Gott und den Menschen. Denn seine Menschheit war in der Einheit mit der Person des Wortes Werkzeug unseres Heils. *So ist in Christus »hervorgetreten unsere vollendete Versöhnung in Gnaden, und in ihm ist uns geschenkt die Fülle des göttlichen Dienstes«* (Sacramentarium Veronense). Dieses Werk der Erlösung der Menschen und der vollendeten Verherrlichung Gottes, dessen Vorspiel die göttlichen Machterweise am Volk des Alten Bundes waren, hat Christus, der Herr, erfüllt, besonders durch das Pascha-Mysterium: sein seliges Leiden, seine Auferstehung von den Toten und seine glorreiche Himmel- SC 5 fahrt. In diesem Mysterium »hat er durch sein Sterben unseren Tod vernichtet und durch sein Auferstehen das Leben neugeschaffen« (Miss. Rom. Osterpräf.).

SC 6 *Seither hat die Kirche niemals aufgehört, sich zur Feier des Pascha-Mysteriums zu versammeln, dabei zu lesen, »was in allen Schriften von ihm geschrieben steht«* (Lk 24, 27), *die Eucharistie zu feiern, in der »Sieg und Triumph seines Todes dargestellt werden«* (Konzil von Trient), *und zugleich »Gott für die unsagbar große Gabe dankzusagen«* (2 Kor 9, 15), *in Christus Jesus »zum Lob seiner Herrlichkeit«* (Eph 1, 12). *All das aber geschieht in der Kraft des Heiligen Geistes.*

SC 2 In der Liturgie, besonders im heiligen Opfer der Eucharistie, vollzieht sich das Werk unserer Erlösung, und so trägt sie in höchstem Maße dazu bei, dass das Leben der Gläubigen Ausdruck und Offenbarung des Mysteriums Christi und des eigentlichen Wesens der wahren Kirche wird.

SC 7 *Um dieses große Werk voll zu verwirklichen, ist Christus seiner Kirche immerdar gegenwärtig, besonders in den liturgischen Handlungen.* Gegenwärtig ist er im Opfer der Messe sowohl in der Person dessen, der den priesterlichen Dienst vollzieht – denn »derselbe bringt das Opfer jetzt dar durch den Dienst der Priester, der sich einst am Kreuz selbst dargebracht hat« (Konzil von Trient) –, wie vor allem unter den eucharistischen Gestalten. *Gegenwärtig ist er mit seiner Kraft in den Sakramenten, so dass, wenn immer einer tauft, Christus selber tauft (Augustinus). Gegenwärtig ist er in seinem Wort,* da er selbst spricht, wenn die heiligen Schriften in der Kirche gelesen werden. *Gegenwärtig ist er schließlich, wenn die Kirche betet und singt,* er, der versprochen hat: »Wo zwei oder drei versammelt sind in meinem Namen, da bin ich mitten unter ihnen« (Mt 18, 20). In der Tat gesellt sich Christus in diesem großen Werk, in dem Gott vollkommen verherrlicht und die Menschen geheiligt werden, immer wieder die Kirche zu, seine geliebte Braut. Sie ruft ihren Herrn an, und durch ihn huldigt sie dem ewigen Vater. *Mit Recht gilt also die Liturgie als Vollzug des Priesteramtes Jesu Christi; durch sinnenfällige Zeichen wird in ihr die Heiligung des Menschen bezeichnet und in je eigener Weise bewirkt und vom mystischen Leib Jesu Christi, d. h. dem Haupt und den Gliedern, der gesamte öffentliche Kult vollzogen.*
Infolgedessen ist jede liturgische Feier als Werk Christi, des Priesters, und seines Leibes, der die Kirche ist, in vorzüglichem Sinn heilige Hand-

lung, deren Wirksamkeit kein anderes Tun der Kirche an Rang und Maß erreicht.

2. Tätige Teilnahme aller

Die Mutter Kirche wünscht sehr, alle Gläubigen möchten zu der vollen, bewussten und tätigen Teilnahme an den liturgischen Feiern geführt werden, wie sie das Wesen der Liturgie selbst verlangt und zu der das christliche Volk, »das auserwählte Geschlecht, das königliche Priestertum, der heilige Stamm, das Eigentumsvolk« (1 Petr 2, 9; vgl. 2, 4–5) *kraft der Taufe berechtigt und verpflichtet ist.* SC 14
Diese volle und tätige Teilnahme des ganzen Volkes ist bei der Erneuerung und Förderung der heiligen Liturgie aufs stärkste zu beachten, ist sie doch die erste und unentbehrliche Quelle, aus der die Christen wahrhaft christlichen Geist schöpfen sollen. Darum ist sie in der ganzen seelsorglichen Arbeit durch gebührende Unterweisung von den Seelsorgern gewissenhaft anzustreben. Es besteht aber keine Hoffnung auf Verwirklichung dieser Forderung, wenn nicht zuerst die Seelsorger vom Geist und von der Kraft der Liturgie tief durchdrungen sind und in ihr Lehrmeister werden.

Die liturgischen Handlungen sind nicht privater Natur, sondern Feiern der Kirche, die das »Sakrament der Einheit« ist; sie ist nämlich das heilige Volk, geeint und geordnet unter den Bischöfen. SC 26
Daher gehen diese Feiern den ganzen mystischen Leib der Kirche an, machen ihn sichtbar und wirken auf ihn ein; seine einzelnen Glieder aber kommen mit ihnen in verschiedener Weise in Berührung je nach der Verschiedenheit von Stand, Aufgabe und tätiger Teilnahme.

Bei den liturgischen Feiern soll jeder, sei er Liturge oder Gläubiger, in der Ausübung seiner Aufgabe nur das und all das tun, was ihm aus der Natur der Sache und gemäß den liturgischen Regeln zukommt. SC 28

Auch die Ministranten, Lektoren, Kommentatoren und die Mitglieder der Kirchenchöre vollziehen einen wahrhaft liturgischen Dienst. Deswegen sollen sie ihre Aufgabe in aufrichtiger Frömmigkeit und in einer Ordnung erfüllen, wie sie einem solchen Dienst ziemt und wie sie das Volk Gottes mit Recht von ihnen verlangt. SC 29

SC 48 So richtet die Kirche ihre ganze Sorge darauf, dass die Christen diesem Geheimnis des Glaubens nicht wie Außenstehende und stumme Zuschauer beiwohnen; sie sollen vielmehr durch die Riten und Gebete dieses Mysterium wohl verstehen lernen und so die heilige Handlung bewusst, fromm und tätig mitfeiern, sich durch das Wort Gottes formen lassen, am Tisch des Herrenleibes Stärkung finden.

3. Verständliche Riten

SC 21 Damit das christliche Volk in der heiligen Liturgie die Fülle der Gnaden mit größerer Sicherheit erlange, ist es der Wunsch der heiligen Mutter Kirche, eine allgemeine Erneuerung der Liturgie sorgfältig in die Wege zu leiten. Denn die Liturgie enthält einen kraft göttlicher Einsetzung unveränderlichen Teil und *Teile, die dem Wandel unterworfen sind.* Diese Teile *können sich im Laufe der Zeit ändern, oder sie müssen es sogar,* wenn sich etwas in sie eingeschlichen haben sollte, was der inneren Wesensart der Liturgie weniger entspricht oder wenn sie sich als weniger geeignet herausgestellt haben.

Bei dieser Erneuerung sollen Texte und Riten so geordnet werden, dass sie das Heilige, dem sie als Zeichen dienen, *deutlicher zum Ausdruck bringen,* und so, dass das christliche Volk sie möglichst leicht erfassen und in voller, tätiger und gemeinschaftlicher Teilnahme mitfeiern kann.

SC 23 Damit *die gesunde Überlieferung gewahrt bleibe und dennoch einem berechtigten Fortschritt die Tür aufgetan werde,* sollen jeweils gründliche theologische, historische und pastorale Untersuchungen vorausgehen, wenn die einzelnen Teile der Liturgie revidiert werden. Darüber hinaus sind sowohl die allgemeinen Gestalt- und Sinngesetze der Liturgie zu beachten als auch die Erfahrungen, die aus der jüngsten Liturgiereform und den weithin schon gewährten Indulten gewonnen wurden. Schließlich sollen keine Neuerungen eingeführt werden, es sei denn, ein wirklicher und sicher zu erhoffender Nutzen der Kirche verlange es. Dabei ist Sorge zu tragen, *dass die neuen Formen aus den schon bestehenden gewissermaßen organisch herauswachsen.*

SC 34 Die Riten mögen den Glanz edler Einfachheit an sich tragen und knapp, durchschaubar und frei von unnötigen Wiederholungen sein. Sie seien der Fassungskraft der Gläubigen angepasst und sollen im allgemeinen nicht vieler Erklärungen bedürfen.

Deshalb sollen die Riten unter treulicher Wahrung ihrer Substanz einfacher werden. Was im Lauf der Zeit verdoppelt oder weniger glücklich eingefügt wurde, soll wegfallen. Einiges dagegen, was durch die Ungunst der Zeit verlorengegangen ist, soll, soweit es angebracht oder nötig erscheint, nach der altehrwürdigen Norm der Väter wiederhergestellt werden. SC 50

In den Dingen, die den Glauben oder das Allgemeinwohl nicht betreffen, wünscht die Kirche nicht eine starre Einheitlichkeit der Form zur Pflicht zu machen, nicht einmal in ihrem Gottesdienst; im Gegenteil pflegt und fördert sie das glanzvolle geistige Erbe der verschiedenen Stämme und Völker; was im Brauchtum der Völker nicht unlöslich mit Aberglauben und Irrtum verflochten ist, das wägt sie wohlwollend ab, und wenn sie kann, sucht sie es voll und ganz zu erhalten. Ja, zuweilen gewährt sie ihm Einlass in die Liturgie selbst, sofern es grundsätzlich mit dem wahren und echten Geist der Liturgie vereinbar ist. SC 37

4. Sakramentale Existenz

Christus der Herr, als Hoherpriester aus den Menschen genommen (vgl. Hebr 5, 1–5), hat das neue Volk »zum Königreich und zu Priestern für Gott und seinen Vater gemacht« (vgl. Offb 1, 6; 5, 9–10). *Durch die Wiedergeburt und die Salbung mit dem Heiligen Geist werden die Getauften zu einem geistigen Bau und einem heiligen Priestertum geweiht.* LG 10

Das heilige und organisch verfasste Wesen dieser priesterlichen Gemeinschaft vollzieht sich sowohl durch die Sakramente wie durch ein tugendhaftes Leben. *Durch die Taufe der Kirche eingegliedert, werden die Gläubigen durch das Prägemal zur christlichen Gottesverehrung bestellt, und, wiedergeboren zu Söhnen Gottes, sind sie gehalten, den von Gott durch die Kirche empfangenen Glauben vor den Menschen zu bekennen. Durch das Sakrament der Firmung* werden sie vollkommener der Kirche verbunden und *mit einer besonderen Kraft des Heiligen Geistes ausgestattet.* So sind sie in strengerer Weise verpflichtet, den Glauben als wahre Zeugen Christi in Wort und Tat zugleich zu ver- LG 11 breiten und zu verteidigen. In der *Teilnahme am eucharistischen Opfer*, der Quelle und dem Höhepunkt des ganzen christlichen Lebens, bringen sie das göttliche Opferlamm Gott dar und sich selbst mit ihm, so übernehmen alle bei der liturgischen Handlung ihren je eigenen Teil, sowohl in der Darbringung wie in der heiligen Kommunion, nicht unterschiedslos, sondern jeder auf seine Art. Durch den Leib Christi in der heiligen Eucharistiefeier gestärkt, stellen sie sodann die Einheit des Volkes Gottes, die durch dieses hocherhabene Sakrament sinnvoll bezeichnet und wunderbar bewirkt wird, auf anschauliche Weise dar.

Die aber *zum Sakrament der Buße hinzutreten*, erhalten für ihre Gott zugefügten Beleidigungen von seiner Barmherzigkeit Verzeihung und werden zugleich mit der Kirche versöhnt, die sie durch die Sünde verwundet haben und die zu ihrer Bekehrung durch Liebe, Beispiel und Gebet mitwirkt. Durch *die heilige Krankensalbung* und das Gebet der Priester empfiehlt die ganze Kirche die Kranken dem leidenden und verherrlichten Herrn, dass er sie aufrichte und rette (vgl. Jak 5, 14–16), ja sie ermahnt sie, sich bewusst dem Leiden und dem Tode Christi zu vereinigen (vgl. Röm 8, 17; Kol 1, 24; 2 Tim 2, 11–12; 1 Petr 4, 13) und so zum Wohle des Gottesvolkes beizutragen. *Wer sodann unter den Gläubigen die heilige Weihe empfängt*, wird im Namen Christi dazu bestellt, die Kirche durch das Wort und die Gnade Gottes zu weiden. *Die christlichen Gatten* endlich bezeichnen das Geheimnis der Einheit und der fruchtbaren Liebe zwischen Christus und der Kirche und bekommen daran Anteil (vgl. Eph 5, 32). Sie *fördern sich kraft des Sakramentes der Ehe gegenseitig* zur Heiligung durch das eheliche Leben sowie in der Annahme und Erziehung der Kinder und haben so in ihrem Lebensstand und in ihrer Ordnung ihre eigene Gabe im Gottesvolk (vgl. 1 Kor 7, 7). Aus diesem Ehebund nämlich geht die Familie hervor, in der die neuen Bürger der menschlichen Gesellschaft geboren werden, die durch die Gnade des Heiligen Geistes in der Taufe zu Söhnen Gottes gemacht werden, um dem Volke Gottes im Fluss der Zeiten Dauer zu verleihen. *In solch einer Art Hauskirche sollen die Eltern durch Wort und Beispiel für ihre Kinder die ersten Glaubensboten sein* und die einem jeden eigene Berufung fördern, die geistliche aber mit besonderer Sorgfalt. Mit so reichen Mitteln zum Heile ausgerüstet, sind alle Christgläubigen in allen Verhältnissen und in jedem Stand je auf ihrem Wege vom Herrn berufen zu der Vollkommenheit in Heiligkeit, in der der Vater selbst vollkommen ist.

5. *Taufe*

Gottes Sohn hat in der mit sich geeinten menschlichen Natur durch seinen Tod und seine Auferstehung den Tod besiegt und so den Menschen erlöst und ihn umgestaltet zu einem neuen Geschöpf (vgl. Gal 6, 15; 2 Kor 5, 17). Indem er nämlich seinen Geist mitteilte, hat er seine Brüder, die er aus allen Völkern zusammenrief, in geheimnisvoller Weise gleichsam zu seinem Leib gemacht. LG 7

In jenem Leibe strömt Christi Leben auf die Gläubigen über, die durch die Sakramente auf geheimnisvolle und doch wirkliche Weise mit Christus, der gelitten hat und verherrlicht ist, vereint werden. *Durch die Taufe werden wir ja Christus gleichgestaltet*: »Denn in einem Geiste sind wir alle getauft in einen Leib hinein« (1 Kor 12, 13). *Durch diesen heiligen Ritus wird die Vereinigung mit Tod und Auferstehung Christi dargestellt und bewirkt*: »Wir sind nämlich mit ihm durch die Taufe hineinbegraben in den Tod«; wenn wir aber »eingepflanzt worden sind dem Gleichbild seines Todes, so werden wir es zugleich auch dem seiner Auferstehung sein« (Röm 6, 4–5). Beim Brechen des eucharistischen Brotes erhalten wir wirklich Anteil am Leib des Herrn und werden zur Gemeinschaft mit ihm und untereinander erhoben. »Denn ein Brot, ein Leib sind wir die Vielen, alle, die an dem einen Brote teilhaben« (1 Kor 10, 17).

So werden wir alle zu Gliedern jenes Leibes (vgl. 1 Kor 12, 27), »die Einzelnen aber untereinander Glieder« (Röm 12. 5).

Wie daher Christus vom Vater gesandt ist, so hat er selbst die vom Heiligen Geist erfüllten Apostel gesandt, nicht nur das Evangelium aller Kreatur zu verkünden, die Botschaft, dass der Sohn Gottes uns durch seinen Tod und seine Auferstehung der Macht des Satans entrissen und in das Reich des Vaters versetzt hat, sondern auch das von ihnen verkündete Heilswerk zu vollziehen durch Opfer und Sakrament, um die das ganze liturgische Leben kreist. *So werden die Menschen durch die Taufe in das Pascha-Mysterium Christi eingefügt. Mit Christus gestorben, werden sie mit ihm begraben und mit ihm auferweckt. Sie empfangen den Geist der Kindschaft »in dem wir Abba, Vater, rufen«* (Röm 8, 15) und werden so zu wahren Anbetern, wie der Vater sie sucht. Ebenso verkünden sie, sooft sie das Herrenmahl genießen, den Tod des Herrn, bis er wiederkommt. Deswegen wurden am Pfingstfest, an dem die Kirche in der Welt offenbar wurde, »diejenigen getauft, die SC 6 das Wort« des Petrus »annahmen«. Und »sie verharrten in der Lehre der Apostel, in der Gemeinschaft des Brotbrechens, im Gebet ... sie lobten Gott und fanden Gnade bei allem Volk« (Apg 2, 41–47).

LG 10 Christus der Herr, als Hoherpriester aus den Menschen genommen (vgl. Hebr 5, 1–5), hat das neue Volk »zum Königreich und zu Priestern für Gott und seinen Vater gemacht« (vgl. Apk 1, 6; 5, 9–10). *Durch die Wiedergeburt und die Salbung mit dem Heiligen Geist werden die Getauften zu einem geistigen Bau und einem heiligen Priestertum geweiht,* damit sie in allen Werken eines christlichen Menschen geistige Opfer darbringen und die Machttaten dessen verkünden, der sie aus der Finsternis in sein wunderbares Licht berufen hat (vgl. 1 Petr 2, 4–10). So sollen alle Jünger Christi ausharren im Gebet und gemeinsam Gott loben (vgl. Apg 2, 42–47) und sich als lebendige, heilige, Gott wohlgefällige Opfergabe darbringen (vgl. Röm 12, 1); *überall auf Erden sollen sie für Christus Zeugnis geben und allen, die es fordern, Rechenschaft ablegen, von der Hoffnung auf das ewige Leben, die in ihnen ist* (vgl. 1 Petr 3, 15).

LG 11 Das heilige und organisch verfasste Wesen dieser priesterlichen Gemeinschaft vollzieht sich sowohl durch die Sakramente wie durch ein tugendhaftes Leben. *Durch die Taufe der Kirche eingegliedert, werden die Gläubigen durch das Prägemal zur christlichen Gottesverehrung bestellt, und, wiedergeboren zu Söhnen Gottes, sind sie gehalten, den von Gott durch die Kirche empfangenen Glauben vor den Menschen zu bekennen.* Durch das Sakrament der Firmung werden sie vollkommener der Kirche verbunden und mit einer besonderen Kraft des Heiligen Geistes ausgestattet. So sind sie in strengerer Weise verpflichtet, den Glauben als wahre Zeugen Christi in Wort und Tat zugleich zu verbreiten und zu verteidigen.

AA 3 Pflicht und Recht zum Apostolat haben die Laien kraft ihrer Vereinigung mit Christus, dem Haupt. Denn *durch die Taufe dem mystischen Leib Christi eingegliedert und durch die Firmung der Kraft des Heiligen Geistes gestärkt, werden sie vom Herrn selbst mit dem Apostolat betraut.* Sie werden zu einer königlichen Priesterschaft und zu einem heiligen Volk (vgl. 1 Petr 2, 4–10) geweiht, damit sie durch alle ihre Werke geistliche Opfergaben darbringen und überall auf Erden Zeugnis für Christus ablegen. Durch die Sakramente, vor allem die heilige Eucharistie, wird jene Liebe mit-

geteilt und genährt, die sozusagen die Seele des gesamten Apostolates ist ...
Allen Christen ist also die ehrenvolle Last auferlegt, mitzuwirken, dass die göttliche Heilsbotschaft überall auf Erden von allen Menschen erkannt und angenommen wird.
Zum Vollzug dieses Apostolates schenkt der Heilige Geist, der ja durch den Dienst des Amtes und durch die Sakramente die Heiligung des Volkes Gottes wirkt, den Gläubigen auch noch besondere Gaben (vgl. 1 Kor 12, 7); »einem jeden teilt er sie zu, wie er will« (1 Kor 12, 11), damit »alle, wie ein jeder die Gnadengabe empfangen hat, mit dieser einander helfen« und so auch selbst »wie gute Verwalter der mannigfachen Gnade Gottes« seien (1 Petr 4, 10) zum Aufbau des ganzen Leibes in der Liebe (vgl. Eph 4, 16). *Aus dem Empfang dieser Charismen, auch der schlichteren, erwächst jedem Glaubenden das Recht und die Pflicht, sie in Kirche und Welt zum Wohl der Menschen und zum Aufbau der Kirche zu gebrauchen.* Das soll gewiss mit der Freiheit des Heiligen Geistes geschehen, der »weht, wo er will« (Joh 3, 8), aber auch in Gemeinschaft mit den Brüdern in Christus, besonders mit ihren Hirten. Ihnen steht es zu, über Echtheit und geordneten Gebrauch der Charismen zu urteilen, natürlich nicht um den Geist auszulöschen, sondern um alles zu prüfen und, was gut ist, zu behalten (vgl. 1 Thess 5; 12, 19, 21).

Mit *jenen, die durch die Taufe der Ehre des Christennamens teilhaft sind,* den vollen Glauben aber nicht bekennen oder die Einheit der Gemeinschaft unter dem Nachfolger Petri nicht wahren, *weiß sich die Kirche aus mehrfachem Grunde verbunden.* Viele nämlich halten die Schrift als Glaubens- und Lebensnorm in Ehren, zeigen einen aufrichtigen religiösen Eifer, glauben in Liebe an Gott, den allmächtigen Vater, und an Christus, den Sohn Gottes und Erlöser, empfangen das Zeichen der Taufe, wodurch sie mit Christus verbunden werden; ja sie anerkennen und empfangen auch andere Sakramente in ihren eigenen Kirchen oder kirchlichen Gemeinschaften. Mehrere unter ihnen besitzen auch einen Episkopat, feiern die heilige Eucharistie und pflegen die Verehrung der jungfräulichen Gottesmutter. Dazu kommt die Gemeinschaft im Gebet und in anderen geistlichen Gütern; ja sogar eine wahre Verbindung im Heiligen Geiste, der in Gaben und Gnaden auch in ihnen mit seiner heiligenden Kraft wirksam ist und manche von ihnen bis zur Vergießung des Blutes ge- LG 15 stärkt hat. So erweckt der Geist in allen Jüngern Christi Sehnsucht und Tat, dass alle in der von Christus angeordneten Weise in der einen Herde unter dem einen Hirten in Frieden geeint werden mögen. Um dies zu erlangen, betet, hofft und wirkt die Mutter Kirche unaufhörlich, ermahnt sie ihre Söhne zur Läuterung und Erneuerung, damit das Zeichen Christi auf dem Antlitz der Kirche klarer erstrahle.

UR 22 *Der Mensch wird durch das Sakrament der Taufe,* wenn es gemäß der Einsetzung des Herrn recht gespendet und in der gebührenden Geistesverfassung empfangen wird, *in Wahrheit dem gekreuzigten und verherrlichten Christus eingegliedert und wiedergeboren zur Teilhabe am göttlichen Leben* nach jenem Wort des Apostels: »Ihr seid in der Taufe mit ihm begraben, in ihm auch auferstanden durch den Glauben an das Wirken Gottes, der ihn von den Toten auferweckt hat« (Kol 2, 12).

Die Taufe begründet also ein sakramentales Band der Einheit zwischen allen, die durch sie wiedergeboren sind. Dennoch ist die Taufe nur ein Anfang und Ausgangspunkt da sie ihrem ganzen Wesen nach hinzielt auf die Erlangung der Fülle des Lebens in Christus. Daher ist die Taufe hingeordnet auf das vollständige Bekenntnis des Glaubens, auf die völlige Eingliederung in die Heilsveranstaltung, wie Christus sie gewollt hat, schließlich auf die vollständige Einfügung in die eucharistische Gemeinschaft.

6. Eucharistie

SC 47 Unser Erlöser hat beim Letzten Abendmahl in der Nacht, da er überliefert wurde, das eucharistische Opfer seines Leibes und Blutes eingesetzt, um dadurch das Opfer des Kreuzes durch die Zeiten hindurch bis zu seiner Wiederkunft fortdauern zu lassen und *so der Kirche,* seiner geliebten Braut *eine Gedächtnisfeier seines Todes und seiner Auferstehung anzuvertrauen:* das Sakrament huldvollen Erbarmens, das Zeichen der Einheit, das Band der Liebe, das Ostermahl, in dem Christus genossen, das Herz mit Gnade erfüllt und uns das Unterpfand der künftigen Herrlichkeit gegeben wird.

SC 56 *Die beiden Teile, aus denen die Messe gewissermaßen besteht, nämlich Wortgottesdienst und Eucharistiefeier, sind so eng miteinander verbunden, dass sie einen einzigen Kultakt ausmachen.* Daher mahnt die Heilige Versammlung die Seelsorger eindringlich, sie sollen in der religiösen Unterweisung die Gläubigen mit Eifer belehren, an der ganzen Messe teilzunehmen, vor allem an Sonntagen und gebotenen Feiertagen.

Auf dass den Gläubigen der Tisch des Gotteswortes reicher bereitet werde, soll die Schatzkammer der Bibel weiter aufgetan werden, so dass innerhalb einer bestimmten Anzahl von Jahren die wichtigsten Teile der Heiligen Schrift dem Volk vorgetragen werden. SC 51

Die Homilie, in der im Laufe des liturgischen Jahres aus dem heiligen Text die Geheimnisse des Glaubens und die Richtlinien für das christliche Leben dargelegt werden, *wird als Teil der Liturgie selbst sehr empfohlen. Ganz besonders in den Messen, die an Sonntagen und gebotenen Feiertagen mit dem Volk gefeiert werden, darf man sie nicht ausfallen lassen,* es sei denn, es liege ein schwerwiegender Grund vor. SC 52

Nach dem Evangelium und der Homilie soll – besonders an den Sonntagen und gebotenen Feiertagen – *das »Allgemeine Gebet« oder »Gebet der Gläubigen« wiedereingeführt werden,* damit unter Teilnahme des Volkes Fürbitten gehalten werden für die heilige Kirche, für die Regierenden, für jene, die von mancherlei Not bedrückt sind, und für alle Menschen und das Heil der ganzen Welt. SC 53

Der Muttersprache darf im Sinne von Art. 36 dieser Konstitution in den mit dem Volk gefeierten Messen *ein gebührender Raum zugeteilt werden.* Besonders in den Lesungen und im »Allgemeinen Gebet« sowie je nach den örtlichen Verhältnissen in den Teilen, die dem Volk zukommen. *Es soll jedoch Vorsorge getroffen werden,* dass die Christgläubigen die ihnen zukommenden Teile des Mess-Ordinariums *auch lateinisch miteinander sprechen oder singen können.* SC 54

Mit Nachdruck wird *jene vollkommenere Teilnahme* an der Messe empfohlen, bei der die Gläubigen nach der Kommunion des Priesters *aus derselben Opferfeier den Herrenleib entgegennehmen.* SC 55
Unbeschadet der durch das Konzil von Trient festgelegten dogmatischen Prinzipien kann in Fällen, die vom Apostolischen Stuhl zu umschreiben sind, nach Ermessen der Bischöfe sowohl Klerikern und Ordensleuten

wie auch Laien die *Kommunion unter beiden Gestalten* gewährt werden, so etwa den Neugeweihten in der Messe ihrer heiligen Weihe, den Ordensleuten in der Messe bei ihrer Ordensprofess und den Neugetauften in der Messe, die auf die Taufe folgt.

UR 22 Obgleich *bei den von uns getrennten Kirchlichen Gemeinschaften* die aus der Taufe hervorgehende volle Einheit mit uns fehlt und obgleich sie nach unserem Glauben vor allem wegen des Fehlens des Weihesakramentes die ursprüngliche und vollständige Wirklichkeit (substantia) des eucharistischen Mysteriums nicht bewahrt haben, *bekennen sie doch bei der Gedächtnisfeier des Todes und der Auferstehung des Herrn im Heiligen Abendmahl, dass hier die lebendige Gemeinschaft mit Christus bezeichnet werde*, und sie erwarten seine glorreiche Wiederkunft. Deshalb sind die Lehre vom Abendmahl des Herrn, von den übrigen Sakramenten, von der Liturgie und von den Dienstämtern der Kirche notwendig Gegenstand des Dialogs.

VIII. Grundvollzug: Menschendienst (diakonia)

Hinführung

Ganz ungewöhnlich auf dem Hintergrund der jüngeren Kirchengeschichte ist auch der Tenor der ausführlichen und eindringlichen Erwägungen zur Mitverantwortung und Mitarbeit im gesellschaftlichen Leben, das Angebot zum spezifischen »Bruderdienst« der Christen in den Bereichen von Ehe und Familie, Erziehung, Kultur, Wirtschaft und Friedenspolitik.

Eine Kirchenleitung, in vielen Ländern (zu) lange Zeit im Bund mit monarchischen, gar diktatorischen Staatsführungen, ein Episkopat, der sich zum nicht geringen Teil aus der reichen und adeligen Führungsschicht rekrutierte, überkritisch und ängstlich gegenüber demokratischen und gewerkschaftlichen Bewegungen, bricht auf zu einer offenen Solidarität mit allen Menschen guten Willens, macht sich zum Anwalt der Menschenwürde gegen Unterdrückung und Diskriminierung, wehrt sich gegen die verhängnisvolle Aufspaltung von beruflich-gesellschaftlichem Verhalten und religiösem Leben der Christen. Sie gewinnt aus der biblisch und naturrechtlich erneut herausgearbeiteten Personenwürde aller Menschen ein Gesprächsangebot zur humanen Gestaltung der Arbeitswelt: Die Dinge haben der Person zu dienen, menschliche Arbeit rangiert vor anderen wirtschaftlichen Faktoren, das Wohl der Menschen steht im Mittelpunkt. Sie beschreibt ein ganzheitliches, personales Verständnis von Ehe, das gerade den spezifischen Ausdrucksformen ehelicher Liebe eine eigene sittliche Würde zusprechen kann. Sie bekennt sich zur Eigengesetzlichkeit der menschlichen Kultur, nimmt die Geschichtlichkeit, d. h. die unterschiedliche und wandelbare kulturelle Formung des Wertebewusstseins wahr. Sie mahnt die Sozialverpflichtung des Eigentums an, macht uns unsere Verflechtung in die ausbeuterische Abhängigkeit der unterentwickelten Völker bewusst, ebenso wie die vielen Wurzeln von Hass und Gewalt in uns und um uns, die den wahren Frieden nicht weniger behindern und gefährden als der Wahnsinn des Wettrüstens. Die Texte des Konzils sprechen für sich und haben nahezu alle, fast fünfzig Jahre nach Konzilsende, an Aktualität eher noch gewonnen.

1. Hilfe zur Weltgestaltung

GS 40 Unter Voraussetzung all der bisherigen Aussagen dieses Konzils über das Geheimnis der Kirche ist sie nun darzustellen, insofern sie gerade in dieser Welt besteht und mit ihr lebt und wirkt. Hervorgegangen aus der Liebe des ewigen Vaters, in der Zeit gestiftet von Christus dem Erlöser, geeint im Heiligen Geist, hat die Kirche das endzeitliche Heil zum Ziel, das erst in der künftigen Weltzeit voll verwirklicht werden kann. Sie ist aber schon hier auf Erden anwesend, gesammelt aus Menschen, Gliedern des irdischen Gemeinwesens, die dazu berufen sind, schon in dieser geschichtlichen Zeit der Menschheit die Familie der Kinder Gottes zu bilden, die bis zur Ankunft des Herrn stetig wachsen soll ... Dieses Ineinander des irdischen und himmlischen Gemeinwesens kann nur im Glauben begriffen werden, ja es bleibt ein Geheimnis der menschlichen Geschichte, die bis zur vollen Offenbarung der Herrlichkeit der Kinder Gottes durch die Sünde verwirrt ist. In Verfolgung ihrer eigenen Heilsabsicht vermittelt die Kirche nicht nur den Menschen das göttliche Leben, sondern lässt dessen Widerschein mehr oder weniger auf die ganze Welt fallen, vor allem durch die Heilung und Hebung der menschlichen Personwürde, durch die Festigung des menschlichen Gemeinschaftsgefüges, durch die Erfüllung des alltäglichen menschlichen Schaffens mit tieferer Sinnhaftigkeit und Bedeutung. *So glaubt die Kirche durch ihre einzelnen Glieder und als ganze viel zu einer humaneren Gestaltung der Menschenfamilie und ihrer Geschichte beitragen zu können.*

Unbefangen schätzt zudem die katholische Kirche all das hoch, was zur Erfüllung derselben Aufgabe die anderen christlichen Kirchen und kirchlichen Gemeinschaften in Zusammenarbeit beigetragen haben und noch beitragen. Zugleich ist sie der festen Überzeugung, dass sie selbst von der Welt, sei es von einzelnen Menschen, sei es von der menschlichen Gesellschaft, durch deren Möglichkeiten und Bemühungen viele und mannigfache Hilfe zur Wegbereitung für das Evangelium erfahren kann.

GS 42 *Da sie weiterhin kraft ihrer Sendung und Natur an keine besondere Form menschlicher Kultur und an kein besonderes politisches, wirtschaftliches oder gesellschaftliches System gebunden ist, kann die Kirche kraft dieser ihrer Universalität ein ganz enges Band zwischen den verschiedenen menschlichen Gemeinschaften und Nationen bilden ...* Mit großer Achtung blickt das Konzil auf alles Wahre, Gute und Gerechte, das sich die Menschheit in den verschiedenen Institutionen geschaffen hat und immer neu schafft. Es erklärt auch, dass die Kirche alle diese Einrichtungen unterstützen und fördern will, soweit es von ihr abhängt und sich mit ihrer Sendung vereinbaren lässt. *Sie selbst hat keinen dringlicheren Wunsch, als sich selbst im Dienst des Wohles aller frei entfalten zu können unter jeglicher Regierungsform, die die Grundrechte der Person und der Familie und die Erfordernisse des Gemeinwohls anerkennt.*

Das Konzil fordert die Christen, die Bürger beider Gemeinwesen, auf, GS 43
nach treuer Erfüllung ihrer irdischen Pflichten zu streben, und dies im Geist des Evangeliums. Die Wahrheit verfehlen die, die im Bewusstsein, hier keine bleibende Stätte zu haben, sondern die künftige zu suchen, darum meinen, sie könnten ihre irdischen Pflichten vernachlässigen, und so verkennen, dass sie, nach Maßgabe der jedem zuteil gewordenen Berufung, gerade durch den Glauben selbst umso mehr zu deren Erfüllung verpflichtet sind. Im selben Grade aber irren die, die umgekehrt meinen, so im irdischen Tun und Treiben aufgehen zu können, als hätte das darum gar nichts mit dem religiösen Leben zu tun, weil dieses nach ihrer Meinung in bloßen Kultakten und in der Erfüllung gewisser moralischer Pflichten besteht. *Diese Spaltung bei vielen zwischen dem Glauben, den man bekennt, und dem täglichen Leben gehört zu den schweren Verirrungen unserer Zeit.* Dieses Ärgernis haben schon die Propheten im Alten Bund heftig angegriffen, und noch viel strenger hat es Jesus Christus selbst im Neuen Bund mit schweren Strafen bedroht. *Man darf keinen künstlichen Gegensatz zwischen beruflicher und gesellschaftlicher Tätigkeit auf der einen Seite und dem religiösen Leben auf der anderen konstruieren. Ein Christ, der seine irdischen Pflichten vernachlässigt, versäumt damit seine Pflichten gegenüber dem Nächsten, ja gegen Gott selbst und bringt sein ewiges Heil in Gefahr.* Die Christen sollen vielmehr froh sein, in der Nachfolge Christi, der als Handwerker gearbeitet hat, ihre ganze irdische Arbeit so leisten zu können, dass sie ihre menschlichen, häuslichen, beruflichen, wissenschaftlichen oder technischen Anstrengungen mit den religiösen Werten zu einer lebendigen Synthese verbinden ... *Oftmals wird gerade eine christliche Schau der Dinge ihnen eine bestimmte Lösung in einer konkreten Situation nahelegen.* Aber andere Christen werden vielleicht, wie es häufiger, und zwar legitim, der Fall ist, *bei gleicher Gewissenhaftigkeit in der gleichen Frage zu einem anderen Urteil kommen.* Wenn dann die beiderseitigen Lösungen, auch gegen den Willen der Parteien, von vielen andern sehr leicht als eindeutige Folgerung aus der Botschaft des Evangeliums be-

trachtet werden, *so müsste doch klar bleiben, dass in solchen Fällen niemand das Recht hat, die Autorität der Kirche ausschließlich für sich und seine eigene Meinung in Anspruch zu nehmen. Immer aber sollen sie in einem offenen Dialog sich gegenseitig zur Klärung der Frage zu helfen suchen*; dabei sollen sie die gegenseitige Liebe bewahren und vor allem auf das Gemeinwohl bedacht sein …
Obwohl die Kirche in der Kraft des Heiligen Geistes die treue Braut des Herrn geblieben ist und niemals aufgehört hat, das Zeichen des Heils in der Welt zu sein, so weiß sie doch klar, dass unter ihren Gliedern, ob Klerikern oder Laien, im Lauf so vieler Jahrhunderte immer auch Untreue gegen den Geist Gottes sich fand. *Auch in unserer Zeit weiß die Kirche, wie groß der Abstand ist zwischen der von ihr verkündeten Botschaft und der menschlichen Armseligkeit derer, denen das Evangelium anvertraut ist.* Wie immer auch die Geschichte über all dies Versagen urteilen mag, wir selber dürfen dieses Versagen nicht vergessen, sondern müssen es unerbittlich bekämpfen, damit es der Verbreitung des Evangeliums nicht schade. Die Kirche *weiß auch, wie sehr sie selbst in ihrer lebendigen Beziehung zur Welt an der Erfahrung der Geschichte immerfort reifen muss.* Vom Heiligen Geist geführt, mahnt die Mutter Kirche unablässig ihre Kinder »zur Läuterung und Erneuerung, damit das Zeichen Christi auf dem Antlitz der Kirche klarer erstrahle« (LG 15).

2. Anwalt der Menschenwürde

GS 26 Aus der immer engeren und allmählich die ganze Welt erfassenden gegenseitigen Abhängigkeit ergibt sich als Folge, dass das Gemeinwohl, d.h. die Gesamtheit jener Bedingungen des gesellschaftlichen Lebens, die sowohl den Gruppen als auch deren einzelnen Gliedern ein volleres und leichteres Erreichen der eigenen Vollendung ermöglichen, heute mehr und mehr einen weltweiten Umfang annimmt und deshalb auch Rechte und Pflichten in sich begreift, die die ganze Menschheit betreffen. Jede Gruppe muss den Bedürfnissen und berechtigten Ansprüchen anderer Gruppen, ja dem Gemeinwohl der ganzen Menschheitsfamilie Rechnung tragen. *Gleichzeitig wächst auch das Bewusstsein der erhabenen Würde, die der menschlichen Person zukommt,* da sie die ganze Dingwelt überragt und Träger allgemeingültiger sowie unverletzlicher Rechte und Pflichten ist. Es muss also alles dem Menschen zugänglich gemacht werden, was er für ein wirklich menschliches Leben braucht, wie Nahrung, Kleidung und Wohnung, sodann das Recht auf eine freie Wahl des Lebensstandes und auf Familiengründung, auf Erziehung, Arbeit, guten Ruf, Ehre und auf geziemende Information; ferner das Recht zum Handeln nach der rechten Norm seines Gewissens, das Recht auf Schutz seiner privaten Sphäre und auf die rechte Freiheit auch in religiösen Dingen. *Die gesellschaftliche Ordnung und ihre Entwicklung müssen sich dauernd am Wohl der Personen orientieren; denn die Ordnung der Dinge muss der Ordnung der Personen dienstbar werden und nicht umgekehrt.* So deutete der Herr selbst es an, als er sagte, der Sabbat sei um des Menschen willen da, nicht der Mensch um des Sabbats willen. Die gesellschaftliche Ordnung muss sich ständig weiterentwickeln, muss in Wahrheit gegründet, in Gerechtigkeit aufgebaut und von Liebe beseelt werden und muss in Freiheit ein immer humaneres Gleichgewicht finden. Um dies zu verwirklichen, sind Gesinnungswandel und weitreichende Änderungen in der Gesellschaft selbst notwendig.

Zu praktischen und dringlicheren Folgerungen übergehend, will das GS 27
Konzil die Achtung vor dem Menschen einschärfen: Alle müssen ihren Nächsten ohne Ausnahme als ein »anderes Ich« ansehen, vor allem auf sein Leben und die notwendigen Voraussetzungen eines menschenwürdigen Lebens bedacht …
Heute ganz besonders sind wir dringend verpflichtet, uns zum Nächsten schlechthin eines jeden Menschen zu machen und ihm, wo immer er uns begegnet, tatkräftig zu helfen … Was ferner zum Leben selbst in Gegensatz steht, wie jede Art Mord, Völkermord, Abtreibung, Euthanasie und auch der freiwillige Selbstmord; was immer die Unantastbarkeit der menschlichen Person verletzt, wie Verstümmelung, körperliche oder seelische Folter und der Versuch, psychischen Zwang auszuüben; was immer die menschliche Würde angreift, wie unmenschliche Lebensbedingungen, willkürliche Verhaftung, Verschleppung, Sklaverei, Prostitution, Mädchenhandel und Handel mit Jugendlichen, sodann auch unwürdige Arbeitsbedingungen, bei denen der Arbeiter als bloßes Erwerbsmittel und nicht als freie und verantwortliche Person behandelt wird: All diese und andere ähnliche Taten sind an sich schon eine Schande; sie sind eine Zersetzung der menschlichen Kultur, entwürdigen weit mehr jene, die das Unrecht tun, als jene, die es erleiden. Zugleich sind sie in höchstem Maße ein Widerspruch gegen die Ehre des Schöpfers.

GS 28 *Achtung und Liebe sind auch denen zu gewähren, die in gesellschaftlichen, politischen oder auch religiösen Fragen anders denken oder handeln als wir.* Je mehr wir in Menschlichkeit und Liebe inneres Verständnis für ihr Denken aufbringen, desto leichter wird es für uns, mit ihnen ins Gespräch zu kommen. Diese Liebe und Güte dürfen uns aber keineswegs gegenüber der Wahrheit und dem Guten gleichgültig machen. Vielmehr drängt die Liebe selbst die Jünger Christi, allen Menschen die Heilswahrheit zu verkünden. *Man muss jedoch unterscheiden zwischen dem Irrtum, der immer zu verwerfen ist, und dem Irrenden, der seine Würde als Person stets behält, auch wenn ihn falsche oder weniger richtige religiöse Auffassungen belasten.* Gott allein ist der Richter und Prüfer der Herzen; darum verbietet er uns, über die innere Schuld von irgend jemandem zu urteilen.

Christi Lehre fordert auch, die Beleidigung zu verzeihen; sie dehnt das Gebot der Liebe als das Gebot des Neuen Bundes auf alle Feinde aus: »Ihr habt gehört, dass gesagt wurde: Du sollst deinen Nächsten lieben und deinen Feind hassen. Ich aber sage euch: Liebet eure Feinde, tut Gutes denen, die euch hassen, und betet für eure Verfolger und Verleumder« (Mt 5, 43–44).

3. Eheliche Liebe

GS 47 Das Wohl der Person sowie der menschlichen und christlichen Gesellschaft ist zuinnerst mit einem Wohlergehen der Ehe- und Familiengemeinschaft verbunden. Darum begrüßen die Christen zusammen mit allen, welche diese Gemeinschaft hochschätzen, aufrichtig all die verschiedenen Hilfen, mittels derer man heute in der Förderung dieser Gemeinschaft der Liebe und im Schutz des Lebens vorwärtskommt und Gatten und Eltern bei ihrer großen Aufgabe unterstützt werden. Die Christen hoffen von daher auf noch bessere Resultate und suchen dazu beizutragen.

GS 48 *Die innige Gemeinschaft des Lebens und der Liebe in der Ehe, vom Schöpfer begründet und mit eigenen Gesetzen geschützt, wird durch den Ehebund, d.h. durch ein unwiderrufliches personales Einverständnis, gestiftet.* So entsteht durch den personal freien Akt, in dem sich die Eheleute gegenseitig schenken und annehmen, eine nach göttlicher Ordnung feste Institution, und zwar auch gegenüber der Gesellschaft. Dieses heilige Band unterliegt im Hinblick auf das Wohl der Gatten und der Nachkommenschaft sowie auf das Wohl der Gesellschaft nicht mehr menschlicher Willkür.

Auch in unserer Zeit hat die wahre Liebe zwischen Mann und Frau in der Ehe, wie sie sich in verschiedener Weise je nach Volk und Zeit geziemend äußert, als hoher Wert Geltung. *Diese eigentümlich menschliche Liebe geht in frei bejahter Neigung von Person zu Person, umgreift das Wohl der ganzen Person, vermag so den leib-seelischen Ausdrucksmöglichkeiten eine eigene Würde zu verleihen und sie als Elemente und besondere Zeichen der ehelichen Freundschaft zu adeln.* Diese Liebe hat der Herr durch eine besondere Gabe seiner Gnade und Liebe geheilt, vollendet und erhöht … GS 49
Diese Liebe wird durch den eigentlichen Vollzug der Ehe in besonderer Weise ausgedrückt und verwirklicht. *Jene Akte also, durch die die Eheleute innigst und lauter eins werden, sind von sittlicher Würde; sie bringen, wenn sie human vollzogen werden, jenes gegenseitige Übereignetsein zum Ausdruck und vertiefen es, durch das sich die Gatten gegenseitig in Freude und Dankbarkeit reich machen.* Diese Liebe, die auf gegenseitige Treue gegründet und in besonderer Weise durch Christi Sakrament geheiligt ist, bedeutet unlösliche Treue, die in Glück und Unglück Leib und Seele umfasst und darum unvereinbar ist mit jedem Ehebruch und jeder Ehescheidung. Wenn wirklich durch die gegenseitige und bedingungslose Liebe die gleiche personale Würde sowohl der Frau wie des Mannes anerkannt wird, wird auch die vom Herrn bestätigte Einheit der Ehe deutlich. Um die Pflichten dieser christlichen Berufung beständig zu erfüllen, ist ungewöhnliche Tugend erforderlich. Von daher müssen die Gatten, durch die Gnade zu heiligem Leben gestärkt, Festigkeit in der Liebe, Seelengröße und Opfergeist pflegen und im Gebet erbitten.

In ihrer Aufgabe, menschliches Leben weiterzugeben und zu erziehen, die als die nur ihnen zukommende Sendung zu betrachten ist, wissen sich die Eheleute als mitwirkend mit der Liebe Gottes des Schöpfers und gleichsam als Interpreten dieser Liebe. Daher müssen sie in menschlicher und christlicher Verantwortlichkeit ihre Aufgabe erfüllen und in einer auf Gott hinhörenden Ehrfurcht durch gemeinsame Überlegung versuchen, sich ein sachgerechtes Urteil zu bilden. Hierbei müssen sie auf ihr eigenes Wohl wie auf das ihrer Kinder – der schon geborenen oder zu erwartenden – achten; sie müssen die materiellen und GS 50 geistigen Verhältnisse der Zeit und ihres Lebens zu erkennen suchen und schließlich auch das Wohl der Gesamtfamilie, der weltlichen Gesellschaft und der Kirche berücksichtigen. *Dieses Urteil müssen im Angesicht Gottes die Eheleute letztlich selbst fällen …*

Die Ehe ist aber nicht nur zur Zeugung von Kindern eingesetzt, sondern die Eigenart des unauflöslichen personalen Bundes und das Wohl der Kinder fordern, *dass auch die gegenseitige Liebe der Ehegatten ihren gebührenden Platz behalte, wachse und reife.* Wenn deshalb das – oft so erwünschte – Kind fehlt, bleibt die Ehe dennoch als volle Lebensgemeinschaft bestehen und behält ihren Wert sowie ihre Unauflöslichkeit.

GS 51 *Das Konzil weiß, dass die Gatten in ihrem Bemühen, das Eheleben harmonisch zu gestalten, oft durch mancherlei Lebensbedingungen der heutigen Zeit eingeengt sind und sich in einer Lage befinden, in der die Zahl der Kinder – mindestens zeitweise – nicht vermehrt werden kann und der Vollzug treuer Liebe und die volle Lebensgemeinschaft nur schwer gewahrt werden können.*

4. Kirche und Kultur

GS 53 In der Person des Menschen selbst liegt es begründet, dass sie nur durch Kultur, das heißt durch die entfaltende Pflege der Güter und Werte der Natur, zur wahren und vollen Verwirklichung des menschlichen Wesens gelangt. Wo immer es daher um das menschliche Leben geht, hängen Natur und Kultur engstens zusammen. *Unter Kultur im allgemeinen versteht man alles, wodurch der Mensch seine vielfältigen geistigen und körperlichen Anlagen ausbildet und entfaltet*; wodurch er sich die ganze Welt in Erkenntnis und Arbeit zu unterwerfen sucht; wodurch er das gesellschaftliche Leben in der Familie und in der ganzen bürgerlichen Gesellschaft im moralischen und institutionellen Fortschritt menschlicher gestaltet; wodurch er endlich seine großen geistigen Erfahrungen und Strebungen im Lauf der Zeit in seinen Werken vergegenständlicht, mitteilt und ihnen Dauer verleiht – zum Segen vieler, ja der ganzen Menschheit.

Daraus folgt, dass die Kultur des Menschen notwendig eine geschichtliche und eine gesellschaftliche Seite hat und darum der Begriff der Kultur meist das Gesellschaftliche und das Völkische mitbezeichnet. In diesem Sinn spricht man von Kulturen im Plural. *Denn aus der verschiedenen Weise des Gebrauchs der Sachen, der Arbeitsgestaltung, der Selbstdarstellung, der Religion und der Sittlichkeit, der Gesetzgebung und der rechtlichen Institution, der Entfaltung von Wissenschaft, Technik und Kunst entsteht eine Verschiedenheit der gemeinschaftlichen Lebensformen und der Gestalten, in denen die Lebenswerte zu einer Einheit zusammentreten.* So bildet sich aus den überlieferten Einrichtungen ein jeder menschlichen Gemeinschaft eigentümliches Erbe. *So entsteht für den Menschen jedweden Volkes und jeder Zeit auch eine abgegrenzte und geschichtliche Umwelt, in die er eingefügt bleibt und von der her er die Werte zur Weiterentwicklung der menschlichen und gesellschaftlichen Kultur empfängt.*

Vielfache Beziehungen bestehen zwischen der Botschaft des Heils und GS 58
der menschlichen Kultur. Denn Gott hat in der Offenbarung an sein Volk bis zu seiner vollen Selbstkundgabe im fleischgewordenen Sohn entsprechend der den verschiedenen Zeiten eigenen Kultur gesprochen.
In gleicher Weise nimmt die Kirche, die im Lauf der Zeit in je verschiedener Umwelt lebt, die Errungenschaften der einzelnen Kulturen in Gebrauch, um die Botschaft Christi in ihrer Verkündigung bei allen Völkern zu verbreiten und zu erklären, um sie zu erforschen und tiefer zu verstehen, um sie in der liturgischen Feier und im Leben der vielgestaltigen Gemeinschaft der Gläubigen besser Gestalt werden zu lassen.
Zugleich ist die Kirche wohl zu allen Völkern, welcher Zeit und welchen Landes auch immer, gesandt, jedoch an keine Rasse oder Nation, an keine besondere Art der Sitte, an keinen alten oder neuen Brauch ausschließlich und unlösbar gebunden. Sie lässt zwar den Zusammenhang mit ihrer eigenen geschichtlichen Herkunft nicht abreißen, ist sich aber zugleich der Universalität ihrer Sendung bewusst und vermag so mit den verschiedenen Kulturformen eine Einheit einzugehen, zur Bereicherung sowohl der Kirche wie der verschiedenen Kulturen.

Da nämlich die Kultur unmittelbar aus der vernünftigen und gesellschaftlichen An- GS 59
lage des Menschen hervorgeht, bedarf sie immer des ihr zustehenden Freiheitsraumes, um sich zu entfalten, und der legitimen Möglichkeit, den eigenen Prinzipien gemäß selbständig zu handeln. Sie hat also einen berechtigten Anspruch auf Anerkennung, und ihr eignet eine gewisse Unverletzlichkeit, freilich unter Wahrung der Rechte der Person und der Gemeinschaft, von der einzelnen bis zur universalen, und innerhalb der Grenzen des Gemeinwohls ... *Damit ist auch gefordert, dass der Mensch unter Wahrung der sittlichen Ordnung und des Gemeinnutzes frei nach der Wahrheit forschen, seine Meinung*

äußern und verbreiten und die Kunst nach seiner Wahl pflegen kann; schließlich, dass er wahrheitsgemäß über öffentliche Vorgänge unterrichtet werde.

GS 60 Da jetzt die Möglichkeit gegeben ist, die meisten Menschen aus dem Elend der Unwissenheit zu befreien, ist es heute eine höchst zeitgemäße Pflicht, vor allem für die Christen, tatkräftig darauf hinzuarbeiten, dass in der Wirtschaft wie in der Politik, auf nationaler wie auf internationaler Ebene Grundentscheidungen getroffen werden, durch die das Recht aller auf menschliche und mitmenschliche Kultur auf der ganzen Welt anerkannt wird und zur Verwirklichung kommt, ein Recht, das entsprechend der Würde der menschlichen Person allen ohne Unterschied der Rasse, des Geschlechts, der Nation, der Religion oder der sozialen Stellung zukommt. Daher ist dafür Sorge zu tragen, dass die Kulturgüter in ausreichendem Maße allen zugänglich sind, vor allem jene, die die sogenannte Grundkultur ausmachen, damit nicht weiterhin ein großer Teil der Menschheit durch Analphabetismus und Mangel an verantwortlicher Eigeninitaitive von einer wahrhaft menschlichen Mitarbeit am Gemeinwohl ausgeschlossen wird. *Ziel muss also sein, dass alle,* die entsprechend begabt sind, zu höheren Studien aufsteigen können, und zwar so, dass sie, *soweit es möglich ist, in der Gesellschaft jene Aufgaben, Ämter und Dienste erreichen, die ihrer Begabung und ihren Fachkenntnissen entsprechen.* So werden jeder Einzelne und alle gesellschaftlichen Gruppen eines jeden Volkes zur vollen Entfaltung ihres kulturellen Lebens gelangen können, wie sie ihren Anlagen und Überlieferungen gemäß ist ... *Die Frauen sind zwar schon in fast allen Lebensbereichen tätig, infolgedessen sollen sie aber auch in der Lage sein, die ihrer Eigenart angemessene Rolle voll zu übernehmen. Sache aller ist es, die je eigene und notwendige Teilnahme der Frau am kulturellen Leben anzuerkennen und zu fördern.*

GS 62 Auf ihre Weise sind auch Literatur und Kunst für das Leben der Kirche von großer Bedeutung. Denn sie bemühen sich um das Verständnis des eigentümlichen Wesens des Menschen, seiner Probleme und seiner Erfahrungen bei dem Versuch, sich selbst und die Welt zu erkennen und zu vollenden; ... Durch angestrengtes Bemühen soll erreicht werden, dass die Künstler das Bewusstsein haben können, in ihrem Schaffen von der Kirche anerkannt zu sein, und dass sie im Besitz der ihnen zustehenden Freiheit leichter zum Kontakt mit der christlichen Gemeinde kommen.

Auch die neuen Formen der Kunst, die gemäß der Eigenart der verschiedenen Völker und Länder den Menschen unserer Zeit entsprechen, sollen von der Kirche anerkannt werden. In das Heiligtum aber sollen sie aufgenommen werden, wenn sie in einer dafür angepassten Aussageweise den Erfordernissen der Liturgie entsprechen und den Geist zu Gott erheben ... Die Gläubigen sollen also in engster Verbindung mit den anderen Menschen ihrer Zeit leben und sich bemühen, ihre Denk- und Urteilsweisen, die in der Geisteskultur zur Erscheinung kommen, vollkommen zu verstehen. Das Wissen um die neuen Wissenschaften, Anschauungen und Erfindungen sollen sie verbinden mit christlicher Sittlichkeit und mit ihrer Bildung in der christlichen Lehre, damit religiöses Leben und Rechtschaffenheit mit der wissenschaftlichen Erkenntnis und dem täglich wachsenden technischen Fortschritt bei ihnen Schritt halten und sie so alles aus einer umfassenden christlichen Haltung zu beurteilen und zu deuten vermögen.

Die Vertreter der theologischen Disziplinen an den Seminarien und Universitäten sollen mit hervorragenden Vertretern anderer Wissenschaften in gemeinsamer Bemühung und Planung zusammenzuarbeiten suchen. Die theologische Forschung soll sich zugleich um eine tiefe Erkenntnis der geoffenbarten Wahrheit bemühen und *die Verbindung mit der eigenen Zeit nicht vernachlässigen*, um den in so verschiedenen Wissenszweigen gebildeten Menschen zu einem umfassenderen Glaubensverständnis verhelfen zu können. Dieses gemeinsame Bemühen wird auch für die Ausbildung der Seelsorger von größtem Nutzen sein, damit diese imstande sind, die Lehre der Kirche über Gott, den Menschen und die Welt den Menschen unserer Zeit in geeigneter Weise darzulegen, und so das Wort der Kirche von diesen auch bereitwilliger angenommen wird. *Es ist sogar wünschenswert, dass einer großen Zahl von Laien eine hinreichende Bildung in der Theologie vermittelt werde und recht viele von ihnen die Theologie auch zum Hauptstudium machen und selber weiter fördern. Zur Ausführung dieser Aufgabe muss aber den Gläubigen, Klerikern wie Laien, die entsprechende Freiheit des Forschens, des Denkens sowie demütiger und entschiedener Meinungsäußerung zuerkannt werden in allen Bereichen ihrer Zuständigkeit* (vgl. LG 37).

5. Wirtschaften zum Wohl aller Menschen

GS 63 Wie die andern Bereiche des gesellschaftlichen Lebens, so ist auch die heutige Wirtschaft geprägt durch die wachsende Herrschaft des Menschen über die Natur, durch die steigende Dichte und Gewichtigkeit der Beziehungen und wechselseitigen Abhängigkeit der Einzelnen, der Gruppen und der Völker sowie durch das immer häufigere Eingreifen der öffentlichen Gewalt. Zugleich haben die Fortschritte in der Produktionstechnik wie auch im Austausch von Gütern und Dienstleistungen die Wirtschaft in den Stand gesetzt, die gestiegenen Bedürfnisse der Menschheitsfamilie besser zu befriedigen.

Es fehlt aber auch nicht an Gründen zur Beunruhigung. Nicht wenige Menschen, namentlich in den wirtschaftlich fortgeschrittenen Ländern, sind von der Wirtschaft geradezu versklavt, so dass fast ihr ganzes persönliches und gesellschaftliches Leben von ausschließlich wirtschaftlichem Denken bestimmt ist, und dies ebenso in Ländern, die einer kollektivistischen Wirtschaftsweise zugetan sind, wie in anderen. Gerade zu der Zeit, da das Wachstum der Wirtschaft, vernünftig und human gelenkt und koordiniert, die sozialen Ungleichheiten mildern könnte, führt es allzuoft zu deren Verschärfung, hie und da sogar zur Verschlechterung der Lage der sozial Schwachen und zur Verachtung der Notleidenden. *Während einer ungeheueren Masse immer noch das absolut Notwendige fehlt, leben einige – auch in zurückgebliebenen Ländern – in Üppigkeit und treiben Verschwendung. Nebeneinander bestehen Luxus und Elend. Einige wenige erfreuen sich weitestgehender Entscheidungsfreiheit, während viele fast jeder Möglichkeit ermangeln, initiativ und eigenverantwortlich zu handeln, und sich oft in Lebens- und Arbeitsbedingungen befinden, die des Menschen unwürdig sind.* Ähnliche Störungen des ökonomischen und sozialen Gleichgewichts bestehen zwischen Landwirtschaft, Industrie und Dienstleistungsgewerben wie auch zwischen verschiedenen Gebieten einer und derselben Nation. *Zwischen den wirtschaftlich fortgeschrittenen Völkern und anderen bildet sich ein ständig sich verschärfender Gegensatz heraus,* der sogar den Weltfrieden gefährden kann. Diese Gleichgewichtsstörungen werden von unseren Zeitgenossen mit umso wacherem Bewusstsein erlebt, als sie fest überzeugt sind, *die gewaltigen technischen und ökonomischen Mittel, über die wir heute verfügen, machten es nicht nur möglich, sondern zur Pflicht, diesen unseligen Zustand zu überwinden.* Daher werden vielfältige institutionelle Reformen in der Wirtschaft wie auch eine allgemeine Umstellung der Gesinnung und Verhaltensweise gefordert. Hierzu hat die Kirche Grundsätze der Gerechtigkeit und Billigkeit sowohl für das persönliche und das gesellschaftliche als auch für das internationale Leben, wie die rechte Vernunft sie fordert, im Lauf der Jahrhunderte unter dem Licht des Evangeliums erarbeitet und namentlich in jüngster Zeit vorgelegt.

Das Bemühen um vermehrte Erzeugung landwirtschaftlicher und industrieller Güter und um gesteigerte Darbietung von Dienstleistungen mit dem Ziel, den Bedürfnissen der wachsenden Menschenzahl gerecht zu werden und den immer höheren Ansprüchen der Menschen Genüge zu tun, erscheint heute mehr als je gerechtfertigt. Darum verdienen technischer Fortschritt, Aufgeschlossenheit für das Neue, die Bereitschaft, neue Unternehmen ins Leben zu rufen und bestehende zu erweitern, die Entwicklung geeigneter Produktionsverfahren, das ernsthafte Bemühen aller irgendwie am Produktionsprozess Beteiligten, überhaupt alles, was zu diesem Fortschritt beiträgt, durchaus gefördert zu werden. *Die fundamentale Zweckbestimmung dieses Produktionsprozesses besteht aber weder in der vermehrten Produktion als solcher noch in Erzielung von Gewinn oder Ausübung von Macht, sondern im Dienst am Menschen, und zwar am ganzen Menschen im Hinblick auf seine materiellen Bedürfnisse, aber ebenso auch auf das, was er für sein geistiges, sittliches, spirituelles und religiöses Leben benötigt.* Das gilt ausdrücklich für alle Menschen und für jeden einzelnen, für jede Gruppe, für Menschen jeder Rasse und jeden Erdteils. Daraus folgt: Alle wirtschaftliche Tätigkeit ist – nach den ihr arteigenen Verfahrensweisen und Gesetzmäßigkeiten – immer im Rahmen der sittlichen Ordnung so auszuüben, dass das verwirklicht wird, was Gott mit dem Menschen vorhat. GS 64

Gerechtigkeit und Billigkeit gebieten ferner, die für wirtschaftlichen Fortschritt unerlässliche Mobilität so zu regeln, dass das Leben der Einzelnen und der Familien nicht ungesichert oder gefährdet wird. *Die aus anderen Völkern und Ländern herangezogenen Arbeiter, die durch ihre Arbeit zum wirtschaftlichen Aufstieg des Volkes oder Landes beitragen, dürfen, was Entlohnung und Arbeitsbedingungen angeht, in keiner Weise diskriminiert werden. Alle im Aufnahmeland, namentlich aber die öffentlichen Stellen, dürfen sie nicht als bloße Produktionsmittel behandeln, sondern haben ihnen als menschlichen Personen zu begegnen und sollen ihnen helfen, ihre Familien nachzuziehen und sich angemessene* GS 66

Wohngelegenheit zu verschaffen, sollen auch ihre Eingliederung in das gesellschaftliche Leben des Aufnahmelandes und seiner Bevölkerung begünstigen. Soweit wie möglich sollte man jedoch in ihren Heimatländern selbst Arbeitsgelegenheit schaffen.

GS 67 Die in der Gütererzeugung, der Güterverteilung und in den Dienstleistungsgewerben geleistete *menschliche Arbeit hat den Vorrang vor allen anderen Faktoren des wirtschaftlichen Lebens,* denn diese sind nur werkzeuglicher Art. Die Arbeit nämlich, gleichviel, ob selbständig ausgeübt oder im Lohnarbeitsverhältnis stehend, ist unmittelbarer Ausfluss der Person, die den stofflichen Dingen ihren Stempel aufprägt und sie ihrem Willen dienstbar macht. Durch seine Arbeit erhält der Mensch sein und der Seinigen Leben, tritt in tätigen Verbund mit seinen Brüdern und dient ihnen; so kann er praktische Nächstenliebe üben und seinen Beitrag zur Vollendung des Schöpfungswerkes Gottes erbringen ... *Daraus ergibt sich für jeden Einzelnen sowohl die Verpflichtung zu gewissenhafter Arbeit wie auch das Recht auf Arbeit; Sache der Gesellschaft aber ist es, nach jeweiliger Lage der Dinge für ihren Teil behilflich zu sein, dass ihre Bürger Gelegenheit zu ausreichender Arbeit finden können.* Schließlich ist die Arbeit so zu entlohnen, dass dem Arbeiter die Mittel zu Gebote stehen, um sein und der Seinigen materielles, soziales, kulturelles und spirituelles Dasein angemessen zu gestalten – gemäß der Funktion und Leistungsfähigkeit des Einzelnen, der Lage des Unternehmens und unter Rücksicht auf das Gemeinwohl.

GS 68 *Eines der grundlegenden Rechte der menschlichen Person ist das Recht* der im Arbeitsverhältnis stehenden Menschen, *in voller Freiheit Organisationen zu gründen, die sie echt vertreten und imstande sind, zur rechten Gestaltung des Wirtschaftslebens einen wirksamen Beitrag zu leisten, wie auch in diesen Organisationen sich frei zu betätigen, ohne Gefahr zu laufen, deswegen irgendwelchen Nachteilen ausgesetzt zu sein ...*

GS 69 Gott hat die Erde mit allem, was sie enthält, zum Nutzen aller Menschen und Völker bestimmt; darum müssen diese geschaffenen Güter in einem billigen Verhältnis allen zustatten kommen ... Darum soll der Mensch, der sich dieser Güter bedient, die äußeren Dinge, die er rechtmäßig besitzt, nicht nur als ihm persönlich zu eigen, sondern muss er sie zugleich auch als Gemeingut ansehen in dem Sinn, dass sie nicht ihm allein, sondern auch anderen von Nutzen sein können. *Zudem steht allen das Recht zu, einen für sich selbst und ihre Familien ausreichenden Anteil an den Erdengütern zu haben.* Das war die Meinung der Väter und Lehrer der Kirche, die sagen, es sei Pflicht, die Armen zu unterstützen, und zwar nicht nur vom Überfluss. *Wer aber sich in äußerster Notlage befindet, hat das Recht, vom Reichtum anderer das Benötigte an sich zu bringen.* Angesichts der großen Zahl derer, die in der Welt Hunger leiden, legt das Heilige Konzil sowohl den Einzelnen als auch den öffentlichen Gewalten dringend ans Herz, sie möchten doch eingedenk des Väterwortes: »Speise den vor Hunger Sterbenden, denn ihn nicht speisen heißt ihn töten« (Decret. Gratiani), jeder nach dem Maße dessen, was ihm möglich ist, Ernst damit machen, ihre Güter mitzuteilen und hinzugeben und dabei namentlich jene Hilfen zu gewähren, durch die sie, seien es Einzelne, seien es ganze Völker, sich selber helfen und entwickeln können.

Aber *auch das Privateigentum selbst hat eine ihm wesentliche soziale Seite*; sie hat GS 71
ihre Grundlage in der Widmung der Erdengüter an alle. Bei Außerachtlassung dieser seiner sozialen Seite führt das Eigentum in großem Umfang zu Raffgier und schweren Verirrungen; das aber liefert seinen Gegnern den Vorwand, das Eigentumsrecht als solches in Frage zu stellen.
In manchen wirtschaftlich weniger entwickelten Ländern besteht großer, ja *riesengroßer Landbesitz, der nur schwach genutzt oder gar in spekulativer Absicht völlig ungenützt liegen gelassen wird, während die Mehrheit der Bevölkerung entweder überhaupt keinen Boden besitzt oder nur äußerst geringe landwirtschaftliche Nutzflächen in Bestellung hat,* während auf der anderen Seite die Steigerung der landwirtschaftlichen Erträge unverkennbar dringlich ist. Nicht selten beziehen diejenigen, die von den Eigentümern als Arbeitskräfte gedungen werden oder Teile von deren Besitz als Pächter bewirtschaften, nur einen menschenunwürdigen Lohn oder Ertragsanteil, ermangeln angemessener Unterkunft und werden von Mittelspersonen ausgebeutet. Ohne jede Daseinssicherung leben sie in einer Dienstbarkeit, die ihnen nahezu jede Möglichkeit raubt, aus eigenem Antrieb und in eigener Verantwortung etwas zu unternehmen, ihnen jeden kulturellen Fortschritt und jede Beteiligung am gesellschaftlichen und politischen Leben versagt. *Hier sind Reformen geboten mit dem Ziel,* je nach Lage des Falles die Bezüge zu erhöhen, die Arbeitsbedingungen zu verbessern, das Beschäftigungsverhältnis zu sichern, Anreiz zu eigener Unternehmungslust zu

bieten, schließlich *auch die nicht hinreichend genutzten Besitzungen aufzuteilen unter diejenigen, die imstande sind, diese Flächen ertragbringend zu machen.* In letzterem Falle müssen die nötigen Sachmittel und Hilfseinrichtungen beigestellt werden, insbesondere Ausbildungsbeihilfe und organisatorischer Verbund echt genossenschaftlicher Art. Wo das Gemeinwohl die Entziehung des Eigentums erfordert, ist die Entschädigung nach Billigkeit zu bemessen unter Abwägung aller einschlägigen Gesichtspunkte.

6. Christen und Politik

GS 73 Tiefgreifende Änderungen zeigen sich heute auch innerhalb der politischen Strukturen und Einrichtungen der Völker als Folge ihrer kulturellen, wirtschaftlichen und gesellschaftlichen Entwicklung. Diese Veränderungen haben großen Einfluss auf das Leben der politischen Gemeinschaft, vor allem hinsichtlich der Rechte und Pflichten aller bei der Ausübung der staatsbürgerlichen Freiheit, zur Verwirklichung des Gemeinwohls und bei der Ordnung der Beziehungen der Bürger untereinander und zur öffentlichen Gewalt.

GS 74 Die konkrete Art und Weise, wie die politische Gemeinschaft ihre eigene Verfassung und die Ausübung der öffentlichen Gewalt ordnet, kann entsprechend der Eigenart der verschiedenen Völker und der geschichtlichen Entwicklung verschieden sein. Immer aber muss sie im Dienst der Formung eines gebildeten, friedliebenden und gegenüber allen anderen wohlwollenden Menschen stehen, zum Vorteil der gesamten Menschheitsfamilie.

GS 76 Sehr wichtig ist besonders in einer pluralistischen Gesellschaft, dass man das Verhältnis zwischen der politischen Gemeinschaft und der Kirche richtig sieht, so dass zwischen dem, was die Christen als Einzelne oder im Verbund im eigenen Namen als Staatsbürger, die von ihrem christlichen Gewissen geleitet werden, und dem, was sie im Namen der Kirche zusammen mit ihren Hirten tun, klar unterschieden wird.
Die Kirche, die in keiner Weise hinsichtlich ihrer Aufgabe und Zuständigkeit mit der politischen Gemeinschaft verwechselt werden darf noch auch *an*

irgendein politisches System gebunden ist, ist zugleich Zeichen und Schutz der Transzendenz der menschlichen Person.
Die politische Gemeinschaft und die Kirche sind auf je ihrem Gebiet voneinander unabhängig und autonom. Beide aber dienen, wenn auch in verschiedener Begründung, der persönlichen und gesellschaftlichen Berufung der gleichen Menschen. Diesen Dienst können beide zum Wohl aller umso wirksamer leisten, je mehr und besser sie rechtes Zusammenwirken miteinander pflegen; dabei sind jeweils die Umstände von Ort und Zeit zu berücksichtigen. Der Mensch ist ja nicht auf die zeitliche Ordnung beschränkt, sondern inmitten der menschlichen Geschichte vollzieht er ungeschmälert seine ewige Berufung. Die Kirche aber, in der Liebe des Erlösers begründet, trägt dazu bei, dass sich innerhalb der Grenzen einer Nation und im Verhältnis zwischen den Völkern Gerechtigkeit und Liebe entfalten. Indem sie nämlich die Wahrheit des Evangeliums verkündet und alle Bereiche menschlichen Handelns durch ihre Lehre und das Zeugnis der Christen erhellt, *achtet und fördert sie auch die politische Freiheit der Bürger und ihre Verantwortlichkeit* ...
Das Irdische und das, was am konkreten Menschen diese Welt übersteigt, sind miteinander eng verbunden, und die Kirche selbst bedient sich des Zeitlichen, soweit es ihre eigene Sendung erfordert. *Doch setzt sie ihre Hoffnung nicht auf Privilegien, die ihr von der staatlichen Autorität angeboten werden. Sie wird sogar auf die Ausübung von legitim erworbenen Rechten verzichten, wenn feststeht, dass durch deren Inanspruchnahme die Lauterkeit ihres Zeugnisses in Frage gestellt ist, oder wenn veränderte Lebensverhältnisse eine andere Regelung fordern*. Immer und überall aber nimmt sie das Recht in Anspruch, in wahrer Freiheit den Glauben zu verkünden, ihre Soziallehre kundzumachen, ihren Auftrag unter den Menschen unbehindert zu erfüllen und auch politische Angelegenheiten einer sittlichen Beurteilung zu unterstellen, wenn die Grundrechte der menschlichen Person oder das Heil der Seelen es verlangen. Sie wendet dabei alle, aber auch nur jene Mittel an, welche dem Evangelium und dem Wohl aller je nach den verschiedenen Zeiten und Verhältnissen entsprechen.

Die Christen sollen in der politischen Gemeinschaft jene Berufung beachten, die ihnen ganz besonders eigen ist. Sie sollen *beispielgebend dafür sein, insofern sie pflichtbewusst handeln und sich für das Gemeinwohl einsetzen*. Sie sollen durch ihre Tat zeigen, wie sich Autorität mit Freiheit, persönliche GS 75

Initiative mit solidarischer Verbundenheit zum gemeinsamen Ganzen, gebotene Einheit mit fruchtbarer Vielfalt verbinden lassen. Berechtigte Meinungsverschiedenheiten in Fragen der Ordnung irdischer Dinge sollen sie anerkennen, und die anderen, die als Einzelne oder kollektiv solche Meinungen anständig vertreten, sollen sie achten. *Die politischen Parteien müssen das fördern, was ihres Erachtens nach vom Gemeinwohl gefordert wird; sie dürfen niemals ihre Sonderinteressen über dieses Gemeinwohl stellen.*

7. Dienst am Frieden

GS 77 In unseren Jahren, in denen die Leiden und Ängste wütender oder drohender Kriege noch schwer auf den Menschen lasten ... möchte das Konzil den wahren und hohen Begriff des Friedens klarlegen, die Unmenschlichkeit des Krieges verurteilen und mit allem Ernst einen Aufruf an alle Christen richten, mit Hilfe Christi, in dem der Friede gründet, mit allen Menschen zusammenzuarbeiten, um untereinander in Gerechtigkeit und Liebe den Frieden zu festigen und all das bereitzustellen, was dem Frieden dient.

GS 78 *Der Friede besteht nicht darin, dass kein Krieg ist; er lässt sich auch nicht bloß durch das Gleichgewicht entgegengesetzter Kräfte sichern*; er entspringt ferner nicht dem Machtgebot eines Starken; er heißt vielmehr mit Recht und eigentlich ein »Werk der Gerechtigkeit« (Jes 32, 17). Er ist die Frucht der Ordnung, die ihr göttlicher Gründer selbst in die menschliche Gesellschaft eingestiftet hat und die von den Menschen durch stetes Streben nach immer vollkommenerer Gerechtigkeit verwirklicht werden muss. Zwar wird das Gemeinwohl des Menschengeschlechts grundlegend vom ewigen Gesetz Gottes bestimmt, aber in seinen konkreten Anforderungen unterliegt es dem ständigen Wandel der Zeiten; darum ist der Friede niemals endgültiger Besitz, sondern immer wieder neu zu erfüllende Aufgabe. Da zudem der menschliche Wille schwankend und von der Sünde verwundet ist, verlangt die Sorge um den Frieden, dass jeder dauernd seine Leidenschaft beherrscht und dass die rechtmäßige Obrigkeit wachsam ist.
Dies alles genügt noch nicht. Dieser Friede kann auf Erden nicht erreicht

werden ohne Sicherheit für das Wohl der Person und ohne dass die Menschen frei und vertrauensvoll die Reichtümer ihres Geistes und Herzens miteinander teilen. *Der feste Wille, andere Menschen und Völker und ihre Würde zu achten, gepaart mit einsatzbereiter und tätiger Brüderlichkeit – das sind unerlässliche Voraussetzungen für den Aufbau des Friedens.* So ist der Friede auch die Frucht der Liebe, die über das hinausgeht, was die Gerechtigkeit zu leisten vermag.

Obwohl die jüngsten Kriege unserer Welt ungeheuren materiellen und GS 79
moralischen Schaden zugefügt haben, *setzt der Krieg doch jeden Tag in irgendeinem Teil der Welt seine Verwüstungen fort.* Es droht sogar beim Gebrauch wissenschaftlicher Waffen, gleich welcher Art, eine Barbarei der Kriegführung, die die Kämpfenden zu Grausamkeiten verleitet, die die vergangener Zeiten weit übersteigt. Die Kompliziertheit der heutigen Lage und die Verflochtenheit der internationalen Beziehungen ermöglichen zudem neue hinterhältige und umstürzlerische Methoden, Kriege zu tarnen und in die Länge zu ziehen. In vielen Fällen gibt der Einsatz terroristischer Praktiken der Kriegführung eine neue Gestalt. *Diesen beklagenswerten Zustand der Menschheit vor Augen, möchte das Konzil vor allem an die bleibende Geltung des natürlichen Völkerrechts und seiner allgemeinen Prinzipien erinnern.* Das Gewissen der gesamten Menschheit bekennt sich zu diesen Prinzipien mit wachsendem Nachdruck. *Handlungen, die in bewusstem Widerspruch zu ihnen stehen, sind Verbrechen; ebenso Befehle, die solche Handlungen anordnen; auch die Berufung auf blinden Gehorsam kann den nicht entschuldigen, der sie ausführt.* Zu diesen Handlungen muss man an erster Stelle rechnen: ein ganzes Volk, eine Nation oder eine völkische Minderheit aus welchem Grunde und mit welchen Mitteln auch immer auszurotten. Das sind furchtbare Verbrechen, die aufs schärfste zu verurteilen sind. Höchste Anerkennung verdient dagegen die Haltung derer, die sich solchen Befehlen furchtlos und offen widersetzen …
Allerdings – der Krieg ist nicht aus der Welt geschafft. Solange die Gefahr von Krieg besteht und solange es noch keine zuständige internationale Autorität gibt, die mit entsprechenden Mitteln ausgestattet ist, kann man, wenn alle Möglichkeiten einer friedlichen Regelung erschöpft sind, einer Regierung das Recht auf sittlich erlaubte Verteidigung nicht absprechen. Die Regierenden und alle, die Verantwortung für den Staat tragen, sind verpflichtet, das Wohl der ihnen anvertrauten Völker zu

schützen, und sie sollen diese ernste Sache ernst nehmen. Der Einsatz militärischer Mittel, um ein Volk rechtmäßig zu verteidigen, hat jedoch nichts zu tun mit dem Bestreben, andere Nationen zu unterjochen. Das Kriegspotential legitimiert auch nicht jeden militärischen oder politischen Gebrauch. Auch wird nicht deshalb, weil ein Krieg unglücklicherweise ausgebrochen ist, damit nun jedes Kampfmittel zwischen den gegnerischen Parteien erlaubt.

GS 80 *Mit der Fortentwicklung wissenschaftlicher Waffen wachsen der Schrecken und die Verwerflichkeit des Krieges ins Unermessliche.* Die Anwendung solcher Waffen im Krieg vermag ungeheure und unkontrollierbare Zerstörungen auszulösen, die die Grenzen einer gerechten Verteidigung weit überschreiten. Ja wenn man alle Mittel, die sich schon in den Waffenlagern der Großmächte befinden, voll einsetzen würde, würde sich daraus eine fast totale und gegenseitige Vernichtung des einen Gegners durch den anderen ergeben, abgesehen von den zahllosen Verwüstungen in der Welt, die dem Gebrauch solcher Waffen als verhängnisvolle Nachwirkungen folgen.

All dies zwingt uns, die Frage des Krieges mit einer ganz neuen inneren Einstellung zu prüfen. Die Menschen unseres Zeitalters sollen wissen, dass sie über ihre kriegerischen Handlungen einmal schwere Rechenschaft abzulegen haben. Von ihren heutigen Entscheidungen hängt nämlich weitgehend der Lauf der Zukunft ab. *Deshalb macht sich diese Heilige Synode die Verurteilung des totalen Krieges, wie sie schon von den letzten Päpsten ausgesprochen wurde, zu eigen und erklärt: Jede Kriegshandlung, die auf die Vernichtung ganzer Städte oder weiter Gebiete und ihrer Bevölkerung unterschiedslos abstellt, ist ein Verbrechen gegen Gott und gegen den Menschen, das fest und entschieden zu verwerfen ist.*

GS 81 Die wissenschaftlichen Waffen werden nun allerdings nicht nur zum Einsatz im Kriegsfall angehäuft. *Weil man meint, dass die Stärke der Verteidigung von der Fähigkeit abhänge, bei einem Angriff des Gegners blitzartig zurückzuschlagen, dient diese noch jährlich wachsende Anhäufung von Waffen dazu, auf diese ungewöhnliche Art mögliche Gegner abzuschrecken.* Viele halten dies heute für das wirksamste Mittel, einen gewissen Frieden zwischen den Völkern zu sichern.

Wie immer man auch zu dieser Methode der Abschreckung stehen mag – die Menschen sollten überzeugt sein, dass der Rüstungswettlauf, zu dem nicht wenige Natio-

nen ihre Zuflucht nehmen, kein sicherer Weg ist, den Frieden zu sichern, und dass das daraus sich ergebende sogenannte Gleichgewicht kein sicherer und wirklicher Friede ist. Statt dass dieser die Ursachen des Krieges beseitigt, drohen diese dadurch sogar eher weiter zuzunehmen. *Während man riesige Summen für die Herstellung immer neuer Waffen ausgibt, kann man nicht genügend Hilfsmittel bereitstellen zur Bekämpfung all des Elends in der heutigen Welt.* Anstatt die Spannungen zwischen den Völkern wirklich und gründlich zu lösen, überträgt man sie noch auf andere Erdteile. Neue Wege, von einer inneren Wandlung aus beginnend, müssen gewählt werden, um dieses Ärgernis zu beseitigen, die Welt von der drückenden Angst zu befreien und ihr den wahren Frieden zu schenken. *Darum muss noch einmal erklärt werden: Der Rüstungswettlauf ist eine der schrecklichsten Wunden der Menschheit, er schädigt unerträglich die Armen.* Wenn hier nicht Hilfe geschaffen wird, ist zu befürchten, dass er eines Tages all das tödliche Unheil bringt, wozu er schon jetzt die Mittel bereitstellt.

Es ist also deutlich, dass wir mit all unseren Kräften jene Zeit vorbereiten GS 82
müssen, in der auf der Basis einer Übereinkunft zwischen allen Nationen jeglicher Krieg absolut geächtet werden kann. Das erfordert freilich, dass eine von allen anerkannte öffentliche Weltautorität eingesetzt wird, die über wirksame Macht verfügt, um für alle Sicherheit, Wahrung der Gerechtigkeit und Achtung der Rechte zu gewährleisten. Bevor aber diese wünschenswerte Autorität konstituiert werden kann, müssen die jetzigen internationalen höchsten Gremien sich intensiv um Mittel bemühen, die allgemeine Sicherheit besser zu gewährleisten. *Da der Friede aus dem gegenseitigen Vertrauen der Völker erwachsen sollte, statt den Nationen durch den Schrecken der Waffen auferlegt zu werden, sollten alle sich bemühen, dem Wettrüsten ein Ende zu machen.* Man soll wirklich mit der Abrüstung beginnen, nicht einseitig, sondern in vertraglich festgelegten gleichen Schritten und mit echten und wirksamen Sicherungen ...
Indessen soll man sich hüten, sich nur auf die Anstrengungen einiger zu verlassen, ohne die eigene Einstellung zu überprüfen. Denn die Staatsmänner, die das Gemeinwohl ihres eigenen Volkes zu verantworten und gleichzeitig das Wohl der gesamten Welt zu fördern haben, sind sehr abhängig von der öffentlichen Meinung und Einstellung der Massen. Nichts nützt ihnen ihr Bemühen, Frieden zu stiften, wenn Gefühle der Feindschaft, Verachtung, Misstrauen, Rassenhass und ideologische Verhärtung die Men-

schen trennen und zu Gegnern machen. *Darum sind vor allem eine neue Erziehung und ein neuer Geist in der öffentlichen Meinung dringend notwendig. Wer sich der Aufgabe der Erziehung, vor allem der Jugend, widmet und wer die öffentliche Meinung mitformt, soll es als seine schwere Pflicht ansehen, in allen eine neue Friedensgesinnung zu wecken.* Wir alle müssen uns wandeln in unserer Gesinnung und müssen die ganze Welt und jene Aufgaben in den Blick bekommen, die wir alle zusammen zum Fortschritt der Menschheit auf uns nehmen können.

GS 83 *Um den Frieden aufzubauen, müssen vor allem die Ursachen der Zwietracht in der Welt, die zum Krieg führen, beseitigt werden, an erster Stelle die Ungerechtigkeiten.* Nicht wenige entspringen allzu großen wirtschaftlichen Ungleichheiten oder auch der Verzögerung der notwendigen Hilfe. Andere entstehen aus Herrschsucht und Missachtung der Menschenwürde und, wenn wir nach den tieferen Gründen suchen, aus Neid, Misstrauen, Hochmut und anderen egoistischen Leidenschaften. Da der Mensch so viel Unordnung nicht ertragen kann, folgt daraus, dass die Welt auch ohne das Wüten des Krieges dauernd von zwischenmenschlichen Spannungen und gewaltsamen Auseinandersetzungen vergiftet wird. Weil außerdem dieselben Übel auch in den Beziehungen unter den Völkern zu finden sind, müssen, will man sie überwinden oder verhüten und die zügellose Gewaltanwendung verhindern, die internationalen Institutionen besser und enger zusammenarbeiten und koordiniert werden; ebenso muss auf die Bildung neuer Organe für die Förderung des Friedens unermüdlich hingearbeitet werden.

GS 88 Zum Aufbau einer internationalen Ordnung, in der die rechtmäßigen Freiheiten aller wirklich geachtet werden und wahre Brüderlichkeit bei allen herrscht, sollen die Christen gern und von Herzen mitarbeiten, und das umso mehr, als der größere Teil der Welt noch unter solcher Not leidet, dass Christus selbst in den Armen mit lauter Stimme seine Jünger zur Liebe aufruft. *Das Ärgernis soll vermieden werden, dass einige Nationen, deren Bürger in überwältigender Mehrheit den Ehrennamen »Christen« tragen, Güter in Fülle besitzen, während andere nicht genug zum Leben haben und von Hunger, Krankheit und Elend aller Art gepeinigt werden.* Denn der Geist der Armut und Liebe ist Ruhm und Zeugnis der Kirche Christi.
Lob und Unterstützung verdienen jene Christen, vor allem jene jungen

Menschen, die freiwillig anderen Menschen und Völkern ihre persönliche Hilfe zur Verfügung stellen. *Es ist jedoch Sache des ganzen Volkes Gottes, wobei die Bischöfe mit Wort und Beispiel verangehen müssen, die Nöte unserer Zeit nach Kräften zu lindern, und zwar nach alter Tradition der Kirche nicht nur aus dem Überfluss, sondern auch von der Substanz.*

IX. Sendung der »Laien«

Hinführung

Das vierte Kapitel der Kirchenkonstitution ist überschrieben mit »De laicis – über die Laien«. Gemeint sind alle Christgläubigen, außer den ordinierten Amtsträgern und den Ordensleuten. Wenn man bedenkt, dass angesichts von weltweit über einer Milliarde römisch-katholischer Christen die Ordinierten und die Angehörigen von Orden zusammen weniger als ein Prozent der Gesamtzahl ausmachen, wird deutlich, dass auch hier vom (fast) ganzen »Volk Gottes« die Rede ist.

All diese sogenannten »Laien« sind »Teilhaber am prophetischen, priesterlichen und königlichen Amt Jesu Christi«. Ihnen eignet also eine ganz spezifische Weise von »Amtlichkeit« ihrer Glaubensexistenz. Von daher muss man wohl sagen, dass die Bezeichnung »Laie«, die im allgemeinen Sprachgebrauch den »Nichtfachmann« meint, als Bezeichnung für die von Christus Berufenen, Ausgerüsteten und Gesendeten ein eher irreführender sprachlicher Notbehelf ist.

Doch zurück zu dem eigentlich Gemeinten: Wenn nun die Gemeinschaft der Getauften sich bewusst als Gemeinschaft der Brüder und Schwestern Jesu Christi versteht, sein Schicksal zum eigenen Lebensgrundriss erklärt, aus seinem Geist zu denken und zu handeln versucht, wird überall da, wo es anfanghaft und vorläufig gelingt, die Last des anderen mitzutragen, die eigenen reichlichen Mittel und Kräfte zu teilen, wo Bosheit nicht mit Bösem vergolten wird, wo Versagen verziehen wird, wo auch Schicksalsschläge und Tod mit den Augen Jesu, in der Hoffnung auf seinen exemplarischen Durchbruch in eine neue Lebendigkeit bestanden werden, in der Nachfolge Jesu jener neue Lebensraum eröffnet, in dem man atmen und lachen kann, in dem man nicht lauern muss, wo wir unsere Schwächen und Nöte nicht ängstlich verstecken und kaschieren müssen, wo wir nicht ständig eine gute Figur machen und auf Prestige bedacht sein müssen, wo wir einfach wir selbst sein können, geborgen in der Liebe von Menschen und geborgen in der Liebe Gottes, die sich genau darin manifestiert. Dieses impressionistische Bild einer »wahren Kirche Jesu Christi« hat gewiss die Züge einer Utopie. Aber gehört nicht diese Realutopie zur Vision des Gottesreiches, dessen Anbruch Jesus ansagt?

Paulus hat diese neue Zusammengehörigkeit durch den Geist Jesu eindringlich und bildkräftig beschrieben als »Leib« Jesu Christi, der wir alle miteinander sind und immer mehr werden sollen. Vor allem im zwölften Kapitel seines ersten Korintherbriefes arbeitet er heraus, wie der eine Geist die vielen Glieder mit ihren je verschiedenen Gaben und Funktionen zusammenwirken lässt zum Wohl des ganzen Organismus: »Das Auge kann nicht zur Hand sagen: Ich bin nicht auf dich angewiesen. Der Kopf kann nicht zu den Füßen sagen: Ich brauche euch nicht. Im Gegenteil, gerade die schwächer scheinenden Glieder des Leibes sind unentbehrlich [...] Ihr aber seid der Leib Christi, und jeder einzelne ist ein Glied an ihm« (1 Kor 12, 21f.27).

Das Bekenntnis zu einem solchen Selbstverständnis der Kirche hat anspruchsvolle Konsequenzen für alle Beteiligten: »Das Ja zur konkreten Kirche – im Unterschied zu einer romantisch verklärten Kirche von gestern oder einer erträumten Kirche von morgen – besagt das Ja zu einer Kirche, die im Wandel begriffen ist und die über die genaue Richtung des einzuschlagenden Weges vielfach uneins ist. Notwendig ist deshalb eine Spiritualität der Konfliktbewältigung und des ekklesialen Wandels. Dazu gehören neben Gesprächsbereitschaft und Kooperationsfähigkeit, die mit Offenheit für Selbstkritik verbundene Anerkennung von anderen Erfahrungswelten, Realitätssinn als Sinn für das hier und heute unter breitem Konsens Mögliche und zugleich Spürsinn für neue Möglichkeiten, Ausdauer, Geduld, aber auch Leidenschaft im Vertreten des als wahr und gut Erkannten. Dies alles können Ausdrucksformen sein für jene Verfügbarkeit für den jeweiligen Anruf des Geistes im Unterschied zu bornierter konservativer oder progressiver Rechthaberei und Unbeweglichkeit. Mit infantiler Ergebenheit oder bloßer Linientreue, die alles und jedes rechtfertigen zu müssen meint, hat eine solche Haltung nichts zu tun. Im Gegenteil, solche Liebe zur konkreten Kirche wächst allein aus dem Leiden an der konkreten Kirche zu menschlicher und christlicher Reife; sie ist – im ursprünglichen Sinn des Wortes – leidenschaftliche Liebe. Was damit gemeint ist, hat wohl am treffendsten J. A. Möhler zum Ausdruck gebracht. Möhler sagt, es gebe im kirchlichen Leben zwei Extreme, und beide seien im Grunde Egoismus, nämlich wenn ein jeder alles sein wolle, der extreme kirchliche Individualismus, oder wenn einer alles sein wolle, der extreme kirchliche Zentralismus ... ›Wir möchten weder an einem extremen Individualismus erfrieren noch an einem extremen Zentralismus ersticken. Dies ist nur möglich, wenn beide Extreme vermieden werden [...] Es muss daher weder einer noch jeder alles sein wollen; alles können nur alle sein und die Einheit aller nur ein Ganzes. Das ist die Idee der katholischen Kirche‹.«[1] Bewusste, aktive Verantwortung aller für das Ganze heißt also keineswegs, jeder könne alles oder tue alles. Weder tut einer alles, noch tun alle alles, sondern jeder tut das Seine!

Gewiss hat es gerade in den letzten hundert Jahren vielfältiges, bewundernswertes christliches Engagement der »Laien« und der kirchlichen »Verbände« gegeben, aber auch manchen überflüssigen Konflikt um Weisungsbefugnis, Direktiven, Beurteilung von Initiativen durch die »zuständigen kirchlichen Autoritäten«! Gab es überhaupt etwas im Bereich der Kirche, für das die Amtsträger sich nicht »zuständig« erklärten? Aller kirchliche Dienst von Nichtordinierten wurde verstanden (oder erschien wenigstens) als von den Amtsträgern her abgeleiteter oder empfangener. Das II. Vatikanum versucht eine neue theologische Ortsbestimmung für den einzelnen Christen, durch Rückgriff auf die alten, d. h. apostolisch-altkirchlichen Grundlagen: Jeder Getaufte und Gefirmte ist beschenkt, aber auch in Dienst genommen durch seine Christusgemeinschaft. Jeder von uns ist im Heiligen Geist Teilhaber am »dreifachen Amt« Jesu Christi, an seinem prophetischen Verkündigungsdienst, an seinem priesterlichen Heiligungsdienst, an seinem brüderlich-sorgenden Hirtendienst. Nicht wegen des »Priestermangels«, als Ersatzleute, sondern kraft eigenen »Rechts« und grundsätzlich sind wir alle geweiht zum gemeinsamen Priestertum durch die Taufe. Dieses gemeinsame Priestertum ausüben, heißt in unserem ganzen christlichen Lebensvollzug, im »Gottesdienst des Alltags«, die Heiligung unserer Lebenswelt zu vollziehen, indem wir sie prägen und umwandeln lassen durch den Heiligen Geist Jesu. Auf diese Weise ist unser christlicher »Weltdienst« immer auch »Heilsdienst«.

1. *Gemeinsame Würde aller Getauften*

LG 32 Die heilige Kirche ist kraft göttlicher Einrichtung in wunderbarer Mannigfaltigkeit geordnet und geleitet. »Wie wir nämlich an dem einen Leibe viele Glieder haben, die Glieder aber nicht alle den gleichen Dienst verrichten, so sind wir als viele ein einziger Leib in Christus, als einzelne aber untereinander Glieder« (Röm 12, 4–5). *Eines ist also das auserwählte Volk Gottes*: »Ein Herr, ein Glaube, eine Taufe« (Eph 4, 5); *gemeinsam die*

1| W. Kasper, Die Kirche als Sakrament des Geistes, in: W. Kasper / G. Sauter, Kirche – Ort des Geistes, Freiburg 1976, 13–55, hier 53–55.

Würde der Glieder aus ihrer Wiedergeburt in Christus, gemeinsam die Gnade der Kindschaft, gemeinsam die Berufung zur Vollkommenheit, eines ist das Heil, eine die Hoffnung und ungeteilt die Liebe. *Es ist also in Christus und in der Kirche keine Ungleichheit aufgrund von Rasse und Volkszugehörigkeit, sozialer Stellung oder Geschlecht;* denn »es gilt nicht mehr Jude und Grieche, nicht Sklave und Freier, nicht Mann und Frau; denn alle seid ihr einer in Christus Jesus« (Gal 3, 28 griech.; vgl. Kol 3, 11).

Wenn also in der Kirche nicht alle denselben Weg gehen, so sind doch alle zur Heiligkeit berufen und haben den gleichen Glauben erlangt in Gottes Gerechtigkeit (vgl. 2 Petr 1, 1). Wenn auch einige nach Gottes Willen als Lehrer, Ausspender der Geheimnisse und Hirten für die anderen bestellt sind, *so waltet doch unter allen eine wahre Gleichheit in der allen Gläubigen gemeinsamen Würde und Tätigkeit zum Aufbau des Leibes Christi.* Der Unterschied, den der Herr zwischen den geweihten Amtsträgern und dem übrigen Gottesvolk gesetzt hat, schließt eine Verbundenheit ein, da ja *die Hirten und die anderen Gläubigen in enger Beziehung miteinander verbunden sind. Die Hirten der Kirche sollen nach dem Beispiel des Herrn einander und den übrigen Gläubigen dienen, diese aber sollen voll Eifer mit den Hirten und Lehrern eng zusammenarbeiten. So geben alle in der Verschiedenheit Zeugnis von der wunderbaren Einheit im Leibe Christi:* denn gerade die Vielfalt der Gnadengaben, Dienstleistungen und Tätigkeiten vereint die Kinder Gottes, weil »dies alles der eine und gleiche Geist wirkt« (1 Kor 12, 11).

Wie die Laien aus Gottes Herablassung Christus zum Bruder haben, der, obwohl aller Herr, doch gekommen ist, nicht um sich bedienen zu lassen, sondern um zu dienen (vgl. Mt 20, 28), so haben sie auch die geweihten Amtsträger zu Brüdern, die in Christi Autorität die Familie Gottes durch Lehre, Heiligung und Leitung so weiden, dass das neue Gebot der Liebe von allen erfüllt wird. Daher sagt der heilige Augustinus sehr schön: »Wo mich erschreckt, was ich für euch bin, da tröstet mich, was ich mit euch bin. Für euch bin ich Bischof, mit euch bin ich Christ. Jenes bezeichnet das Amt, dieses die Gnade, jenes die Gefahr, dieses das Heil.«

2. *Apostolat der Laien*

Unter der Bezeichnung *Laien* sind hier alle Christgläubigen verstanden LG 31
mit Ausnahme der Glieder des Weihestandes und des in der Kirche aner-

kannten Ordensstandes, *das heißt die Christgläubigen, die, durch die Taufe Christus einverleibt, zum Volk Gottes gemacht und des priesterlichen, prophetischen und königlichen Amtes Christi auf ihre Weise teilhaftig, zu ihrem Teil die Sendung des ganzen christlichen Volkes in der Kirche und in der Welt ausüben.*

AG 41 *Die Laien wirken am Evangelisierungswerk der Kirche mit und haben als Zeugen ebenso wie als lebendige Werkzeuge Anteil an ihrer heilbringenden Sendung*, besonders wenn sie, von Gott berufen, durch die Bischöfe zu diesem Werk herangezogen werden.

In den schon christlichen Ländern arbeiten die Laien am Werk der Evangelisierung mit, indem sie Kenntnis und Liebe der Missionen bei sich und bei anderen pflegen, Berufe in der eigenen Familie, in den katholischen Vereinigungen und in den Schulen wecken und Unterstützung jeglicher Art anbieten, auf dass sie das Geschenk des Glaubens, das sie umsonst empfingen, anderen weiterschenken.

In den Missionsländern mögen die Laien – seien sie von auswärts oder aus dem Lande – in den Schulen unterrichten, sich der weltlichen Angelegenheiten annehmen, im Pfarr- und Diözesanleben mithelfen wie auch die verschiedenen Formen des Laienapostolates einrichten und fördern, damit die Gläubigen der jungen Kirchen so bald wie möglich ihre eigene Rolle im kirchlichen Leben übernehmen können.

Endlich mögen die Laien den auf dem Wege der Entwicklung befindlichen Völkern bereitwillig wirtschaftliche und soziale Zusammenarbeit anbieten. Diese Hilfe ist umso mehr zu loben, wenn sie die Gründung solcher Einrichtungen zum Gegenstand hat, die es mit den Grundstrukturen des sozialen Lebens zu tun haben oder die für die Ausbildung derjenigen bestimmt sind, welche Verantwortung im öffentlichen Leben tragen.

Besonderen Lobes wert sind jene Laien, die an Universitäten oder wissenschaftlichen Instituten durch ihre geschichtlichen oder religionswissenschaftlichen Forschungen die Kenntnis über die Völker und Religionen vertiefen und dadurch den Boten des Evangeliums helfen und den Dialog mit den Nichtchristen vorbereiten.

Im Geiste der Brüderlichkeit mögen sie mit den anderen Christen besonders mit den Mitgliedern der internationalen Verbände zusammenarbeiten und immer dabei im Auge behalten, dass »der Aufbau des irdischen Gemeinwesens im Herrn gegründet und auf ihn hin ausgerichtet werde« (LG 46) Um all diesen Aufgaben gewachsen zu sein, ist für die Laien eine technische und geistliche Vorbereitung unerlässlich, die in dazu bestimmten Instituten vermittelt werden soll, damit ihr Leben unter den Nichtchristen zum Zeugnis für Christus werde nach dem Wort des Apostels: »Gebt kein Ärgernis, weder Juden noch Heiden, noch der Kirche Gottes, so wie auch ich allen in allem zu Gefallen bin und nicht meinen Vorteil, sondern den Nutzen der vielen suche, damit sie gerettet werden« (1 Kor 10, 32–33).

Die im Volk Gottes versammelten und dem einen Leibe Christi unter dem einen Haupt eingefügten Laien sind, wer auch immer sie sein mögen, berufen als lebendige Glieder alle ihre Kräfte, die sie durch das Geschenk des Schöpfers und die Gnade des Erlösers empfangen haben, zum Wachstum und zur ständigen Heiligung der Kirche beizutragen. LG 33
Der Apostolat der Laien ist Teilnahme an der Heilssendung der Kirche selbst. Zu diesem Apostolat werden alle vom Herrn selbst durch Taufe und Firmung bestellt. Durch die Sakramente, vor allem durch die heilige Eucharistie, wird jene Liebe zu Gott und den Menschen mitgeteilt und genährt, die die Seele des ganzen Apostolates ist. Die Laien sind besonders dazu berufen, die Kirche an jenen Stellen und in den Verhältnissen anwesend und wirksam zu machen, wo die Kirche nur durch sie das Salz der Erde werden kann. So ist jeder Laie kraft der ihm geschenkten Gaben zugleich Zeuge und lebendiges Werkzeug der Sendung der Kirche selbst »nach dem Maß der Gabe Christi« (Eph 4, 7).

Pflicht und Recht zum Apostolat haben die Laien kraft ihrer Vereinigung mit Christus, dem Haupt. Denn durch die Taufe dem mystischen Leib Christi eingegliedert und durch die Firmung mit der Kraft des Heiligen Geistes gestärkt, werden sie vom Herrn selbst mit dem Apostolat betraut. Sie werden zu einer königlichen Priesterschaft und zu einem heiligen Volk (vgl. 1 Petr 2, 4–10) geweiht, damit sie durch alle ihre Werke geistliche Opfergaben darbringen und überall auf Erden Zeugnis für Christus ablegen. Durch die Sakramente, vor allem die heilige Eucharistie, wird jene Liebe mitgeteilt und genährt, die sozusagen die Seele des gesamten Apostolates ist. AA 3
Das Apostolat verwirklicht sich in Glaube, Hoffnung und Liebe, die der Heilige Geist in den Herzen aller Glieder der Kirche ausgießt. Ja das Gebot der Liebe, das der große Auftrag des Herrn ist, drängt alle Christen, für die Ehre Gottes, die durch das Kommen seines Reiches offenbar

wird, und für das ewige Leben aller Menschen zu wirken, damit sie den einzigen wahren Gott erkennen und den, den er gesandt hat, Jesus Christus (vgl. Joh 17, 3).
Allen Christen ist also die ehrenvolle Last auferlegt, mitzuwirken, dass die göttliche Heilsbotschaft überall auf Erden von allen Menschen erkannt und angenommen wird.
Zum Vollzug dieses Apostolates schenkt der Heilige Geist, der ja durch den Dienst des Amtes und durch die Sakramente die Heiligung des Volkes Gottes wirkt, den Gläubigen *auch noch besondere Gaben* (vgl. 1 Kor 12, 7); »einem jeden teilt er sie zu, wie er will« (1 Kor 12, 11), damit »alle, wie ein jeder die Gnadengabe empfangen hat, mit dieser einander helfen« und so auch selbst »wie gute Verwalter der mannigfachen Gnade Gottes« seien (1 Petr 4, 10) zum Aufbau des ganzen Leibes in der Liebe (vgl. Eph 4, 16). *Aus dem Empfang dieser Charismen, auch der schlichteren, erwächst jedem Glaubenden das Recht und die Pflicht, sie in Kirche und Welt zum Wohl der Menschen und zum Aufbau der Kirche zu gebrauchen.* Das soll gewiss mit der Freiheit des Heiligen Geistes geschehen, der »weht, wo er will« (Joh 3, 8), aber auch in Gemeinschaft mit den Brüdern in Christus, besonders mit ihren Hirten. Ihnen steht es zu, über Echtheit und geordneten Gebrauch der Charismen zu urteilen, natürlich nicht um den Geist auszulöschen, sondern um alles zu prüfen und, was gut ist, zu behalten (vgl. 1 Thess 5, 12.19.21).

3. Prophetisches Zeugnis in Kirche und Welt

LG 35 *Christus, der große Prophet,* der durch das Zeugnis seines Lebens und in Kraft seines Wortes die Herrschaft des Vaters ausgerufen hat, *erfüllt bis zur vollen Offenbarung der Herrlichkeit sein prophetisches Amt nicht nur durch die Hierarchie,* die in seinem Namen und in seiner Vollmacht lehrt, *sondern auch durch die Laien. Sie bestellt er deshalb zu Zeugen und rüstet sie mit dem Glaubenssinn und der Gnade des Wortes aus* (vgl. Apg 2, 17–18; Apk 19, 10), damit die Kraft des Evangeliums im alltäglichen Familien- und Gesellschaftsleben aufleuchte. Sie zeigen sich als Söhne der Verheißung, wenn sie stark in Glauben und Hoffnung den gegenwärtigen Augenblick auskaufen (vgl. Eph 5, 16; Kol 4, 5) und die künftige Herrlichkeit in Geduld erwarten (vgl. Röm 8, 25). Diese Hoffnung sollen sie aber nicht im Inneren des Herzens verbergen, sondern in ständiger Bekehrung und im

Kampf »gegen die Weltherrscher dieser Finsternis, gegen die Geister des Bösen« (Eph 6, 12) auch durch die Strukturen des Weltlebens ausdrücken. Wie die Sakramente des Neuen Bundes, durch die das Leben und der Apostolat der Gläubigen genährt werden, einen neuen Himmel und eine neue Erde (vgl. Apk 21, 1) vorbilden, *so werden die Laien gültige Verkünder des Glaubens an die zu erhoffenden Dinge* (vgl. Hebr 11, 1), *wenn sie mit dem Leben aus dem Glauben ohne Zögern das Bekenntnis des Glaubens verbinden.* Diese Evangelisation, das heißt die Verkündigung der Botschaft Christi durch das Zeugnis des Lebens und das Wort, bekommt eine eigentümliche Prägung und besondere Wirksamkeit von da her, dass sie in den gewöhnlichen Verhältnissen der Welt erfüllt wird.

Das heilige Gottesvolk nimmt auch teil an dem prophetischen Amt Christi, in der Verbreitung seines lebendigen Zeugnisses vor allem durch ein Leben in Glauben und Liebe, in der Darbringung des Lobesopfers an Gott als Frucht der Lippen, die seinen Namen bekennen (vgl. Hebr 13, 15). *Die Gesamtheit der Gläubigen, welche die Salbung von dem Heiligen haben* (vgl. 1 Joh 2, 20. 27), *kann im Glauben nicht irren. Und diese ihre besondere Eigenschaft macht sie durch den übernatürlichen Glaubenssinn des ganzen Volkes dann kund, wenn sie »von den Bischöfen bis zu den letzten gläubigen Laien«* (Augustinus) *ihre allgemeine Übereinstimmung in Sachen des Glaubens und der Sitten äußert.* Durch jenen Glaubenssinn nämlich, der vom Geist der Wahrheit geweckt und genährt wird, hält das Gottesvolk unter der Leitung des heiligen Lehramtes, in dessen treuer Gefolgschaft es nicht mehr das Wort von Menschen, sondern wirklich das Wort Gottes empfängt (vgl. 1 Thess 2, 13), den einmal den Heiligen übergebenen Glauben (vgl. Jud 3) unverlierbar fest. Durch ihn dringt es mit rechtem Urteil immer tiefer in den Glauben ein und wendet ihn im Leben voller an. LG 12

Das Erlösungswerk Christi zielt an sich auf das Heil der Menschen, es umfasst aber auch den Aufbau der gesamten zeitlichen Ordnung. Darum besteht die Sendung der Kirche nicht nur darin, die Botschaft und Gnade Christi den Menschen nahezubringen, sondern auch darin, die zeitliche Ordnung mit dem Geist des Evangeliums zu durchdringen und zu vervollkommnen. *Die Laien, die diese Sendung der Kirche vollziehen, üben also ihr Apostolat in der Kirche wie in der Welt, in der geistlichen wie in der weltlichen Ordnung aus.* Beide Ordnungen, die man gewiss unterscheiden muss, sind in AA 5 dem einzigen Plan Gottes so verbunden, dass Gott selbst in Christus die ganze Welt als neue Schöpfung wieder aufnehmen will, im Keim hier auf Erden, vollendet am Ende der Tage. In beiden Ordnungen muss sich der Laie, der zugleich Christ ist und Bürger dieser Welt, unablässig von dem einen christlichen Gewissen leiten lassen.

AA 7 Alles, was die zeitliche Ordnung ausmacht, die Güter des Lebens und der Familie, Kultur, Wirtschaft, Kunst, berufliches Schaffen, die Einrichtungen der politischen Gemeinschaft, die internationalen Beziehungen und ähnliches mehr, sowie die Entwicklung und der Fortschritt von alldem sind nicht nur Hilfsmittel zur Erreichung des letzten Zieles des Menschen, sondern haben ihren Eigenwert, den Gott in sie gelegt hat, ob man sie nun einzeln in sich selbst betrachtet oder als Teile der gesamten zeitlichen Ordnung: »Und Gott sah alles, was er geschaffen hatte, und es war sehr gut« (Gen 1, 31). Diese natürliche Gutheit von alldem erhält eine spezifische Würde durch die Beziehung dieser Dinge zur menschlichen Person, zu deren Dienst sie geschaffen sind ... *Aufgabe der ganzen Kirche ist es, daran zu arbeiten, dass die Menschen fähig werden, die gesamte zeitliche Ordnung richtig aufzubauen und durch Christus auf Gott hinzuordnen.* Den Hirten obliegt es, die Grundsätze über das Ziel der Schöpfung und über den Gebrauch der Welt klar zu verkünden, sittliche und geistliche Hilfen zu gewähren, damit die zeitliche Ordnung auf Christus ausgerichtet werde. *Die Laien aber müssen den Aufbau der zeitlichen Ordnung als die gerade ihnen zukommende Aufgabe auf sich nehmen und dabei, vom Licht des Evangeliums und vom Geist der Kirche geleitet sowie von christlicher Liebe gedrängt, unmittelbar und entschieden handeln. Sie sollen aus ihrer spezifischen Sachkenntnis heraus und in eigener Verantwortung als Bürger mit ihren Mitbürgern zusammenarbeiten und überall und in allem die Gerechtigkeit des Reiches Gottes suchen.*

AA 27 Das Evangelium, das uns wie ein gemeinsames väterliches Erbe miteinander verbindet, und die daraus sich ergebende gemeinsame Pflicht zum christlichen Zeugnis empfehlen, ja fordern oft genug *die Zusammenarbeit der Katholiken mit anderen Christen*, von den einzelnen und von den Gemeinschaften der Kirche, bei Einzelaktionen und in Vereinigungen, auf nationaler und internationaler Ebene.

Die gemeinsamen menschlichen Werte verlangen darüber hinaus nicht selten eine ähnliche *Zusammenarbeit der Christen*, die apostolische Ziele verfolgen, *mit Menschen, die sich zum christlichen Namen nicht bekennen*, aber jene Werte anerkennen. Durch diese dynamische und kluge Zusammenarbeit, die für die Tätigkeiten im zeitlichen Bereich von großer Bedeutung ist, legen die Laien Zeugnis für Christus, den Erlöser der Welt, und für die Einheit der Menschheitsfamilie ab.

4. Gemeinsames Priestertum

Christus der Herr, als Hoherpriester aus den Menschen genommen (vgl. Hebr 5, 1–5), *hat das neue Volk* »zum Königreich und *zu Priestern für Gott und seinen Vater gemacht*« (vgl. Apk 1, 6; 5, 9–10). *Durch die Wiedergeburt und die Salbung mit dem Heiligen Geist werden die Getauften zu einem geistigen Bau und einem heiligen Priestertum geweiht, damit sie in allen Werken eines christlichen Menschen geistige Opfer darbringen* und die Machttaten dessen verkünden, der sie aus der Finsternis in sein wunderbares Licht berufen hat (vgl. 1 Petr 2, 4–10). So sollen alle Jünger Christi ausharren im Gebet und gemeinsam Gott loben (vgl. Apg 2, 42–47) und *sich als lebendige, heilige, Gott wohlgefällige Opfergabe darbringen* (vgl. Röm 12, 1); überall auf Erden sollen sie für Christus Zeugnis geben und allen, die es fordern, Rechenschaft ablegen von der Hoffnung auf das ewige Leben, die in ihnen ist (vgl. 1 Petr 3, 15). LG 10

Das gemeinsame Priestertum der Gläubigen aber und das Priestertum des Dienstes, das heißt das hierarchische Priestertum, *unterscheiden sich* zwar *dem Wesen und nicht bloß dem Grade nach*. Dennoch sind sie einander zugeordnet: das eine wie das andere nämlich nimmt je auf besondere Weise am Priestertum Christi teil. *Der Amtspriester nämlich bildet kraft seiner heiligen Gewalt, die er innehat, das priesterliche Volk heran und leitet es*; er vollzieht in der Person Christi das eucharistische Opfer und bringt es im Namen des ganzen Volkes Gott dar; die Gläubigen hingegen wirken kraft ihres königlichen Priestertums an der eucharistischen Darbringung mit und üben ihr Priestertum aus im Empfang der Sakramente, im Gebet, in der Danksagung, im Zeugnis eines heiligen Lebens, durch Selbstverleugnung und tätige Liebe.

Da der ewige Hohepriester Christus Jesus auch durch die Laien sein Zeugnis und seinen Dienst fortsetzen will, macht er sie durch seinen LG 34

Geist lebendig und treibt sie unaufhörlich an zu jedem guten und vollkommenen Werk.

Denen nämlich, die er mit seinem Leben und seiner Sendung innigst verbindet, *gibt er auch Anteil an seinem Priesteramt zur Ausübung eines geistlichen Kultes zur Verherrlichung Gottes und zum Heil der Menschen. Deshalb sind die Laien Christus geweiht und mit dem Heiligen Geist gesalbt* und dadurch wunderbar dazu berufen und ausgerüstet, dass immer reichere Früchte des Geistes in ihnen hervorgebracht werden. *Es sind nämlich alle ihre Werke,* Gebete und apostolischen Unternehmungen, ihr Ehe- und Familienleben, die tägliche Arbeit, die geistige und körperliche Erholung, *wenn sie im Geist getan werden, aber auch die Lasten des Lebens, wenn sie geduldig ertragen werden, »geistige Opfer, wohlgefällig vor Gott durch Jesus Christus«* (1 Petr 2, 5). Bei der Feier der Eucharistie werden sie mit der Darbringung des Herrenleibes dem Vater in Ehrfurcht dargeboten. *So weihen auch die Laien,* überall Anbeter in heiligem Tun, *die Welt selbst Gott.*

LG 9 Zu aller Zeit und in jedem Volk ruht Gottes Wohlgefallen auf jedem, der ihn fürchtet und gerecht handelt (vgl. Apg 10, 35). Gott hat es aber gefallen, die Menschen nicht einzeln, unabhängig von aller wechselseitigen Verbindung, zu heiligen und zu retten, sondern sie zu einem Volke zu machen, das ihn in Wahrheit anerkennen und ihm in Heiligkeit dienen soll. So hat er sich das Volk Israel zum Eigenvolk erwählt und hat mit ihm einen Bund geschlossen und es Stufe für Stufe unterwiesen. Dies tat er, indem er sich und seinen Heilsratschluss in dessen Geschichte offenbarte und sich dieses Volk heiligte. Dies alles aber wurde zur Vorbereitung und zum Vorausbild jenes neuen und vollkommenen Bundes, der in Christus geschlossen, und der volleren Offenbarung, die durch das Wort Gottes selbst in seiner Fleischwerdung übermittelt werden sollte. »Siehe, es kommen Tage, spricht der Herr, da schließe ich mit dem Hause Israel und dem Hause Juda einen neuen Bund [...] Ich werde mein Gesetz in ihr Inneres geben, und ihrem Herzen will ich es einschreiben, und ich werde ihnen Gott sein, und sie werden mir zum Volke sein [...] Alle nämlich werden mich kennen, vom Kleinsten bis zum Größten, spricht der Herr« (Jer 31, 31–34).

Diesen neuen Bund hat Christus gestiftet, das Neue Testament nämlich in seinem Blute (vgl. 1 Kor 11, 25). *So hat er sich aus Juden und Heiden ein Volk berufen, das nicht dem Fleische nach, sondern im Geiste zur Einheit zusammen-*

wachsen und das neue Gottesvolk bilden sollte. Die an Christus glauben werden nämlich, durch das Wort des lebendigen Gottes (vgl. 1 Petr 1, 23) *wiedergeboren nicht aus vergänglichem, sondern aus unvergänglichem Samen, nicht aus dem Fleische, sondern aus Wasser und dem Heiligen Geist* (vgl. Joh 3, 5–6), *schließlich gemacht zu »einem auserwählten Geschlecht, einem königlichen Priestertum* [...] einem heiligen Stamm, einem Volk der Erwerbung [...] Die einst ein Nicht-Volk waren, sind jetzt Gottes Volk« (1 Petr 2, 9–10).

Dieses messianische Volk hat zum Haupte Christus, »der hingegeben worden ist wegen unserer Sünden und auferstanden ist um unserer Rechtfertigung willen« (Röm 4, 25) und jetzt voll Herrlichkeit im Himmel herrscht, da er den Namen über allen Namen erlangt hat. Seinem Stande eignet die Würde und die Freiheit der Kinder Gottes, in deren Herzen der Heilige Geist wie in einem Tempel wohnt. Sein Gesetz ist das neue Gebot (vgl. Joh 13, 34), zu lieben, wie Christus uns geliebt hat. Seine Bestimmung endlich ist das Reich Gottes, das von Gott selbst auf Erden grundgelegt wurde, das sich weiter entfalten muss, bis es am Ende der Zeiten von ihm auch vollendet werde, wenn Christus, unser Leben (vgl. Kol 3, 4), erscheinen wird und »die Schöpfung selbst von der Knechtschaft der Vergänglichkeit zur Freiheit der Herrlichkeit der Kinder Gottes befreit wird« (Röm 8, 21). *So ist denn dieses messianische Volk, obwohl es tatsächlich nicht alle Menschen umfasst und gar oft als kleine Herde erscheint, für das ganze Menschengeschlecht die unzerstörbare Keimzelle der Einheit, der Hoffnung, und des Heils. Von Christus als Gemeinschaft des Lebens, der Liebe und der Wahrheit gestiftet, wird es von ihm auch als Werkzeug der Erlösung angenommen* und als Licht der Welt und Salz der Erde (vgl. Mt 5, 13–16) in alle Welt gesandt.

Pflicht und Recht zum Apostolat haben *die Laien kraft ihrer Vereinigung mit* AA 3
Christus, dem Haupt. Denn durch die Taufe dem mystischen Leib Christi eingegliedert und durch die Firmung mit der Kraft des Heiligen Geistes gestärkt werden sie vom Herrn selbst mit dem Apostolat betraut. *Sie werden zu einer königlichen Priesterschaft und zu einem heiligen Volk* (vgl. 1 Petr 2, 4–10) *geweiht* damit sie durch alle ihre Werke geistliche Opfergaben darbringen und überall auf Erden Zeugnis für Christus ablegen. Durch die Sakramente, vor allem die heilige Eucharistie, wird jene Liebe mitgeteilt und genährt, die sozusagen die Seele des gesamten Apostolates ist.

AG 15 Der Heilige Geist ruft alle Menschen durch die Saat des Wortes und die Predigt des Evangeliums zu Christus; wenn er die an Christus Glaubenden im Schoß des Taufbrunnens zu neuem Leben gebiert, dann, *sammelt er sie zu dem einen Gottesvolk, das »ein auserwähltes Geschlecht, eine königliche Priesterschaft*, ein heiliger Stamm, *ein Volk von ihm zu eigen genommen ist«* (1 Petr 2, 9). Als Mitarbeiter Gottes sollen die Missionare solche Gemeinden von Gläubigen erwecken, die würdig der Berufung, die sie empfangen haben, die Ämter, die Gott ihnen anvertraut hat, ausüben: das priesterliche, das prophetische und das königliche Amt. Auf diese Weise wird die christliche Gemeinschaft zum Zeichen der Gegenwart Gottes in der Welt.

SC 14 Die Mutter Kirche wünscht sehr, alle Gläubigen möchten zu der vollen, bewussten und *tätigen Teilnahme an den liturgischen Feiern* geführt werden, wie sie das Wesen der Liturgie selbst verlangt und *zu der das christliche Volk, »das auserwählte Geschlecht, das königliche Priestertum*, der heilige Stamm, das Eigentumsvolk« (1 Petr 2, 9; vgl. 2, 4–5) *kraft der Taufe berechtigt und verpflichtet ist.*

5. Teilhabe am »Königsamt« Christi

AA 10 *Als Teilnehmer am Amt Christi, des* Priesters, Propheten und *Königs, haben die Laien ihren aktiven Anteil am Leben und Tun der Kirche. Innerhalb der Gemeinschaften der Kirche ist ihr Tun so notwendig, dass ohne dieses auch das Apostolat der Hirten meist nicht zu seiner vollen Wirkung kommen kann.* Denn wie jene Männer und Frauen, die Paulus in der Verkündigung des Evangeliums unterstützt haben (vgl. Apg 18, 18. 26; Röm 16, 3), ergänzen Laien von wahrhaft apostolischer Einstellung, was ihren Brüdern fehlt; *sie stärken geistig die Hirten und das übrige gläubige Volk* (vgl. 1 Kor 16, 17–18). Durch tätige Teilnahme am liturgischen Leben ihrer Gemeinschaft genährt, nehmen sie ja angelegentlich an deren apostolischen Werken teil. Menschen, die vielleicht weit abseits stehen, führen sie der Kirche zu. Angestrengt arbeiten sie an der Weitergabe des Wortes Gottes mit, vor allem durch katechetische Unterweisung. *Durch ihre Sachkenntnis machen sie die Seelsorge und die Verwaltung der kirchlichen Güter wirksamer.*

Bischöfe und Pfarrer sowie die übrigen Priester des Welt- und Ordensklerus *mögen sich vor Augen halten, dass das Recht und die Pflicht zur Ausübung des Apostolates allen Gläubigen, Klerikern und Laien, gemeinsam ist und dass auch die Laien bei der Auferbauung der Kirche eine ihnen eigentümliche Aufgabe haben.* Darum mögen sie brüderlich mit den Laien in der Kirche und für die Kirche arbeiten und diesen in ihrem apostolischen Wirken besondere Sorge schenken. AA 25

Die Laien betätigen ihr vielfältiges Apostolat sowohl in der Kirche als auch in der Welt. In jeder dieser beiden Ordnungen tun sich verschiedene Bereiche apostolischen Wirkens auf. Die wichtigeren sollen hier erwähnt werden: die kirchlichen Gemeinschaften im engeren Sinn, die Familie, die Jugend, die sozialen Milieus, das nationale und internationale Leben. *Da heute die Frauen eine immer aktivere Funktion im ganzen Leben der Gesellschaft ausüben, ist es von großer Wichtigkeit, dass sie auch an den verschiedenen Bereichen des Apostolates der Kirche wachsenden Anteil nehmen.* AA 9

Die Laien haben wie alle Christgläubigen das Recht, aus den geistlichen Gütern der Kirche, vor allem die Hilfe des Wortes Gottes und der Sakramente, von den geweihten Hirten reichlich zu empfangen. Und ihnen sollen sie ihre Bedürfnisse und Wünsche mit der Freiheit und dem Vertrauen, wie es den Kindern Gottes und den Brüdern in Christus ansteht, eröffnen. *Entsprechend dem Wissen, der Zuständigkeit und hervorragenden Stellung, die sie einnehmen, haben sie die Möglichkeit, bisweilen auch die Pflicht, ihre Meinung in dem, was das Wohl der Kirche angeht, zu erklären.* Gegebenenfalls soll das durch die dazu von der Kirche festgesetzten Einrichtungen geschehen, immer in Wahrhaftigkeit, Mut und Klugheit, mit Ehrfurcht und Liebe gegenüber denen, die aufgrund ihres geweihten Amtes die Stelle Christi vertreten ... Die geweihten Hirten aber sollen die Würde und Verantwortung der Laien in der Kirche anerkennen und fördern. Sie sollen gern deren klugen Rat benutzen, ihnen vertrauensvoll Aufgaben im Dienst der Kirche übertragen und ihnen Freiheit und Raum im Handeln lassen, ihnen auch Mut machen, aus eigener Initiative Werke in Angriff zu nehmen. Mit väterlicher Liebe sollen sie Vorhaben, Eingaben und Wünsche, die die Laien vorlegen, aufmerksam in Christus in Erwägung ziehen (vgl. 1 Thess 5, 19 und 1 Joh 4, 1). *Die gerechte Freiheit, die allen im irdischen bürgerlichen Bereich zusteht, sollen die Hirten sorgfältig anerkennen.* LG 37

AA 22 *Besondere Ehre und Empfehlung verdienen in der Kirche jene Laien, die, ehelos oder verheiratet, sich selbst für immer oder auf Zeit mit ihrem Fachwissen dem Dienst an den kirchlichen Institutionen und an deren Werken hingeben.* Es gereicht ihr zur großen Freude, dass die Zahl der Laien von Tag zu Tag wächst, die den ihnen eigentümlichen Dienst den apostolischen Vereinbarungen und Werken anbieten, sei es innerhalb der Grenzen ihres eigenen Volkes, sei es auf internationaler Ebene, sei es vor allem in den katholischen Gemeinschaften der Mission und der jungen Kirchen. Die Hirten der Kirche sollen diese Laien gern und dankbar aufnehmen und dafür sorgen, dass die Bedingungen, unter denen sie leben, den Erfordernissen der Gerechtigkeit, der Billigkeit und der Liebe möglichst entsprechen. Das gilt vor allem vom standesgemäßen Unterhalt dieser Laien und ihrer Familien. Dazu sollten sich die Laien immer der nötigen Unterweisung, der geistlichen Stützung und Ermunterung erfreuen.

X. Aufgaben der Bischöfe

Hinführung

»Ihr aber sollt euch nicht Rabbi nennen lassen; denn nur einer ist euer Meister, ihr alle aber seid Brüder. Auch sollt ihr niemand auf Erden euren Vater nennen; denn nur einer ist euer Vater, der im Himmel. Auch sollt ihr euch nicht Lehrer nennen lassen; denn nur einer ist euer Lehrer, Christus. Der Größte von euch soll euer Diener sein. Denn wer sich selbst erhöht, wird erniedrigt, und wer sich selbst erniedrigt, wird erhöht werden« (Mt 23, 8–12). »Wie kommt Matthäus zu solcher Sensibilität in einer Frage, in der die Kirche später leider niemals mehr sensibel gewesen ist? Sie hat ja nicht nur eine Vielzahl von Amtsbezeichnungen und Ehrentiteln geschaffen, sondern in unmittelbarem Ungehorsam gegen Mt 23, 9 für den Papst sogar die Anrede ›Heiliger Vater‹ eingeführt. Woher hat Matthäus also seine alles andere als selbstverständliche Sensibilität in dieser Sache? Er kann sie nur von Jesus selbst haben [...] Er lässt sich von seinen Jüngern nicht die Füße waschen, sondern er selbst tut ihnen diesen zum Mahl gehörenden Dienst (Joh 13, 1–20). Er ist in ihrer Mitte wie einer, der dient (Lk 22, 27) [...] Jesu Wort vom Dienen gehört innerhalb der Jesustradition zu der am breitesten bezeugten Überlieferung«.[1] Beim Evangelisten Markus lautet es so: »Da rief Jesus sie zu sich und sagte: Ihr wisst, dass die, die als Herrscher gelten, ihre Völker unterdrücken und die Mächtigen ihre Macht über die Menschen missbrauchen. Bei euch aber soll es nicht so sein, sondern wer bei euch groß sein will, der soll euer Diener sein, und wer bei euch der Erste sein will, der soll der Sklave aller sein. Denn auch der Menschensohn ist nicht gekommen, um sich dienen zu lassen, sondern um zu dienen und sein Leben hinzugeben als Lösegeld für viele« (Mk 10, 42–45). »Die Verse 41–45 sind große Jüngerunterweisung. ›Da rief Jesus sie zu sich‹, ein gebieterisches Rufen wie aus starker Erregtheit. Es geht um das ›Grundgesetz‹ der Jüngerschaft: nicht herrschen, sondern dienen! Dreimal steht in diesem kurzen Abschnitt ›bei euch‹: Ihr sollt radikal anders leben als die Mächtigen der Welt, ihr sollt radikal ›Kontrastgesellschaft‹, ›Alternativgesellschaft‹ sein. Ihr sollt vom Menschensohn das große Wagnis,

1 | G. Lohfink, Wie hat Jesus Gemeinde gewollt?, Freiburg 1982, 59 f.

das Abenteuer des Dienens lernen, das große Verwandlungswagnis. Diese Worte stehen auf dem Höhepunkt des Markusevangeliums [...] Mit Traurigkeit denken wir an den späteren Verlauf der Kirchengeschichte, an die Päpste mit der dreifachen Krone, an die ›Fürstbischöfe‹. Es ist tröstlich zu wissen, dass in dieser Kirchengeschichte des Herrschens ungezählte Heilige, ungezählte namenlose Heilige, eine andere, verborgene Kirchengeschichte gelebt haben, die von den Augen des Gekreuzigten und Erhöhten für die Ewigkeit angeschaut wird.«[2]

Und es ist tröstlich und ermutigend zugleich, wahrzunehmen, wie die Bischöfe des II. Vatikanums dieses grundlegende Wort Jesu vom Dienen für sich selbst und die Kirche unserer Tage regelrecht »neu entdecken«! Sie zitieren die entsprechenden Schriftstellen in den verschiedenen Dokumenten. Sie formulieren diesen Grundsatz immer wieder in ihren Darlegungen. Eine Gruppe von ihnen hat darüber hinaus dreizehn »Selbstverpflichtungen« ausgesprochen, in denen es u.a. heißt: »Als Bischöfe, die sich beim Zweiten Vatikanischen Konzil zusammengefunden haben, erklären wir:

... In Demut und im Bewusstsein unserer Schwachheit, aber auch mit aller Entschlossenheit und Kraft, zu der uns Gott gewiss seine Gnade geben wird, verpflichten wir uns zu folgendem:

Wir wollen versuchen, in Wohnung, Nahrung und hinsichtlich der Verkehrsmittel, die wir benutzen, sowie in allem, was daraus folgt, nicht anders zu leben als der Durchschnitt unserer Bevölkerung ...

Wir verzichten ein für allemal auf jeden Anschein des Reichtums wie auf tatsächlichen Reichtum, speziell in unserer Amtskleidung (teure Stoffe, auffallende Farben), sowie in unseren Amtsinsignien ...

Wir wollen weder Immobilien noch Möbelausstattungen noch Bankkonten auf unseren eigenen Namen besitzen ...

Wir werden, wann immer dies möglich ist, die Verwaltung der finanziellen und materiellen Belange unserer Diözese in die Hände eines Ausschusses fachkundiger Laien legen, die sich ihrer apostolischen Rolle bewusst sind, damit wir weniger Verwalter als Hirten und Apostel sind ...

Wir werden in unserem Verhalten und unseren sozialen Beziehungen alles vermeiden, was den Anschein erweckt, als gewähre es den Reichen und Mächtigen Privilegien, einen Vorrang oder auch nur eine bevorzugte Behandlung ...

2| J. Bours, Da fragte Jesus ihn. Schritte geistlicher Einübung in die Jesusnachfolge, Freiburg 1983, 163f.

Wir verpflichten uns, in wahrer Hirtenliebe das Leben unserer Brüder in Christus – Priester, Ordensleute, Laien – zu teilen, damit unser Amt ein wahrer Dienst werde; in diesem Sinne werden wir Bereitschaft zur Mitarbeit wecken und Mitarbeiter heranziehen, um mehr Anregende im Geiste als Führende im Sinne der Welt zu sein; wir werden danach streben, mehr menschlich präsent, offen und zugänglich zu werden ... offen zu sein für alle, gleich welcher Religion sie sind ...
Wenn wir in unsere Diözesen zurückgekehrt sind, werden wir unseren Gläubigen dort diesen Entschluss bekanntgeben und sie bitten, uns durch ihr Verständnis, ihre Mitarbeit und ihr Gebet zu helfen. Gott helfe uns, unseren Vorsätzen treu zu bleiben.«[3]
Ausdruck einer echten »Bekehrung« zum Dienen, Aufruf und Einladung an alle Christen zu einer grundlegenden Erneuerung im Dienst in der Kirche und in der Welt.
In diesem Rahmen definieren die Bischöfe auch ihre eigenen Aufgaben in sorgfältiger Neuorientierung am biblischen Auftrag: Sie sind in besonderer Weise dazu berufen und verpflichtet, dafür zu sorgen, dass das apostolische Zeugnis in der Kirche und durch diese in der Welt lebendig bleibt: Primären Stellenwert unter ihren verschiedenen amtlichen Aufgaben hat die Verkündigung des Evangeliums. Als von Jesus Christus selbst eingesetzte Hirten der »Ortskirchen« sind sie insgesamt als das Kollegium der Apostelnachfolger auch verantwortlich für die ganze Kirche und ihre Treue zu Christus.

1. *In der Nachfolge der Apostel*

Christus, den der Vater geheiligt und in die Welt gesandt hat (Joh 10, 36), LG 28
hat durch seine Apostel deren Nachfolger, die Bischöfe, seiner eigenen Weihe und Sendung teilhaftig gemacht. Diese wiederum haben die Aufgaben ihres Dienstamtes in mehrfacher Abstufung verschiedenen Trägern in der Kirche rechtmäßig weitergegeben. *So wird das aus göttlicher Einsetzung kommende kirchliche Dienstamt in verschiedenen Ordnungen ausgeübt von jenen, die schon seit alters Bischöfe, Priester, Diakone heißen.*

3 | Concilium 13 (1977) 262 f.

LG 24 Die Bischöfe empfangen als Nachfolger der Apostel vom Herrn, dem alle Gewalt im Himmel und auf Erden gegeben ist, die Sendung, alle Völker zu lehren und das Evangelium jedwedem Geschöpf zu verkündigen. So sollen alle Menschen durch Glaube, Taufe und Erfüllung der Gebote das Heil erlangen (vgl. Mt 28, 18; Mk 16, 15–16; Apg 26, 17f.). Zur Erfüllung dieser Sendung verhieß Christus der Herr den Aposteln den Heiligen Geist und sandte ihn am Pfingsttag vom Himmel her. Durch dessen Kraft sollten sie ihm Zeugen sein bis ans Ende der Erde, vor Stämmen, Völkern und Königen (vgl. Apg 1, 8; 2, 1 ff.; 9, 15). *Jenes Amt aber, das der Herr den Hirten seines Volkes übertragen hat, ist ein wahres Dienen, weshalb es in der Heiligen Schrift bezeichnenderweise mit dem Wort »Diakonia«, d.h. Dienst, benannt wird* (vgl. Apg 1, 17. 25; 21, 19; Röm 11, 13; 1 Tim 1, 12).

LG 21 In den Bischöfen, denen die Priester zur Seite stehen, ist also inmitten der Gläubigen der Herr Jesus Christus, der Hohepriester, anwesend. Zur Rechten des Vaters sitzend, ist er nicht fern von der Versammlung seiner Bischöfe, sondern vorzüglich durch ihren erhabenen Dienst verkündet er allen Völkern Gottes Wort und spendet den Glaubenden immerfort die Sakramente des Glaubens. Durch ihr väterliches Amt (vgl. 1 Kor 4, 15) fügt er seinem Leib kraft der Wiedergeburt von oben neue Glieder ein. Durch ihre Weisheit und Umsicht endlich lenkt und ordnet er das Volk des Neuen Bundes auf seiner Pilgerschaft zur ewigen Seligkeit. Diese Hirten, die ausgewählt sind, die Herde des Herrn zu weiden, sind Diener Christi und Ausspender der Geheimnisse Gottes (vgl. 1 Kor 4, 1). Ihnen ist das Zeugnis für die frohe Botschaft von der Gnade Gottes anvertraut (vgl. Röm 15, 16; Apg 20, 24) und der Dienst des Geistes und der Gerechtigkeit in Herrlichkeit (vgl. 2 Kor 3, 8–9). *Um solche Aufgaben zu erfüllen, sind die Apostel mit einer besonderen Ausgießung des herabkommenden Heiligen Geistes von Christus beschenkt worden* (vgl. Apg 1, 8; 2, 4; Joh 20, 22–23). *Sie hinwiederum übertrugen ihren Helfern durch die Auflegung der Hände die geistliche Gabe* (vgl. 1 Tim 4, 14; 2 Tim 1, 6–7), *die in der Bischofsweihe bis auf uns gekommen ist. Die Heilige Synode lehrt aber, dass durch die Bischofsweihe die Fülle des Weihesakramentes übertragen wird.* Sie heißt ja auch im liturgischen Brauch der Kirche wie in den Worten der heiligen Väter das Hohepriestertum, die Ganzheit des heiligen Dienstamtes. Die Bischofsweihe überträgt mit dem Amt der Heiligung auch die Ämter der Lehre und der Leitung, die jedoch ihrer Natur nach nur in der hierarchischen Gemeinschaft mit

Haupt und Gliedern des Kollegiums ausgeübt werden können. Aufgrund der Überlieferung nämlich, die vorzüglich in den liturgischen Riten und in der Übung der Kirche des Ostens wie des Westens deutlich wird, ist es klar, dass durch die Handauflegung und die Worte der Weihe die Gnade des Heiligen Geistes so übertragen und das heilige Prägemal so verliehen wird, dass die Bischöfe in hervorragender und sichtbarer Weise die Aufgabe Christi selbst, des Lehrers, Hirten und Priesters, innehaben und in seiner Person handeln. Sache der Bischöfe ist es, durch das Weihesakrament neue Erwählte in die Körperschaft der Bischöfe aufzunehmen.

2. Kollegialität der Bischöfe

Wie nach der Verfügung des Herrn der heilige Petrus und die übrigen Apostel ein einziges apostolisches Kollegium bilden, so sind in entsprechender Weise der Bischof von Rom, der Nachfolger Petri, und die Bischöfe, die Nachfolger der Apostel, untereinander verbunden. Schon die uralte Disziplin, dass die auf dem ganzen Erdkreis bestellten Bischöfe untereinander und mit dem Bischof von Rom im Bande der Einheit, der Liebe und des Friedens Gemeinschaft hielten, *desgleichen das Zusammentreten von Konzilien zur gemeinsamen Regelung gerade der wichtigeren Angelegenheiten in einem durch die Überlegung vieler abgewogenen Spruch weisen auf die kollegiale Natur und Beschaffenheit des Episkopates hin.* Diese beweisen die im Lauf der Jahrhunderte gefeierten ökumenischen Konzilien. Darauf deutet aber auch schon der früh eingeführte Brauch hin, mehrere Bischöfe zur Teilnahme an der Erhebung eines Neuerwählten zum hohenpriesterlichen Dienstamt beizuziehen. Glied der Körperschaft der Bischöfe wird man durch die sakramentale Weihe und die hierarchische Gemeinschaft mit Haupt und Gliedern des Kollegiums. LG 22

Die kollegiale Einheit tritt auch in den wechselseitigen Beziehungen der einzelnen Bischöfe zu den Teilkirchen wie zur Gesamtkirche in Erscheinung. Der Bischof von Rom ist als Nachfolger Petri das immerwährende, sichtbare Prinzip und Fundament für die Einheit der Vielheit von Bischöfen und Gläubigen. Die Einzelbischöfe hinwiederum sind sichtbares Prinzip und Fundament der Einheit in ihren Teilkirchen, die nach dem Bild der Gesamtkirche gestaltet sind. In ihnen und aus ihnen besteht die eine und einzige katholische Kirche. Daher stellen die Einzelbischöfe je ihre Kirche, alle LG 23

zusammen aber in Einheit mit dem Papst die ganze Kirche im Band des Friedens, der Liebe und der Einheit dar. *Die Bischöfe, die den Teilkirchen vorstehen, üben als einzelne ihr Hirtenamt über den ihnen anvertrauten Anteil des Gottesvolkes, nicht über andere Kirchen und nicht über die Gesamtkirche aus. Aber als Glieder des Bischofskollegiums und rechtmäßige Nachfolger der Apostel sind sie aufgrund von Christi Stiftung und Vorschrift zur Sorge für die Gesamtkirche gehalten*. Diese wird zwar nicht durch einen hoheitlichen Akt wahrgenommen, trägt aber doch im höchsten Maße zum Wohl der Gesamtkirche bei. Alle Bischöfe müssen nämlich die Glaubenseinheit und die der ganzen Kirche gemeinsame Disziplin fördern und schützen sowie die Gläubigen anleiten zur Liebe zum ganzen mystischen Leibe Christi, besonders zu den armen und leidenden Gliedern und zu jenen, die Verfolgung erdulden um der Gerechtigkeit willen (vgl. Mt 5, 10). Endlich müssen sie alle Bestrebungen fördern, die der ganzen Kirche gemeinsam sind, vor allem dazu, dass der Glaube wachse und das Licht der vollen Wahrheit allen Menschen aufgehe. Im übrigen aber gilt unverbrüchlich: Indem sie ihre eigene Kirche als Teil der Gesamtkirche recht leiten, tragen sie wirksam bei zum Wohl des ganzen mystischen Leibes, der ja auch der Leib der Kirchen ist. *Die Sorge, das Evangelium überall auf Erden zu verkündigen, geht die ganze Körperschaft der Hirten an*. Ihnen allen zusammen hat Christus den Auftrag gegeben und die gemeinsame Pflicht auferlegt, wie schon Papst Coelestin den Vätern des Konzils von Ephesus ins Bewusstsein rief. Deshalb sind die einzelnen Bischöfe gehalten, soweit die Verwaltung ihres eigenen Amtes es zulässt, in Arbeitsgemeinschaft zu treten untereinander und mit dem Nachfolger Petri, dem das hohe Amt, den christlichen Namen auszubreiten, in besonderer Weise übertragen ist. Daher müssen sie mit allen Kräften den Missionen Arbeiter für die Ernte wie auch geistliche und materielle Hilfen vermitteln, sowohl unmittelbar durch sich selbst wie durch Weckung der eifrigen Mitarbeit ihrer Gläubigen. Schließlich sollen die Bischöfe nach dem ehrwürdigen Beispiel der Vorzeit in umfassender Liebesgemeinschaft den anderen Kirchen, besonders den benachbarten und bedürftigeren, gern brüderliche Hilfe gewähren.
Dank der göttlichen Vorsehung aber sind die verschiedenen Kirchen, die an verschiedenen Orten von den Aposteln und ihren Nachfolgern eingerichtet worden sind, im Lauf der Zeit zu einer Anzahl von organisch verbundenen Gemeinschaften zusammengewachsen. Sie erfreuen sich unbeschadet der Einheit des Glaubens und der einen göttlichen Verfassung

der Gesamtkirche ihrer eigenen Disziplin, eines eigenen liturgischen Brauches und eines eigenen theologischen und geistlichen Erbes. Darunter haben vorzüglich gewisse alte Patriarchatskirchen wie Stammütter des Glaubens andere Kirchen sozusagen als Töchter geboren, mit denen sie durch ein engeres Liebesband im sakramentalen Leben und in der gegenseitigen Achtung von Rechten und Pflichten bis auf unsere Zeiten verbunden sind. Diese einträchtige Vielfalt der Ortskirchen zeigt in besonders hellem Licht die Katholizität der ungeteilten Kirche. In ähnlicher Weise können in unserer Zeit die Bischofskonferenzen vielfältige und fruchtbare Hilfe leisten, um die kollegiale Gesinnung zu konkreter Verwirklichung zu führen.

Seit den ersten Jahrhunderten der Kirche wurden die Bischöfe, obwohl sie Teil- CD 36
kirchen vorstanden, von der Gemeinschaft der brüderlichen Liebe und vom Eifer für die den Aposteln aufgetragene allgemeine Sendung *gedrängt, ihre Kräfte und ihren Willen zu vereinen um sowohl das gemeinsame Wohl wie auch das Wohl der einzelnen Kirchen zu fördern.* Aus diesem Grund wurden Synoden, Provinzialkonzilien und schließlich Plenarkonzilien abgehalten, in denen die Bischöfe sowohl in bezug auf die Verkündigung der Glaubenswahrheiten als auch auf die kirchliche Disziplin eine einheitliche Regelung für verschiedene Kirchen festlegten.
Diese Heilige Ökumenische Synode wünscht, dass die ehrwürdigen Einrichtungen der Synoden und Konzilien mit neuer Kraft aufblühen; dadurch soll besser und wirksamer für das Wachstum des Glaubens und die Erhaltung der Disziplin in den verschiedenen Kirchen, entsprechend den Gegebenheiten der Zeit, gesorgt werden.

Vor allem in der heutigen Zeit können die Bischöfe ihr Amt oft nur dann angemessen CD 37
und fruchtbar ausüben, wenn sie ihr einträchtiges Wirken mit den anderen Bischöfen immer enger und straffer gestalten. Da nun die Bischofskonferenzen, die in mehreren Ländern schon errichtet sind, vorzügliche Beweise eines fruchtbaren Apostolats erbracht haben, *hält es diese Heilige Synode für sehr angebracht, dass sich überall die Bischöfe desselben Landes oder Gebietes zu einem Gremium zusammenfinden.* Sie sollen sich zu festgesetzten Zeiten treffen, damit durch den Austausch von Kenntnissen und Erfahrung und durch gegenseitige Beratung ein heiliges Zusammenwirken der Kräfte zum gemeinsamen Wohl der Kirchen zustande kommt.

3. Boten des Evangeliums

LG 25 *Unter den hauptsächlichsten Ämtern der Bischöfe hat die Verkündigung des Evangeliums einen hervorragenden Platz. Denn die Bischöfe sind Glaubensboten, die Christus neue Jünger zuführen*; sie sind authentische, das heißt mit der Autorität Christi ausgerüstete Lehrer. Sie verkündigen dem ihnen anvertrauten Volk die Botschaft zum Glauben und zur Anwendung auf das sittliche Leben und erklären sie im Licht des Heiligen Geistes, indem sie aus dem Schatz der Offenbarung Neues und Altes vorbringen (vgl. Mt 13, 52). So lassen sie den Glauben fruchtbar werden und halten die ihrer Herde drohenden Irrtümer wachsam fern (vgl. 2 Tim 4, 1–4).

CD 12 Bei der Erfüllung ihrer Aufgabe zu lehren, *sollen sie den Menschen die Frohbotschaft Christi verkünden; das hat den Vorrang unter den hauptsächlichen Aufgaben der Bischöfe*. In der Kraft des Geistes sollen sie die Menschen zum Glauben rufen oder im lebendigen Glauben stärken. Das Geheimnis Christi sollen sie ihnen unverkürzt vorlegen, jene Wahrheiten nämlich, deren Unkenntnis gleichbedeutend ist mit der Unkenntnis Christi, desgleichen den Weg, den Gott geoffenbart hat, die Verherrlichung Gottes und damit zugleich die ewige Seligkeit zu erreichen. Ferner sollen sie aufzeigen, dass selbst die irdischen Dinge und die menschlichen Einrichtungen nach dem Plan des Schöpfergottes auf das Heil der Menschen hingeordnet sind und somit zum Aufbau des Leibes Christi nicht wenig beitragen können.

CD 13 *Die christliche Lehre sollen sie auf eine Weise vortragen, die den Erfordernissen der Zeit angepasst ist, das heißt, die den Schwierigkeiten und Fragen, von denen die Menschen so sehr bedrängt und geängstigt werden, entspricht*. Diese Lehre sollen sie auch schützen, indem sie die Gläubigen lehren, sie zu verteidigen und auszubreiten. *Bei ihrer Verkündigung sollen sie die mütterliche Sorge der Kirche um alle Menschen, seien sie gläubig oder ungläubig, unter Beweis stellen und sich mit besonderer Sorge der Armen und Schwachen annehmen*; ihnen die Frohbotschaft zu verkünden, hat der Herr sie gesandt.

Da es der Kirche aufgegeben ist, mit der menschlichen Gesellschaft, in der sie lebt, in ein Gespräch zu kommen, ist es in erster Linie Pflicht der Bischöfe, zu den Menschen zu gehen und das Gespräch mit ihnen zu suchen und zu fördern. Damit immer Wahrheit mit Liebe, Einsicht und

Güte gepaart sind, muss sich dieser Heilsdialog sowohl durch Klarheit der Rede als auch zugleich durch Demut und Sanftmut auszeichnen, ferner durch gebührende Klugheit, die jedoch mit Vertrauen verbunden sein muss, das ja die Freundschaft fördert und somit darauf hinwirkt, die Geister zu einen.

Bei der Verkündigung der christlichen Lehre seien sie bemüht, die verschiedenen Mittel anzuwenden, die in der heutigen Zeit zur Verfügung stehen, und zwar zunächst die Predigt und die katechetische Unterweisung, die ja immer den ersten Platz einnehmen, aber auch die Darlegung der Lehre in Schulen, Akademien, Konferenzen und Versammlungen jedweder Art sowie deren Verbreitung durch öffentliche Erklärung bei bestimmten Anlässen, durch die Presse und die verschiedenen sozialen Kommunikationsmittel, die man zur Verkündigung des Evangeliums Christi unbedingt benützen muss.

4. Hirten der Ortskirchen

Der Bischof ist, mit der Fülle des Weihesakramentes ausgezeichnet, »Verwalter der Gnade des höchsten Priestertums« (Gebet zur Bischofsweihe), vorzüglich in der Eucharistie, die er selbst darbringt oder darbringen lässt und aus der die Kirche immerfort lebt und wächst. *Diese Kirche Christi ist wahrhaft in allen rechtmäßigen Ortsgemeinschaften der Gläubigen anwesend, die in der Verbundenheit mit ihren Hirten im Neuen Testament auch selbst Kirchen heißen* (vgl. Apg 8,1; 14, 22–23; 20, 17 u.ö.) ... LG 26

So spenden die Bischöfe durch Gebet und Arbeit für das Volk vielfältige und reiche Gaben von der Fülle der Heiligkeit Christi aus. Durch den Dienst des Wortes teilen sie die Kraft Gottes den Glaubenden zum Heil mit (vgl. Röm 1, 16), und durch die Sakramente, deren geregelte und fruchtbare Verwaltung sie mit ihrer Autorität ordnen, heiligen sie die Gläubigen. Sie leiten die Taufspendung, die Anteil am königlichen Priestertum Christi gewährt. Sie sind die erstberufenen Firmspender, sie erteilen die heiligen Weihen und regeln die Bußdisziplin. Ferner ermahnen und unterweisen sie sorgsam ihr Volk, dass es in der Liturgie und vorzüglich im Messopfer seinen Anteil gläubig und ehrfürchtig erfülle. Schließlich müssen sie ihre Anbefohlenen mit dem Beispiel ihres Lebenswandels voranbringen, ihr eigenes sittliches Verhalten vor allem Bösen bewahren und nach Kräften mit der Hilfe des Herrn zum Guten hin wandeln, damit sie zusammen mit der ihnen anvertrauten Herde zum ewigen Leben gelangen.

LG 27 *Die Bischöfe leiten die ihnen zugewiesenen Teilkirchen als Stellvertreter und Gesandte Christi durch Rat, Zuspruch, Beispiel, aber auch in Autorität und heiliger Vollmacht,* die sie indes allein zum Aufbau ihrer Herde in Wahrheit und Heiligkeit gebrauchen, eingedenk, dass der Größere werden soll wie der Geringere und der Vorsteher wie der Diener (vgl. Lk 22, 26–27). *Diese Gewalt, die sie im Namen Christi persönlich ausüben, kommt ihnen als eigene, ordentliche und unmittelbare Gewalt zu,* auch wenn ihr Vollzug letztlich von der höchsten kirchlichen Autorität geregelt wird und im Hinblick auf den Nutzen der Kirche oder der Gläubigen mit bestimmten Grenzen umschrieben werden kann. *Kraft dieser Gewalt haben die Bischöfe das heilige Recht und vor dem Herrn die Pflicht, Gesetze für ihre Untergebenen zu erlassen, Urteile zu fällen, und alles, was zur Ordnung des Gottesdienstes und des Apostolats gehört, zu regeln.*

Ihnen ist das Hirtenamt; das heißt die beständige tägliche Sorge für ihre Schafe, im vollen Umfang anvertraut. *Sie sind nicht als Stellvertreter der Bischöfe von Rom zu verstehen, denn sie haben eine ihnen eigene Gewalt inne und heißen in voller Wahrheit Vorsteher des Volkes, das sie leiten. Folglich wird ihre Gewalt von der obersten und allgemeinen Gewalt nicht ausgeschaltet, sondern im Gegenteil bestätigt, gestärkt und in Schutz genommen.* Dabei bewahrt der Heilige Geist die von Christus dem Herrn in seiner Kirche gesetzte Form der Leitung ohne Minderung.

CD 16 Damit sie für das Wohl der Gläubigen, deren jeweiliger Lage entsprechend, besser sorgen können, seien sie bemüht, deren Bedürfnisse in Anbetracht der sozialen Verhältnisse, in denen sie leben, gebührend kennenzulernen. Dazu mögen sie geeignete Mittel, besonders das der soziologischen Untersuchung, anwenden. Um alle sollen sie sich besorgt zeigen, gleich welchen Alters, welchen Standes, welcher Nationalität sie sind, um die Einheimischen sowohl als auch um die Zugezogenen und die Fremden. *Bei der Wahrnehmung dieser Hirtensorge mögen sie ihren Gläubigen in den Angelegenheiten der Kirche den ihnen gebührenden Anteil belassen und deren Pflicht und Recht anerkennen, aktiv am Aufbau des mystischen Leibes Christi mitzuwirken. Die getrennten Brüder sollen sie lieben* und auch ihren Gläubigen empfehlen, jenen mit großer Freundlichkeit und Liebe zu begegnen, und auch den Ökumenismus, wie er von der Kirche verstanden wird, fördern. *Auch die Nichtgetauften sollen ihnen am Herzen liegen,* damit auch ihnen die Liebe Jesu Christi aufleuchte, dessen Zeugen die Bischöfe vor allen Menschen sind.

Der Bischof, der vom Hausvater gesandt ist, seine Familie zu lenken, *soll sich das Beispiel des guten Hirten vor Augen halten, der nicht gekommen ist, sich bedienen zu lassen, sondern zu dienen* (vgl. Mt 20, 28; Mk 10, 45) und sein Leben für seine Schafe hinzugeben (vgl. Joh 10, 11). Aus den Menschen genommen und mit Schwachheit behaftet, kann er mitleiden mit denen, die in Unwissenheit und Irrtum sind (vgl. Hebr 5, 1–2). Er soll sich nicht weigern, seine Untergebenen zu hören, die er wie wirkliche Söhne umsorgt und zu eifriger Mitarbeit mahnt. Da er für ihre Seelen Gott wird Rechenschaft ablegen müssen (vgl. Hebr 13, 17), soll er für sie durch Gebet, Predigt und jederlei Liebeswerk Sorge tragen, desgleichen für jene, die noch nicht von der einen Herde sind und die er doch im Herrn als ihm anempfohlen betrachten soll. Da er wie der Apostel Paulus allen Schuldner ist, sei er bereit, allen das Evangelium zu predigen (vgl. Röm 1, 14–15) und seine Gläubigen zu apostolischem und missionarischem Tatwillen zu ermuntern. Die Gläubigen aber müssen dem Bischof anhangen wie die Kirche Jesus Christus und wie Jesus Christus dem Vater, damit alles in Einigkeit übereinstimme und überströme zur Verherrlichung Gottes (vgl. 2 Kor 4, 15). LG 27

XI. Dienst der Priester

Hinführung

Die landläufige innerkirchliche Rede meint mit »Priester« (immer noch nur) den durch bischöfliche Handauflegung geweihten Kaplan und Pfarrer. Aber das II. Vatikanum sagt pointiert: Alle Gläubigen werden durch Taufe und Firmung zum »sacerdotium sanctum consecrantur – zum heiligen Priestertum geweiht« (LG 10 und AA 3). Damit nimmt das Konzil einen bewussten Rückgriff auf die apostolische Zeit vor. Die biblische Sicht- und Redeweise von »Priestertum« soll deshalb in Form eines kurzen Exkurses hier erinnert werden.

a) Die neutestamentliche Redeweise vom Priestertum

(1) Jesus als Hoherpriester. Gemäß der frühen neutestamentlichen Überlieferung war Jesus nicht »Priester« (hiereús). Er gehörte zum Stamm Juda, war also nach alttestamentlichem Verständnis Laie, worauf auch noch der Hebräerbrief eigens hinweist (Hebr 8, 4). Von daher wird in den Evangelien das Wort »Priester« im Zusammenhang mit Jesus nicht gebraucht, Gottes in Christus Jesus offenbares Heilshandeln wird in anderer Weise beschrieben. Im Zuge des Nachdenkens über Jesu Tod und seine Erhöhung, die als Manifestation der Güte Gottes erkannt werden, stellt sich auch eine kultisch sazerdotale Redeweise ein. Schon der Epheserbrief sagt, dass Jesus sich als »Gabe und Opfer« (prosphora kai thysia = kultische Termini) für uns hingegeben hat (Eph 5, 2). Vor allem aber der Hebräerbrief beschreibt dann das Christusereignis als den neuen Opferkult und bezeichnet – als einzige neutestamentliche Schrift – Jesus Christus als den eigentlichen Hohenpriester nach einer neuen Ordnung. Er ist ein einmaliger und einziger Hoherpriester, denn sein Opfer ist ein einziges und für alle Zeiten ausreichendes Opfer, nach dessen Vollbringung es keine Opfergaben mehr braucht. Diese langen Ausführungen des Hebräerbriefs (Hebr 9; 10) bestimmen die weitere kirchliche Sprechweise vom »Priestertum« Jesu Christi. Diese neue Sicht des Priestertums ist vor allem durch zwei christologische Momente gekennzeichnet:

(a) Opfernder und Opfergabe fallen in eins! Der Priester ist Priester, weil er sich selbst zur Gabe macht.

(b) Das ganze Leben wird zum Kult, zum Gottesdienst; der Einsatz und die

Hingabe des ganzen Lebens kulminieren in diesem blutigen Sterben. Man kann sagen, die Neuinterpretation des Priestertums durch die deutende Reflexion der frühen Kirche auf das Leben und Sterben Jesu geschieht entscheidend in dieser Personalisierung und Christologisierung.

(2) Die Christen als priesterliches Gottesvolk. »Da das Heil in Christus [...] in der Verähnlichung mit ihm besteht, überrascht es nicht, dass [...] das Priesterliche ein Strukturelement des Christlichen ist.«[1] Das priesterliche Handeln kennzeichnet die Kirche als ganze, bestimmt alle Gläubigen und ihre christliche Existenz als priesterlich. Das Neue Testament gebraucht auch hierfür das Wort »priesterlich«.

Diese Akzentsetzung erfolgt auch erst in der fortgeschrittenen Phase der neutestamentlichen Verkündigung, aber der eigentliche Inhalt dieses Gedankens – wir sind befähigt und aufgerufen zu dem neuen Kult der Hingabe – ist in der paulinischen Bildrede vom lebendigen heiligen Tempel Gottes, der wir sind, vorgeprägt. Der erste Petrusbrief und die Offenbarung des Johannes sprechen dann ausdrücklich von der »priesterlichen« Existenz aller Christen: »Lasst euch als lebendige Steine zu einem geistigen Haus aufbauen, zu einer heiligen Priesterschaft, um durch Jesus Christus geistige Opfer darzubringen, die Gott gefallen!« (1 Petr 2, 5) »Ihr aber seid ein auserwähltes Geschlecht, eine königliche Priesterschaft, ein heiliger Stamm, ein Volk, das sein Eigentum wurde, damit ihr die großen Taten dessen verkündet, der euch aus der Finsternis in sein wunderbares Licht gerufen hat« (1 Petr 2, 9).

Ähnlich wie diese beiden Stellen aus dem ersten Petrusbrief bezieht sich auch die Apokalypse inhaltlich auf alttestamentliche Texte wie Ex 19, 6 und Jes 61, 6, wenn sie sagt: »Er hat uns die Würde von Königen gegeben und uns zu Priestern gemacht für den Dienst vor seinem Gott und Vater« (Offb 1, 6, ähnlich 5, 10 und 20, 6).

In diesen Zitaten wird deutlich, dass das Priestertum des Gottesvolkes – das gemeinsame Priestertum aller Gläubigen – Teilhabe an Jesu Christi einzigem Priestertum ist, dass wir deshalb ein priesterliches Geschlecht sind, weil und insoweit wir zu ihm gehören. Es ist wichtig zu sehen, dass unsere christlich-priesterliche Existenz mit Bezug auf irgendwelche rituell-liturgischen Vollzüge nicht hinreichend beschrieben ist. Im Anschluss an die revolutionäre christologische Neuprägung des Priesterlichen geht es um die existentielle Dimension des ganzen Lebens, um Selbsthingabe.

1| H. Volk, Der Priester und sein Dienst, Mainz 1966, 47.

Neutestamentlich gesprochen gibt es nur noch ein Priestertum, das diesen Namen verdient, nämlich das Jesu Christi, das in der Selbsthingabe wirksam wird. Aufgrund unserer Teilhabe daran werden auch wir Priester genannt.
(3) Das besondere Dienstamt im priesterlichen Gottesvolk. Was heißt das nun für die Träger des besonderen kirchlichen Dienstamtes? Die Inhaber eines Dienstamtes werden im Neuen Testament kein einziges Mal mit dem Titel »hiereús«, Priester, benannt. Was angesichts unseres so selbstverständlichen Sprachgebrauchs verwunderlich erscheint, überrascht vor dem Hintergrund der damaligen Denk- und Sprechweise nicht. Man musste sich ja angesichts des »neuen« Kultverständnisses von den bisherigen Kulten und ihrer Denk- und Sprechweise abgrenzen und versuchte zugleich, sich den damals vertrauten gesellschaftlichen Strukturen und ihren Namen zuzuordnen, und das geschah nicht zuletzt in der Benennung der Verantwortlichen als Aufseher (episkopoi), Älteste (presbyteroi) und Diener (diakonoi).
Die Amtsträger haben eine unverzichtbare Funktion im Blick auf das priesterliche Wirken der Gesamtkirche, auf die priesterliche Existenz des ganzen Gottesvolkes. Nach neutestamentlicher Redeweise sind sie allerdings keine »Kultdiener« im herkömmlichen Sinn des Wortes, sie sind nicht mit den »binnenkirchlichen Sakralfunktionen« beauftragt, für die sie ausgesondert wären. Sie sind Vorsteher der Eucharistiefeier, weil sie die beauftragten, durch Handauflegung mit dem Heiligen Geist erfüllten Leiter und Hirten der Gemeinde sind.

b) Das Dilemma unseres Sprachgebrauchs

Es ist unumgänglich, sich die ganz unterschiedliche Denk- und Sprechweise der apostolischen Kirche bewusst zu machen, deren Schriften wir als die auch für uns maßgebliche Gründungsurkunde bezeichnen. Unser deutsches Wort »Priester« kann tatsächlich mehrere, ganz verschiedene Inhalte ausdrücken und ist von daher missverständlich.
Dem Sprachgebrauch des NT käme es nahe, wenn das Wort Priester für Christus und für alle Christen gebraucht würde. Es hat sich aber zunehmend auf den Amtsträger beschränkt, für den es im Neuen Testament so gerade nicht gebraucht wurde. Hinzu kommt aber, dass wir für das kultisch sazerdotale Handeln im heidnischen, im allgemein religionsgeschichtlichen Sinn auch nur das Wort »Priester« zur Verfügung haben. Es lässt sich also nur schwer verhindern, dass dieser allgemeine religionsphänomenologische Hintergrund durchscheint, wenn wir »Priester« sagen. Und an dieser Stelle ist nicht

nur eine Einengung zu befürchten, sondern sogar eine inhaltliche Verfälschung. Christen insgesamt und die christlichen Amtsträger, die Presbyter und Episkopen, sind aber keine »Kultbeamten«, keine Tempeldiener. Diese christliche Überzeugung geriet im Laufe der Überlieferungsgeschichte des Öfteren fast in Vergessenheit. In dem Maße, wie sich die Christen nicht mehr neben heidnischen Kulten profilieren mussten, sondern zunehmend an deren Stelle traten, sogar deren Funktion eines öffentlichen auch staatstragenden Kultes annahmen, in dem Maße ließ sich anscheinend nicht verhindern, dass erstens dieser weite Sinn von Kult (Kult = Leben, Priestertum = Lebenshingabe) auf liturgisch-rituelles Handeln eingeschränkt wurde und zweitens nicht mehr von allen Christen in gleicher Weise ausgesagt wurde, sondern zunehmend nur noch von den Amtsträgern.
Wenn man das alles bedenkt, muss man wohl sagen, dass der Begriff »Priester« für die Charakterisierung der eigentlichen und spezifischen Funktion des Amtes in der Kirche (Verkündigung und bevollmächtigte Lehre, Sündenvergebung, Leitung der Gemeinden und der Eucharistiefeier) nicht besonders geeignet ist. Die Redeweise Priestertum Jesu Christi – gemeinsames Priestertum aller Gläubigen – besonderes Dienstamt wäre eindeutiger.

1. Zu amtlichen Dienern eingesetzt

Christus, den der Vater geheiligt und in die Welt gesandt hat (Joh 10, 36), LG 28
hat durch seine Apostel deren Nachfolger, die Bischöfe, seiner eigenen Weihe und Sendung teilhaftig gemacht. Diese wiederum haben die Aufgabe ihres Dienstamtes in mehrfacher Abstufung verschiedenen Trägern in der Kirche rechtmäßig weitergegeben. *So wird das aus göttlicher Einsetzung kommende kirchliche Dienstamt in verschiedenen Ordnungen ausgeübt von jenen, die schon seit alters Bischöfe, Priester, Diakone heißen.* Die Priester haben zwar nicht höchste Stufe der priesterlichen Weihe und hängen in der Ausübung ihrer Gewalt von den Bischöfen ab; dennoch sind sie mit ihnen in der priesterlichen Würde verbunden und kraft des Weihesakramentes nach dem Bilde Christi, des höchsten und ewigen Priesters (Hebr 5, 1–10; 7, 24; 9, 11–28), *zur Verkündigung der Frohbotschaft, zum Hirtendienst an den Gläubigen und zur Feier des Gottesdienstes geweiht* und so wirkliche Priester des Neuen Bundes. Auf der Stufe ihres Dienstamtes haben sie Anteil am Amt des einzigen Mittlers Christus (1 Tim 2, 5) und verkünden allen das

Wort Gottes. Am meisten üben sie ihr heiliges Amt in der eucharistischen Feier oder Versammlung aus, wobei sie in der Person Christi handeln und sein Mysterium verkünden, die Gebete der Gläubigen mit dem Opfer ihres Hauptes vereinigen und *das einzige Opfer des Neuen Bundes, das Opfer Christi nämlich, der sich ein für allemal dem Vater als unbefleckte Gabe dargebracht hat* (vgl. Hebr 9, 11–28), *im Messopfer bis zur Wiederkunft des Herrn* (vgl. 1 Kor 11, 26) *vergegenwärtigen und zuwenden.*

Als sorgsame Mitarbeiter, als Hilfe und Organ der Ordnung der Bischöfe *bilden die Priester, die zum Dienst am Volke Gottes gerufen sind, in Einheit mit ihrem Bischof ein einziges Presbyterium,* das freilich mit unterschiedlichen Aufgaben betraut ist. In den einzelnen örtlichen Gemeinden der Gläubigen machen sie den Bischof, mit dem sie in vertrauensvoller und großzügiger Gesinnung verbunden sind, gewissermaßen gegenwärtig; sie übernehmen zu ihrem Teil seine Amtsaufgaben und seine Sorge und stellen sich täglich in ihren Dienst. Unter der Autorität des Bischofs heiligen und leiten sie den ihnen zugewiesenen Anteil der Herde des Herrn, *machen die Gesamtkirche an ihrem Orte sichtbar* und leisten einen wirksamen Beitrag zur Erbauung des gesamten Leibes Christi (vgl. Eph 4, 12) ...

Der Bischof hinwiederum soll seine priesterlichen Mitarbeiter als Söhne und Freunde ansehen, gleichwie Christus seine Jünger nicht mehr Knechte, sondern Freunde nennt (vgl. Joh 15, 15). Diözesan- wie Ordenspriester sind also alle zusammen aufgrund ihrer Weihe und ihres Dienstamtes dem Kollegium der Bischöfe zugeordnet und wirken vermöge ihrer Berufung und der ihnen verliehenen Gnade zum Wohl der gesamten Kirche.

Kraft der Gemeinsamkeit der heiligen Weihe und Sendung sind die Priester alle einander in ganz enger Brüderlichkeit verbunden. Diese soll sich spontan und freudig äußern in gegenseitiger Hilfe, geistiger wie materieller, pastoraler wie persönlicher Art, in Zusammenkünften, in der Gemeinschaft des Lebens, der Arbeit und der Liebe.

PO 2 Jesus der Herr, »den der Vater geheiligt und in die Welt gesandt hat« (Joh 10, 36), gibt seinem ganzen mystischen Leib Anteil an der Geistsalbung, mit der er gesalbt worden ist [...] *Es gibt* darum *kein Glied, das nicht Anteil an der Sendung des ganzen Leibes hätte*; jedes muss vielmehr Jesus in seinem Herzen heilighalten und durch den Geist der Verkündigung Zeugnis von Jesus ablegen. *Damit die Gläubigen zu einem Leib, in dem »nicht alle Glieder denselben Dienst verrichten«* (Röm 12, 4)*, zusammenwachsen, hat der gleiche Herr einige von ihnen zu amtlichen Dienern eingesetzt.*

2. Predigt des Wortes

Das Volk Gottes wird an erster Stelle geeint durch das Wort des lebendigen Gottes, das man mit Recht vom Priester verlangt. *Da niemand ohne Glaube gerettet werden kann, ist die erste Aufgabe der Priester als Mitarbeiter der Bischöfe, allen die frohe Botschaft Gottes zu verkünden*, um so in der Erfüllung des Herrenauftrags: »Gehet hin in alle Welt, und verkündet das Evangelium allen Geschöpfen« (Mk 16, 15), das Gottesvolk zu begründen und zu mehren. Durch das Heilswort wird ja der Glaube, durch den sich die Gemeinde der Gläubigen bildet und heranwächst, im Herzen der Nichtgläubigen geweckt und im Herzen der Gläubigen genährt, wie der Apostel sagt: »Der Glaube kommt aus der Predigt, die Predigt aber durch Christi Wort« (Röm 10, 17). Die Priester schulden also allen, Anteil zu geben an der Wahrheit des Evangeliums, deren sie sich im Herrn erfreuen. Niemals sollen sie ihre eigenen Gedanken vortragen, sondern immer Gottes Wort lehren und alle eindringlich zur Umkehr und zur Heiligung bewegen, ob sie nun durch eine vorbildliche Lebensführung Ungläubige für Gott gewinnen oder in der ausdrücklichen Verkündigung den Nichtglaubenden das Geheimnis Christi erschließen; ob sie Christenlehre erteilen, die Lehre der Kirche darlegen oder aktuelle Fragen im Licht Christi zu beantworten suchen. Die priesterliche Verkündigung ist aber in den gegenwärtigen Zeitumständen nicht selten außerordentlich schwer. *Um Geist und Herz der Zuhörer zu erreichen, darf man Gottes Wort nicht nur allgemein und abstrakt darlegen, sondern muss die ewige Wahrheit des Evangeliums auf die konkreten Lebensverhältnisse anwenden.* PO 4

3. Bereitung der Opfergabe

Da die Priester für ihren Teil am Amt der Apostel teilnehmen, wird ihnen von Gott die Gnade verliehen, Diener Jesu Christi unter den Völkern zu sein, die das heilige Amt des Evangeliums verwalten, *damit die Völker eine wohlgefällige und im Heiligen Geist geheiligte Opfergabe werden* (vgl. Röm 15, PO 2

16). Durch die apostolische Botschaft des Evangeliums nämlich wird das Volk Gottes zur Einheit berufen, *so dass alle*, die zu diesem Volk gehören, im Heiligen Geist geheiligt sind und *sich selbst als »lebendiges, heiliges, Gott wohlgefälliges Opfer«* (Röm 12, 1) *darbringen*. Durch den Dienst der Priester vollendet sich das geistige Opfer der Gläubigen in Einheit mit dem Opfer des einzigen Mittlers Christus ... *So soll durch ihn »die ganze erlöste Gemeinde, die Versammlung und Gemeinschaft der Heiligen, durch den Hohenpriester als allumfassendes Opfer Gott dargebracht werden, durch ihn, der auch sich selbst in seinem Leiden für uns dargebracht hat, damit wir der Leib des so erhabenen Hauptes wären«* (Augustinus). Das Ziel also, auf das Dienst und Leben der Priester ausgerichtet sind, ist die Verherrlichung Gottes des Vaters in Christus. Diese Verherrlichung besteht darin, dass die Menschen die in Christus vollendete Tat Gottes bewusst, frei und dankbar annehmen und in ihrem ganzen Leben kundtun.

4. Sorge um die Gemeinde

PO 6 Darum obliegt es den Priestern als Erziehern im Glauben, selbst oder durch andere dafür zu sorgen, dass jeder Gläubige im Heiligen Geist angeleitet wird zur Entfaltung seiner persönlichen Berufung nach den Grundsätzen des Evangeliums, zu aufrichtiger und tätiger Liebe und zur Freiheit, zu der Christus uns befreit hat. *Noch so schöne Zeremonien und noch so blühende Vereine nutzen wenig, wenn sie nicht auf die Erziehung der Menschen zu christlicher Reife hingeordnet sind*. Um diese zu fördern, sollen die Priester ihnen helfen zu erkennen, was in den wichtigen und den alltäglichen Ereignissen von der Sache her gefordert ist und was Gott von ihnen will. Sie müssen die Christen auch anleiten, nicht nur sich zu leben, sondern entsprechend den Forderungen des neuen Liebesgebotes mit der Gnadengabe, die jeder empfangen hat, einander zu dienen, so sollen alle ihre Aufgaben in der Gemeinschaft der Menschen christlich erfüllen.

Obgleich die Priester allen verpflichtet sind, so sollen sie sich doch vor allem der Armen und Geringen annehmen. Denn der Herr selbst war ihnen verbunden, und ihre Evangelisation ist zum Zeichen messianischen Wirkens gesetzt. Mit besonderem Eifer sollen sie sich auch der Jugend annehmen, ebenso der Eheleute und Eltern, die in Freundeskreisen zu versammeln wünschenswert ist, damit sie einander helfen, ihr oft schweres Leben leichter und vollkommener christlich zu meistern. Ferner mögen die Priester daran denken, dass alle Ordensmänner und Ordensfrauen als ausgezeichneter Teil im Hause Gottes eine eigene Sorge für ihren geistlichen Fortschritt zum Wohl der ganzen Kirche verdienen. *Am meisten sollen sie für die Kranken und Sterbenden besorgt sein, sie besuchen und im Herrn aufrichten.*

Die Hirtenaufgabe beschränkt sich aber nicht auf die Sorge für die einzelnen Gläubigen, sondern umfasst auch wesentlich die Bildung einer echten christlichen Gemeinschaft. Dieser Geist der Gemeinschaft muss, um recht gepflegt zu werden, nicht nur die Ortskirche, sondern die Gesamtkirche umfassen. Die Einzelgemeinde darf darum nicht nur die Sorge für die eigenen Gläubigen fördern, sondern muss, von missionarischem Eifer durchdrungen, allen Menschen den Weg zu Christus ebnen …

Bei der Auferbauung der christlichen Gemeinschaft sollen die Priester aber niemals irgendeiner Ideologie oder einer menschlichen Parteiung zu Diensten sein, sondern als Boten des Evangeliums und als Hirten der Kirche ihre Kraft auf das geistliche Wachstum des Leibes Christi verwenden.

Die Priester müssen also ihr Leitungsamt so ausüben, dass sie nicht das PO 9
ihre, sondern die Sache Jesu Christi suchen. Sie müssen mit den gläubigen Laien zusammenarbeiten und in deren Mitte dem Beispiel des Meisters nachleben, der zu den Menschen »nicht kam, sich bedienen zu lassen, sondern zu dienen und sein Leben hinzugeben als Lösepreis für viele« (Mt 20, 28). *Die Priester sollen die Würde der Laien und die bestimmte Funktion, die den Laien für die Sendung der Kirche zukommt, wahrhaft anerkennen und fördern.* Sie mögen auch mit Bedacht die gebührende Freiheit, die allen im bürgerlichen Bereich zusteht, achten. Sie sollen gern auf die Laien hören, ihre Wünsche brüderlich erwägen und *ihre Erfahrung und Zuständigkeit in den verschiedenen Bereichen des menschlichen Wirkens anerkennen*, damit sie gemeinsam mit ihnen die Zeichen der Zeit verstehen können. Sie sollen die Geister prüfen, ob sie aus Gott sind, *und die vielfältigen Charismen der Laien, schlichte wie bedeutendere, mit Glaubenssinn aufspüren, freudig anerkennen und mit Sorgfalt hegen.* Unter den Gaben Gottes, die sich reichlich bei den Gläubigen finden, verdienen die eine besondere Pflege, die nicht wenige zu einem intensiveren geistlichen Leben anspornen. *Ebenso sollen sie vertrauensvoll den Laien Ämter zum Dienst in der Kirche anvertrauen, ihnen Freiheit und Raum zum Handeln lassen, ja sie sogar in kluger Weise dazu ermuntern, auch von sich aus Aufgaben in Angriff zu nehmen.*

Endlich leben die Priester mitten unter den Laien, um alle zur Einheit in der Liebe zu führen, »indem sie in Bruderliebe einander herzlich zugetan sind, an Ehrerbietung einander übertreffen« (Röm 12, 10). Ihre Aufgabe ist es darum, die verschiedenen Meinungen so in Einklang zu bringen, dass niemand sich in der Gemeinschaft der Gläubigen fremd fühlt. Sie sind die Verfechter des gemeinsamen Wohls, für das sie im Namen des Bischofs Sorge tragen, und zugleich die entschiedenen Verteidiger der Wahrheit, damit die Gläubigen nicht von jedem Wind der Lehre hin und her getrieben werden. *Ihrer besonderen Sorge sind die anvertraut, die die Sakramente nicht mehr empfangen, ja vielleicht sogar vom Glauben abgefallen sind; sie werden es nicht unterlassen, als gute Hirten gerade auch ihnen nachzugehen.*
Im Blick auf die Bestimmungen über den Ökumenismus werden sie auch die Brüder nicht vergessen, die nicht in voller kirchlicher Gemeinschaft mit uns stehen.
Nicht zuletzt werden sie auch alle diejenigen sich anvertraut wissen, die Christus nicht als ihren Erlöser anerkennen. Die Christgläubigen aber sollen sich bewusst sein, dass sie ihren Priestern gegenüber in Schuld stehen. Darum mögen sie diesen als ihren Hirten und Vätern in Kindesliebe verbunden sein. Sie sollen an den Sorgen und Nöten ihrer Priester Anteil nehmen und ihnen durch Gebet und Tat nach Kräften helfen, dass sie ihre Schwierigkeiten leichter überwinden und erfolgreicher ihre Aufgaben erfüllen können.

5. *Geistliche Bildung*

OT Vorwort Die erstrebte Erneuerung der gesamten Kirche hängt zum großen Teil vom priesterlichen Dienst ab, der vom Geist Christi belebt ist; dessen ist sich die Heilige Synode voll bewusst. Deshalb unterstreicht sie die entscheidende Bedeutung der priesterlichen Ausbildung und weist einige grundlegende Leitsätze auf; durch sie sollen die schon durch Jahrhunderte praktisch bewährten Gesetze bestätigt und Neuerungen in sie eingeführt werden, die den Konstitutionen und Dekreten dieses Heiligen Konzils wie auch den veränderten Zeitumständen entsprechen.

OT 1 Bei der großen Verschiedenheit der Völker und Gebiete können nur allgemeine Gesetze aufgestellt werden.

Die Alumnen müssen mit voller Klarheit verstehen, dass sie nicht zum Herrschen oder für Ehrenstellen bestimmt sind, sondern sich ganz dem Dienst Gottes und der Seelsorge widmen sollen. Mit besonderer Sorgfalt sollen sie im priesterlichen Gehorsam, in armer Lebensweise und im Geist der Selbstverleugnung erzogen werden, so dass sie sich daran gewöhnen, auch auf erlaubte, aber unnötige Dinge bereitwillig zu verzichten und dem gekreuzigten Christus ähnlich zu werden. OT 9
Die Alumnen sollen über die Lasten, die sie auf sich zu nehmen haben, aufgeklärt werden, ohne dass man ihnen irgendeine der Schwierigkeiten des Priesterlebens verschweigt. Sie sollen aber in ihrer zukünftigen Tätigkeit nicht fast ausschließlich eine Gefahrenquelle sehen, vielmehr *soll man sie dazu anleiten, dass sie gerade aus ihrer pastoralen Tätigkeit für ihr geistliches Leben so viel Kraft wie möglich schöpfen.*

Die Grundsätze christlicher Erziehung sollen hochgehalten und durch die neueren Erkenntnisse einer gesunden Psychologie und Pädagogik ergänzt werden. In klug abgestufter Ausbildung sollen die Alumnen auch zur nötigen menschlichen Reife geführt werden, die sich vor allem in innerer Beständigkeit bewähren muss, in der Fähigkeit, abgewogene Entscheidungen zu fällen, und in einem treffenden Urteil über Ereignisse und Menschen. Die Alumnen müssen ihren Charakter formen lernen. Sie sollen zu geistiger Entschlossenheit erzogen werden und überhaupt jene Tugenden schätzen lernen, auf die die Menschen Wert legen und die den Diener Christi gewinnend machen. Dazu gehören Aufrichtigkeit, wacher Gerechtigkeitssinn, Zuverlässigkeit bei Versprechungen, gute Umgangsformen, Bescheidenheit und Liebenswürdigkeit im Gespräch. OT 11
Die Lebensordnung des Seminars soll nicht nur als ein wirksamer Schatz des gemeinsamen Lebens und der Liebe betrachtet werden, vielmehr als notwendiger Bestandteil der ganzen Ausbildung zur Gewinnung von Selbstbeherrschung, zur Entfaltung einer reifen Persönlichkeit und zur Heranbildung aller jener geistigen Haltungen, die zu einem disziplinierten und fruchtbaren Wirken der Kirche in hohem Maße beitragen. Die Disziplin soll aber so gehandhabt werden, dass die Alumnen von sich aus die Autorität der Oberen aus persönlicher Überzeugung, also um des Gewissens willen (vgl. Röm 13, 5), und aus übernatürlichen Motiven annehmen. Die Regeln der Hausordnung aber sollen dem Alter der Alumnen so angepasst werden, *dass sie allmählich lernen*, auf sich selber zu stehen, und

sich daran gewöhnen, *ihre Freiheit vernünftig zu gebrauchen, aus eigener Initiative und Überlegung zu handeln und mit den Mitbrüdern und den Laien zusammenzuarbeiten*. Der gesamte Lebensstil des Seminars soll von der Bemühung um die Frömmigkeit und das Schweigen und von gegenseitiger Hilfsbereitschaft geprägt und so gestaltet sein, dass er schon eine gewisse Einführung in das spätere Leben des Priesters ist.

OT 19 Überhaupt *sollen die Eigenschaften der Alumnen ausgebildet werden, die am meisten dem Dialog mit den Menschen dienen*: wie die Fähigkeit, anderen zuzuhören und im Geist der Liebe sich seelisch den verschiedenen menschlichen Situationen zu öffnen.

OT 22 *Die priesterliche Bildung muss gerade wegen der Bedürfnisse der heutigen Gesellschaft auch nach abgeschlossenem Seminarstudium noch fortgesetzt und vervollständigt werden*. Die Bischofskonferenzen müssen darum in den einzelnen Ländern geeignete Wege finden, wie zum Beispiel Pastoralinstitute, die mit Musterpfarreien zusammenarbeiten, sowie periodische Zusammenkünfte und entsprechende Übungen. Durch sie soll der jüngere Klerus in geistlicher, intellektueller und pastoraler Hinsicht schrittweise ins priesterliche Leben und ins apostolische Wirken eingeführt werden; sie sollen eine ständige Quelle der Erneuerung und Förderung sein.

6. Ehelose und verheiratete Priester

PO 16 Die Kirche hat die vollkommene und ständige Enthaltsamkeit um des Himmelreiches willen, die von Christus dem Herrn empfohlen, in allen Jahrhunderten bis heute von nicht wenigen Gläubigen gern angenommen und lobenswert geübt worden ist, besonders im Hinblick auf das priesterliche Leben immer hoch eingeschätzt. Ist sie doch ein Zeichen und zugleich ein Antrieb der Hirtenliebe und ein besonderer Quell geistlicher Fruchtbarkeit in der Welt. *Zwar ist sie nicht vom Wesen des Priestertums selbst gefordert, wie die Praxis der frühesten Kirche und die Tradition der Ostkirchen zeigt, wo es neben solchen, die aus gnadenhafter Berufung zusammen mit allen Bischöfen das ehelose Leben erwählen, auch hochverdiente Priester im Ehestand gibt. Wenn diese Heilige Synode dennoch den kirchlichen Zölibat empfiehlt, will sie in keiner Weise jene andere Ordnung ändern die in den Ostkirchen rechtmäßig Gel-*

tung hat; vielmehr ermahnt sie voll Liebe diejenigen, die als Verheiratete das Priestertum empfingen, sie möchten in ihrer heiligen Berufung ausharren und weiterhin mit ganzer Hingabe ihr Leben für die ihnen anvertraute Herde einsetzen.

Der Zölibat ist jedoch in vielfacher Hinsicht dem Priestertum angemessen. Die priesterliche Sendung ist nämlich gänzlich dem Dienst an der neuen Menschheit geweiht, die Christus, der Überwinder des Todes, durch seinen Geist in der Welt erweckt, die ihren Ursprung »nicht aus dem Blut, nicht aus dem Wollen des Fleisches noch aus dem Wollen des Mannes, sondern aus Gott« (Joh 1, 13) hat. Durch die Jungfräulichkeit und die Ehelosigkeit um des Himmelreiches willen werden die Priester in neuer und vorzüglicher Weise Christus geweiht; sie hangen ihm leichter ungeteilten Herzens an, schenken sich freier in ihm und durch ihn dem Dienst für Gott und die Menschen, dienen ungehinderter seinem Reich und dem Werk der Wiedergeburt aus Gott und werden so noch mehr befähigt, die Vaterschaft in Christus tiefer zu verstehen. Auf diese Weise bezeugen sie also vor den Menschen, dass sie sich in ungeteilter Hingabe der ihnen anvertrauten Aufgabe widmen wollen, nämlich die Gläubigen einem Mann zu vermählen und sie als keusche Jungfrau Christus zuzuführen; so weisen sie auf jenen geheimnisvollen Ehebund hin, der von Gott begründet ist und im anderen Leben ins volle Licht treten wird, in welchem die Kirche Christus zum einzigen Bräutigam hat. Darüber hinaus sind sie ein lebendiges Zeichen der zukünftigen, schon jetzt in Glaube und Liebe anwesenden Welt, in der die Auferstandenen weder freien noch gefreit werden. *Der so im Geheimnis Christi und seiner Sendung begründete Zölibat wurde zunächst den Priestern empfohlen und schließlich in der lateinischen Kirche allen, die die heilige Weihe empfangen sollten, als Gesetz auferlegt.* Diese Heilige Synode billigt und bekräftigt von neuem das Gesetz für jene, die zum Priestertum ausersehen sind, wobei ihr der Geist das Vertrauen gibt, dass der Vater die Berufung zum ehelosen Leben, das ja dem neutestamentlichen Priesterturn so angemessen ist, großzügig geben wird, wenn nur diejenigen, die durch das Sakrament der Weihe am Priestertum Christi teilhaben, zusammen mit der ganzen Kirche demütig und inständig darum bitten. Das Konzil mahnt daher alle Priester, die im Vertrauen auf Gottes Gnade in freier Entscheidung nach Christi Vorbild den Zölibat auf sich genommen haben, ihm großmütig und mit ganzem Herzen anzuhangen und treu in diesem Stand auszuhalten in der Erkenntnis der hohen Gnadengabe, die ihnen vom Vater gegeben wurde und die der Herr so offenkundig gepriesen hat. Sie sollen dabei immer jene Geheimnisse vor Augen haben, die durch sie bezeichnet werden und ihre Erfüllung finden. *Und je mehr in der heutigen Welt viele Menschen ein Leben vollkommener Enthaltsamkeit für unmöglich halten, um so demütiger und beharrlicher werden die Priester und mit ihnen die ganze Kirche die Gabe der Beständigkeit und Treue erflehen*, die denen niemals verweigert wird, die um sie bitten. Zugleich werden sie alle übernatürlichen und natürlichen Hilfen anwenden, die jedem zur Verfügung stehen; sie sollen vor allem die durch die Erfahrung der Kirche bewährten aszetischen Verhaltensweisen, die in der modernen Welt nicht weniger notwendig sind, befolgen. So bittet diese Heilige Synode nicht nur die Priester, sondern alle Gläubigen, sie möchten sich die kostbare Gabe des priesterlichen Zölibates ein wirkliches Anliegen sein lassen, und alle mögen Gott bitten, dass er dieses Geschenk seiner Kirche stets in Fülle zukommen lasse.

XII. Diakone und Katechisten

Hinführung

Über Jahrhunderte hin war in der römisch-katholischen Kirche der Diakonat, der durch bischöfliche Handauflegung übertragen wird, eine Durchgangsstation auf dem Weg zur Priesterweihe. Zwar wurde in frommer Rede, z. B. in Weiheexerzititen, oft betont, diese diakonale Indienstnahme bleibe ein wichtiges Element auch im Berufsleben der Pfarrer und Bischöfe, aber der Diakonat als solcher spielte im Westen faktisch keine Rolle.

Das II. Vatikanum eröffnet den Bischofskonferenzen die Möglichkeit den Diakonat als ständige Einrichtung wiederzubeleben und die sakramentale Weihe zum Diakon auch verheirateten Männern reiferen Alters zu erteilen. Die deutschen Diözesen haben diese Möglichkeit ergriffen, so dass inzwischen viele Ständige Diakone entweder »hauptamtlich«, also voll im kirchlichen Dienst, oder »nebenamtlich«, also zusätzlich zu einem »Zivilberuf« (und dann meist nur am Wochenende) faktisch an Stelle der fehlenden Kapläne wertvolle Dienste leisten. Das »Berufsbild« des Ständigen Diakons lässt sich im Blick auf die unterschiedliche praktische Tätigkeit immer noch nicht klar umreißen.[1]

Mir scheint wichtig, an diesem Punkt erleben zu können, dass die Gesamtkirche in Gestalt ihrer amtlichen Repräsentanten die Möglichkeit und das Recht praktiziert, den Diakonat als Dauerberuf wieder einzurichten, und die Weihe zum Subdiakon, die im Mittelalter als sakramental galt, (im Westen) wieder abzuschaffen. Die dringende Aufgabe, das Evangelium Jesu Christi lebendig und glaubhaft auszurichten und überzeugend zu leben, fordert Flexibilität auch in der Konzeption und Einrichtung neuer (bzw. Wiederaufnahme »altkirchlicher«) hauptamtlicher Dienste.

1| Die meisten von ihnen haben eine theologische »Ersatzausbildung«, z. B. durch die Teilnahme am »Würzburger Fernkurs«, so dass an vielen Orten die seltsame Verkehrung stattfindet, dass Männer und Frauen mit vollem Universitätsstudium, die als Pastoralrefent/inn/en tätig sind, nicht in der sonntäglichen Eucharistiefeier predigen dürfen, weil sie nicht ordiniert sind – während die meisten, theologisch weniger intensiv ausgebildeten Ständigen Diakone als durch bischöfliche Handauflegung Geweihte, mit der Predigt im eucharistischen Gottesdienst beauftragt sind.

1. Ständiger Diakonat

AG 16 *Wo die Bischofskonferenzen es für gut halten, soll der Diakonat als fester Lebensstand wieder eingeführt werden*, entsprechend den Normen der Konstitution über die Kirche (LG 29), *denn es ist angebracht, dass Männer, die tatsächlich einen diakonalen Dienst ausüben*, sei es als Katechisten in der Verkündigung des Gotteswortes, sei es in der Leitung abgelegener christlicher Gemeinden im Namen des Pfarrers und des Bischofs, sei es in der Ausübung sozialer oder caritativer Werke, durch die von den Aposteln her überlieferte Handauflegung gestärkt und dem Altare enger verbunden werden, damit sie *ihren Dienst mit Hilfe der sakramentalen Diakonatsgnade wirksamer erfüllen können.*

LG 29 In der Hierarchie eine Stufe tiefer stehen die Diakone, welche die Handauflegung »nicht zum Priestertum, sondern zur Dienstleistung empfangen« (Const. Eccl. Aeggypt.). Mit sakramentaler Gnade gestärkt, dienen sie dem Volke Gottes in der Diakonie der Liturgie, des Wortes und der Liebestätigkeit in Gemeinschaft mit dem Bischof und seinem Presbyterium. Sache des Diakons ist es, je nach Weisung der zuständigen Autorität, feierlich die Taufe zu spenden, die Eucharistie zu verwahren und auszuteilen, der Eheschließung im Namen der Kirche zu assistieren und sie zu segnen, die Wegzehrung den Sterbenden zu überbringen, vor den Gläubigen die Heilige Schrift zu lesen, das Volk zu lehren und zu ermahnen, dem Gottesdienst und dem Gebet der Gläubigen vorzustehen, Sakramentalien zu spenden und den Beerdigungsritus zu leiten. Den Pflichten der Liebestätigkeit und der Verwaltung hingegeben, sollen die Diakone eingedenk sein der Mahnung des heiligen Polykarp: »Barmherzig, eifrig, wandelnd nach der Wahrheit des Herrn, der aller Diener geworden ist«.
Weil diese für die Kirche in höchstem Maße lebensnotwendigen Ämter bei der gegenwärtig geltenden Disziplin der lateinischen Kirche in zahlreichen Gebieten nur schwer ausgeübt werden können, kann in Zukunft der Diakonat als eigene und beständige hierarchische Stufe wiederhergestellt werden. Den zuständigen verschiedenartigen territorialen Bischofskonferenzen kommt mit Billigung des Papstes die Entscheidung zu, ob und wo es für die Seelsorge angebracht ist, derartige Diakone zu bestellen. Mit Zustimmung des Bischofs von Rom *wird dieser Diakonat auch verheirateten Männern reiferen Alters erteilt*

werden können, ferner geeigneten jungen Männern, für die jedoch das Gesetz des Zölibats in Kraft bleiben muss.

Damit die alte Ordnung des Weihesakramentes *in den Ostkirchen* wieder zur Geltung komme, *wünscht das Heilige Konzil dringend, dass die Einrichtung des dauernden Diakonates, wo sie außer Übung gekommen ist, wieder eingeführt wird*. Über Subdiakonat und Niedere Weihen sowie über deren Rechte und Pflichten soll die gesetzgebende Obrigkeit jeder Teilkirche Anordnungen treffen. OE 17

2. *Männer und Frauen als Katechisten/Katecheten*

Ebenso verdient die *Schar der Katechisten Anerkennung, Männer wie Frauen*, die so große Verdienste um das Werk der Heidenmission haben. Erfüllt von apostolischer Gesinnung, *leisten sie mit vielen Mühen ihren einzigartigen und unersetzlichen Beitrag zur Verbreitung des Glaubens* und der Kirche. AG 17
Das Amt der Katechisten hat in unseren Tagen, da es für die Glaubensunterweisung solcher Massen und den Seelsorgedienst nur wenige Kleriker gibt, allergrößte Bedeutung. Deshalb muss ihre Ausbildung so vervollkommnet und dem kulturellen Fortschritt angepasst werden, dass sie ihr Amt, das durch neue und ausgedehntere Aufgaben erschwert wird, als fähige Mitarbeiter der Priester möglichst gut ausüben können.
Man muss deshalb die diözesanen und regionalen Schulen vermehren, in denen die zukünftigen Katechisten die katholische Lehre, mit besonderer Betonung von Schrift und Liturgie, sowie die katechetischen Methoden und die pastorale Praxis erlernen und sich in stetiger Übung von Frömmigkeit und sittlichem Leben zu einem christlichen Verhalten bilden. Zusammenkünfte und Kurse soll man ferner veranstalten, durch die die Katechisten in den Fächern und Fertigkeiten, die zu ihrem Dienst gehören, zu bestimmten Zeiten Auffrischung erhalten und ihr geistliches Leben genährt und gestärkt wird. Außerdem muss man denen, die sich hauptamtlich dieser Arbeit widmen, durch gerechte Vergütung einen gebührenden Lebensstandard und soziale Sicherheit gewährleisten. Es besteht der Wunsch des Konzils, dass durch besondere Mittel der Heiligen Kongregation zur Verbreitung des Glaubens für Ausbildung und Unterhalt der Katechisten gesorgt werde. *Wenn es für nötig und zweckmäßig gehal-*

ten wird, möge ein eigenes Werk für Katechisten gegründet werden. Die Kirchen werden auch dankbar die hochherzige Arbeit der Hilfskatechisten anerkennen, deren Mitwirkung sie brauchen. Sie leiten in ihren Gemeinden die Gebete und geben den Unterricht. Für ihre wissensmäßige und geistliche Bildung soll ordnungsgemäß gesorgt werden. *Es ist außerdem zu wünschen, dass den entsprechend ausgebildeten Katechisten,* wo es angezeigt erscheint, *die kanonische Sendung in einer öffentlichen liturgischen Feier gegeben werde,* damit sie beim Volk in Glaubensfragen größere Autorität genießen.

GE 4 In der Erfüllung ihrer Erziehungsaufgabe ist die Kirche um alle geeigneten Hilfsmittel bemüht, besonders um jene, die ihr eigentümlich sind. Zu ihnen gehört als erstes *die katechetische Unterweisung*: sie *erleuchtet den Glauben und stärkt ihn, sie nährt das Leben im Geiste Christi, führt zum bewussten und aktiven Mitvollzug des Mysteriums der Liturgie und ermuntert zur apostolischen Tat.* Aber auch die anderen zum gemeinsamen menschlichen Erbe gehörenden Hilfsmittel, die zur Bildung des Geistes und zur Formung des Menschen sehr viel beitragen, schätzt die Kirche hoch und sucht sie mit ihrem Geiste zu durchdringen und zu vervollkommnen; so etwa die Kommunikationsmittel der Gesellschaft, die verschiedenen der geistigen und körperlichen Ertüchtigung dienenden Vereinigungen, die Jugendgemeinschaften und vor allem die Schulen.

DV 25 *Darum müssen alle* Kleriker, besonders Christi Priester und die anderen, die sich als Diakone oder *Katecheten ihrem Auftrag entsprechend dem Dienst des Wortes widmen, in beständiger heiliger Lesung und gründlichem Studium sich mit der Schrift befassen,* damit keiner von ihnen werde zu »einem hohlen und äußerlichen Prediger des Wortes Gottes, ohne dessen innerer Hörer zu sein« (Augustinus), wo er doch die unübersehbaren Schätze des göttlichen Wortes, namentlich in der heiligen Liturgie, den ihm anvertrauten Gläubigen mitteilen soll. Ebenso ermahnt die Heilige Synode alle an Christus Glaubenden, zumal die Glieder religiöser Gemeinschaften, besonders eindringlich, durch häufige Lesung der Heiligen Schrift sich die »alles übertreffende Erkenntnis Jesu Christi« (Phil 3, 8) anzueignen. »Die Schrift nicht kennen heißt Christus nicht kennen.« (Hieronymus). *Sie sollen deshalb gern an den heiligen Text selbst herantreten,* einmal in der mit göttlichen Worten gesättigten heiligen Liturgie, dann in frommer Lesung

oder auch durch geeignete Institutionen und andere Hilfsmittel, die heute mit Billigung und auf Veranlassung der Hirten der Kirche lobenswerterweise allenthalben verbreitet werden. *Sie sollen daran denken, dass Gebet die Lesung der Heiligen Schrift begleiten muss, damit sie zu einem Gespräch werde zwischen Gott und Mensch*; denn »ihn reden wir an, wenn wir beten; ihn hören wir, wenn wir Gottes Weisungen lesen« (Ambrosius).
Die kirchlichen Vorsteher, »bei denen die Lehre der Apostel ist« (Irenäus), sollen die ihnen anvertrauten Gläubigen zum rechten Gebrauch der Heiligen Bücher, namentlich des Neuen Testamentes und in erster Linie der Evangelien, in geeigneter Weise anleiten durch Übersetzungen der heiligen Texte, die mit den notwendigen und wirklich ausreichenden Erklärungen versehen sind, damit die Kinder der Kirche sicher und mit Nutzen mit den Heiligen Schriften umgehen und von ihrem Geist durchdrungen werden.
Darüber hinaus sollen mit entsprechenden Anmerkungen versehene Ausgaben der Heiligen Schrift geschaffen werden, die auch Nichtchristen gebrauchen können und die ihren Verhältnissen angepasst sind. Die Seelsorger und die Christen jeden Standes sollen auf jede Weise klug für ihre Verbreitung sorgen.

Die katechetische Unterweisung: trachtet danach, dass in den Menschen der Glaube, CD 14
durch die Lehre erleuchtet, lebendig wird, sich entfaltet und zu Taten führt. Die Bischöfe sollen darüber wachen, dass dieser Unterricht sowohl den Kindern und Heranwachsenden als auch den Jugendlichen und ebenso den Erwachsenen mit Eifer und Sorgfalt erteilt wird; dass bei dieser Unterweisung eine geeignete Ordnung und eine Methode eingehalten werden, die nicht nur dem zu behandelnden Stoff, sondern auch der Eigenart, den Fähigkeiten, dem Alter und den Lebensbedingungen der Zuhörer entsprechen; dass diese Unterweisung auf der Heiligen Schrift, der Überlieferung, der Liturgie, dem Lehramt und dem Leben der Kirche aufbaut. *Ferner mögen sie dafür sorgen, dass die Katecheten für ihre Aufgabe gebührend vorbereitet werden,* indem sie die Lehre der Kirche gründlich kennenlernen und auch die psychologischen Gesetze und pädagogischen Fächer theoretisch und praktisch erlernen.
Sie seien auch bemüht, dass der Unterricht für erwachsene Katechumenen wieder eingeführt oder besser angepasst wird.

SC 68 Für den Fall einer großen Zahl von Täuflingen sollen im Taufritus entsprechende Anpassungen vorgesehen werden zur Verwendung nach dem Urteil des Ortsordinarius. *Ferner soll eine Kurzform des Taufritus geschaffen werden, den die Katechisten, vor allem die in Missionsländern, und in Todesgefahr die Gläubigen allgemein gebrauchen können, wenn kein Priester oder Diakon anwesend ist.*

XIII. Nachfolge im Ordensstand

Hinführung

Das Dekret über die zeitgemäße Erneuerung des Ordenslebens ist bewusst kurz gehalten und besteht in der verabschiedeten Fassung aus 25 Leitsätzen. Jede echte Erneuerung kirchlichen Lebens gewinnt ihre Kraft aus der Rückkehr zu den Quellen, einer erneuten Verwurzelung im Ursprünglichen, d.h. im Mutterboden des Evangeliums. Dies ist und bleibt, wie das Konzil sagt, auch die Richtschnur für die zeitgemäße Gestaltung des Lebens der Ordensgemeinschaften.

»Das Dekret bietet genug Ansatzpunkte zu einer wirklich zeitgemäßen Erneuerung des Ordenslebens. Es zeigt, dass die Orden für die Kirche lebensnotwendig sind und dass sie nur gewinnen können, wenn sie die Einfalt des Evangeliums nicht mit Unbedarftheit, die Anstößigkeit eines Lebens nach den Räten nicht mit Skurrilität verwechseln. Es gibt viele mahnende Hinweise, dass die Menschenwürde in den Klöstern respektiert werden muss, und dies nicht erst deshalb, weil menschenunwürdige Praktiken mit zu einem katastrophalen Rückgang des Nachwuchses beigetragen haben. Dennoch spricht das Konzil wohl nicht energisch genug, um den ›exklusiv moralischen, theologisch dürren Geist vieler Institute, der der des 19. Jahrhunderts ist‹ (J. Kardinal Döpfner), zu beseitigen, sosehr seine Bemühung um eine positive Sprache und daher auch der Mangel an Kritik verstanden werden kann. Angesichts des Beharrungsvermögens mancher Orden, das schon über viele Päpste siegreich war, kommt hier das meiste auf die nachkonziliare Arbeit an.«[1]

1. Leben nach den evangelischen Räten

Von Anfang an gab es in der Kirche Männer und Frauen, die durch die PC 1
Befolgung der evangelischen Räte Christus in größerer Freiheit nachzufolgen und ihn ausdrücklicher nachzuahmen verlangten und die – jeder

1 | K. Rahner/H. Vorgrimler, Kleines Konzilskompendium, Freiburg 1966 (u. ö.), 316.

auf seine Weise – ein Leben führten, das Gott geweiht war. Viele wählten unter dem Antrieb des Heiligen Geistes ein Einsiedlerleben, andere gaben den Anstoß zu religiösen Gemeinschaften, die von der Kirche kraft ihrer Vollmacht gern unterstützt und bestätigt wurden. So erwuchs nach göttlichem Ratschluss eine wunderbare Vielfalt von Ordensgemeinschaften, die sehr dazu beitrug, dass die Kirche nicht nur zu jedem guten Werk gerüstet (vgl. 2 Tim 3, 17) und für den Dienst am Aufbau des Leibes Christi (vgl. Eph 4, 12) bereit ist, sondern auch mit den mannigfachen Gnadengaben ihrer Kinder wie eine Braut für ihren Mann geschmückt dasteht (vgl. Offb 21, 2) und die vielgestaltige Weisheit Gottes kundtut (vgl. Eph 3, 10).

Inmitten der Vielfalt von Gnadengaben weihen sich alle, die von Gott zum Leben der evangelischen Räte berufen werden und dieses aufrichtig geloben, in besonderer Weise dem Herrn, indem sie Christus nachfolgen, der selbst jungfräulich und arm gelebt (vgl. Mt 8, 20; Lk 9, 58) und durch seinen Gehorsam bis zum Tod am Kreuz (vgl. Phil 2, 8) die Menschen erlöst und geheiligt hat. Von der Liebe gedrängt, die der Heilige Geist in ihre Herzen ausgegossen hat (vgl. Röm 5, 5), leben sie mehr und mehr für Christus und seinen Leib, die Kirche (vgl. Kol 1, 24). Je inniger sie also durch solche Selbsthingabe, die das ganze Leben umfasst, mit Christus vereinigt werden, desto reicher wird das Leben der Kirche und desto fruchtbarer deren Apostolat.

2. *Gott übereignet*

PC 5 *Die Mitglieder aller Institute sollen sich bewusst bleiben, dass sie* durch ihr Gelöbnis der evangelischen Räte *vor allem einem göttlichen Ruf geantwortet haben* und dadurch nicht nur der Sünde gestorben sind (vgl. Röm 6, 1), sondern auch der Welt entsagt haben, um Gott allein zu leben; denn *sie haben ihr ganzes Leben seinem Dienst überantwortet*. Das begründet gleichsam eine besondere Weihe, die zutiefst in der Taufweihe wurzelt und diese voller zum Ausdruck bringt.

Da aber diese Selbsthingabe von der Kirche angenommen wurde, sollen sie sich auch zu deren Dienst verpflichtet wissen. Solches Übereignetsein an Gott muss sie immer mehr zu praktischer Tugend drängen, besonders zu Demut und Gehorsam, Tapferkeit und Keuschheit, die ihnen Anteil

geben an Christi Erniedrigung (vgl. Phil 2, 7) und zugleich an dessen Leben im Geist (vgl. Röm 8, 1–13).
Die Ordensleute sollen also, treu ihren Gelübden, alles um Christi willen aufgeben (vgl. Mk 10, 28) und ihm nachfolgen (vgl. Mt 19, 21): Er muss für sie das »Eine Notwendige« sein (vgl. Lk 10, 42). Auf sein Wort hörend (vgl. Lk 10, 39), sollen sie um seine Sache besorgt sein (vgl. 1 Kor 7, 32).
Darum müssen die Mitglieder aller Institute, da sie zuerst und einzig Gott suchen, die Kontemplation, durch die sie ihm im Geist und im Herzen anhangen, mit apostolischer Liebe verbinden, die sie dem Erlösungswerk zugesellt und zur Ausbreitung des Reiches Gottes drängt.

Wer sich auf die evangelischen Räte verpflichtet, muss vor allem Gott, der uns zuvor geliebt hat (vgl. 1 Joh 4, 10), suchen und lieben und sich in allen Lebensumständen bemühen, ein mit Christus verborgenes Leben (vgl. Kol 3, 3) zu führen. Daraus fließt die Nächstenliebe zum Heil der Welt und zum Aufbau der Kirche und erhält neuen Antrieb. Diese Liebe beseelt und leitet auch selbst wieder die Verwirklichung der evangelischen Räte. PC 6

3. Ehelosigkeit

Die Ehelosigkeit »um des Himmelreiches willen« (Mt 19, 12), zu der die Ordensleute sich verpflichten, soll von ihnen als überaus hohe Gnadengabe angesehen werden. Sie macht das Herz des Menschen in einzigartiger Weise für eine größere Liebe zu Gott und zu allen Menschen frei (vgl. 1 Kor 7, 32–35). Darum ist sie ein besonderes Zeichen für die himmlischen Güter und *für die Ordensleute ein vorzügliches Mittel, sich mit Eifer dem göttlichen Dienst und den Werken des Apostolats zu widmen*. So rufen sie allen Christgläubigen jenen wunderbaren Ehebund in Erinnerung, den Gott begründet hat und der erst in der kommenden Welt ganz offenbar wird, den Ehebund der Kirche mit Christus, ihrem einzigen Bräutigam … PC 12
Die Beobachtung vollkommener Enthaltsamkeit rührt sehr unmittelbar an tiefere Neigungen der menschlichen Natur. Darum *dürfen Kandidaten nur nach wirklich ausreichender Prüfung und nach Erlangung der erforderlichen psychologischen und affektiven Reife zum Gelöbnis der Keuschheit hinzutreten und zugelassen werden*. Man soll sie nicht nur auf die Gefahren für die Keusch-

heit aufmerksam machen, sondern sie anleiten, die gottgewollte Ehelosigkeit zum Wohl der Gesamtperson innerlich zu übernehmen.

4. *Armut*

PC 13 Die freiwillige Armut um der Nachfolge Christi willen, als deren Zeichen sie heute besonders geschätzt wird, sollen die Ordensleute mit liebendem Eifer pflegen und gegebenenfalls auch in neuen Formen üben. Sie ist Anteil an Christi Armut, der unseretwegen arm wurde, da er doch reich war, damit wir durch seine Entbehrung reich würden (vgl. 2 Kor 8, 9; Mt 8, 20). *Die Ordensarmut beschränkt sich nicht auf die Abhängigkeit von den Obern im Gebrauch der Dinge. Die Mitglieder müssen tatsächlich und in der Gesinnung arm sein*, da sie ihr Besitztum im Himmel haben (vgl. Mt 6, 20). Alle sollen sich – jeder in seiner Aufgabe – dem allgemeinen Gesetz der Arbeit verpflichtet wissen. Im Erwerb aber dessen, was zu ihrem Lebensunterhalt und für ihre Aufgaben notwendig ist, sollen sie alle unangebrachte Sorge von sich weisen und sich der Vorsehung des himmlischen Vaters anheimgeben (vgl. Mt 6, 25) ... *Auch die Institute als ganze sollen danach trachten, ein gleichsam kollektives Zeugnis der Armut abzulegen, so wie es in ihrer Umwelt angebracht ist*, und von ihrem eigenen Besitz gern etwas beitragen für andere Erfordernisse der Kirche und für den Unterhalt der Armen, die alle Ordensleute im Herzen Christi lieben sollen (vgl. Mt 19, 21; 25, 34–46; Jak 2, 15–16; 1 Joh 3, 17). Die Ordensprovinzen und die einzelnen Häuser sollen sich gegenseitig materiell aushelfen, indem jene, die mehr haben, diejenigen, die Not leiden, unterstützen.

5. *Gehorsam*

PC 14 Die Untergebenen sollen ... im Geist des Glaubens und der Liebe zum Willen Gottes gemäß der Regel und den Konstitutionen den Obern demütig Gehorsam leisten, *und zwar so, dass sie in der Ausführung dessen, was angeordnet ist, und in der Erfüllung der ihnen anvertrauten Aufgaben die eigene Verstandes- und Willenskraft einsetzen und die Gaben, die ihnen Natur und Gnade verliehen haben, gebrauchen*, im Wissen, dass sie damit zur Auferbauung des Leibes Christi nach Gottes Absicht beitragen. So führt der Ordensgehor-

sam, weit entfernt, die Würde der menschlichen Person zu mindern, diese durch die größer gewordene Freiheit der Kinder Gottes zu ihrer Reife.
Die Obern aber, die für die ihnen anvertrauten Seelen Rechenschaft ablegen müssen (vgl. Hebr 13, 17), sollen in der Erfüllung ihres Amtes auf den Willen Gottes horchen und ihre Autorität im Geist des Dienstes an den Brüdern ausüben, so dass sie Gottes Liebe zu jenen zum Ausdruck bringen. Sie sollen ihre Untergebenen als Kinder Gottes und in Achtung vor der menschlichen Person leiten und deren freiwillige Unterordnung fördern. Darum sollen sie ihnen besonders die geschuldete Freiheit in bezug auf die Beichte und die Gewissensleitung lassen. Sie sollen ihre Untergebenen dahin führen, dass sie bei der Durchführung des ihnen Aufgetragenen und bei der Inangriffnahme neuer Aufgaben in aktivem und verantwortlichem Gehorsam mitarbeiten. Sie sollen sie deshalb auch bereitwillig anhören und ihr Mitplanen zum Wohl des Instituts und der Kirche fördern, bei voller Wahrung freilich ihres Rechtes, zu entscheiden und anzuordnen, was zu tun ist.

6. *Zeitgemäße Erneuerung*

Zeitgemäße Erneuerung des Ordenslebens heißt: ständige Rückkehr zu den Quellen jedes christlichen Lebens und zum Geist des Ursprungs der einzelnen Institute, zugleich aber deren Anpassung an die veränderten Zeitverhältnisse. Diese Erneuerung ist unter dem Antrieb des Heiligen Geistes und unter der Führung der Kirche nach folgenden Grundsätzen zu verwirklichen: PC 2
a) *Letzte Norm des Ordenslebens ist die im Evangelium dargelegte Nachfolge Christi. Sie hat allen Instituten als oberste Regel zu gelten.*
b) Es ist der Kirche zum Nutzen, dass die Institute ihre Eigenart und ihre besondere Aufgabe haben. Darum sind der Geist und die eigentlichen Absichten der Gründer wie auch die gesunden Überlieferungen, die zusammen das Erbe jedes Institutes ausmachen, treu zu erforschen und zu bewahren.
c) *Alle Institute sollen am Leben der Kirche teilnehmen und sich entsprechend ihrem besonderen Charakter deren Erneuerungsbestrebungen – auf biblischem, liturgischem, dogmatischem, pastoralem, ökumenischem, missionarischem und sozialem Gebiet – zu eigen machen und sie nach Kräften fördern.*

d) Die Institute sollen dafür sorgen, dass ihre Mitglieder die Lebensverhältnisse der Menschen, die Zeitlage sowie die Erfordernisse der Kirche wirklich kennen, damit sie die heutige Welt im Licht des Glaubens richtig beurteilen und den Menschen mit lebendigem apostolischem Eifer wirksamer helfen können.
e) Da das Ordensleben durch die Verpflichtung auf die evangelischen Räte vor allem anderen auf die Nachfolge Christi und die Vereinigung mit Gott abzielt, ist ernst zu bedenken, dass auch die besten Anpassungen an die Erfordernisse unserer Zeit ohne geistliche Erneuerung unwirksam bleiben; diese hat darum auch bei aller Förderung äußerer Werke immer das Wesentliche zu sein.

PC 3 Lebensweise, Gebet und Arbeit müssen den körperlichen und seelischen Voraussetzungen der Menschen von heute, aber auch – soweit die Eigenart des Instituts es verlangt – den Erfordernissen des Apostolats, den Ansprüchen der Kultur, der sozialen und wirtschaftlichen Umwelt entsprechen. Das gilt überall, vor allem in den Missionsgebieten.
Nach denselben Kriterien ist auch die Art und Weise der Leitung in den Instituten zu überprüfen.
Darum sind die Konstitutionen, die »Direktorien«, die Gebräuchebücher, Gebetbücher, Zeremonienbücher und dergleichen entsprechend durchzusehen und nach Ausscheiden veralteter Bestimmungen mit den Dokumenten dieser Heiligen Synode in Einklang zu bringen.

PC 17 Das Ordensgewand als Zeichen der Weihe sei einfach und schlicht, arm und zugleich schicklich, dazu den gesundheitlichen Erfordernissen, den Umständen von Zeit und Ort sowie den Erfordernissen des Dienstes angepasst. Ein Gewand, das diesen Richtlinien nicht entspricht, muss geändert werden. Das gilt sowohl für Männer wie für Frauen.

PC 18 *Die zeitgemäße Erneuerung der Institute hängt wesentlich von der Ausbildung der Mitglieder ab.* Daher sollen auch die Nichtkleriker und die Ordensfrauen nicht unmittelbar nach dem Noviziat mit apostolischen Arbeiten beschäftigt werden; vielmehr ist ihre religiöse und apostolische, ihre theoretische und praktische Ausbildung, auch durch Erwerb der entsprechenden Zeugnisse, in geeigneten Häusern angemessen weiterzuführen. Die Anpassung des Ordenslebens an die Erfordernisse unserer Zeit darf

sich nicht in Äußerlichkeiten erschöpfen. Damit diejenigen, die nach ihrer Zielsetzung sich äußeren Apostolatswerken widmen, ihrer Aufgabe wirklich gewachsen sind, sollen sie entsprechend ihren geistigen Fähigkeiten und ihrer Veranlagung in geeigneter Form über die Gepflogenheiten, das Denken und Empfinden der heutigen Gesellschaft unterwiesen werden. Die Ausbildung soll so sein, dass ihre einzelnen Elemente aufeinander abgestimmt sind und dadurch das Leben der Mitglieder einheitlich gestaltet wird. Diese selbst sollen sich aber *ihr ganzes Leben hindurch ernsthaft um die geistliche, wissensmäßige und praktische Weiterbildung bemühen*; die Obern sollen ihnen dazu nach Kräften Gelegenheit, Hilfsmittel und Zeit geben.
Die Obern haben die Pflicht, dafür zu sorgen, dass diejenigen, denen die Ausbildung obliegt, die geistlichen Leiter und Lehrkräfte, aufs sorgfältigste ausgewählt und gründlich vorbereitet werden.

Zur wirksamen Erneuerung und echten Anpassung ist die Zusammenarheit aller Mitglieder eines Instituts unerlässlich. PC 4

Die Institute, für die diese Normen einer zeitgemäßen Erneuerung aufgestellt sind, mögen bereiten Herzens ihrer göttlichen Berufung und ihrer Aufgabe in der Kirche zur gegenwärtigen Stunde entsprechen. Die Heilige Synode schätzt ihren Stand des jungfräulichen, armen und gehorsamen Lebens, dessen Vorbild Christus der Herr selbst ist, und setzt eine große Hoffnung auf die Fruchtbarkeit ihrer verborgenen und offenkundigen Werke. So mögen alle Ordensleute durch die Reinheit des Glaubens, durch Liebe zu Gott und zum Nächsten, durch die liebende Hinneigung zum Kreuz und die Hoffnung auf die künftige Herrlichkeit Christi frohe Botschaft in der ganzen Welt verbreiten, auf dass ihr Zeugnis allen kund und unser Vater im Himmel verherrlicht werde (Mt 5, 16). So werden sie auf die Fürsprache der gütigen Gottesmutter und Jungfrau Maria, »deren Leben für alle eine Lehre ist« (Ambrosius), täglich wachsen und reichere Frucht des Heiles bringen. PC 25

XIV. Unsere Hoffnung

GS 93 *Die Christen können*, eingedenk des Wortes des Herrn: »Daran werden alle erkennen, dass ihr meine Jünger seid, wenn ihr einander liebt« (Joh 13, 35), *nichts sehnlicher wünschen, als den Menschen unserer Zeit immer großherziger und wirksamer zu dienen*. Dem Evangelium gewissenhaft folgend und aus seinen Kräften lebend, verbunden mit allen, die die Gerechtigkeit lieben und pflegen, haben sie das große Werk, das sie hier auf Erden zu erfüllen haben, begonnen, über das sie ihm, der am Jüngsten Tag alle richten wird, Rechenschaft geben müssen. Nicht alle, die sagen »Herr, Herr«, werden ins Himmelreich eingehen, sondern die den Willen des Vaters tun und tatkräftig ans Werk gehen. Der Vater will, dass wir in allen Menschen Christus als Bruder sehen und lieben in Wort und Tat und so der Wahrheit Zeugnis geben und anderen das Geheimnis der Liebe des himmlischen Vaters mitteilen. *Auf diese Weise wird in den Menschen überall in der Welt eine lebendige Hoffnung erweckt, die eine Gabe des Heiligen Geistes ist*, dass sie am Ende in Frieden und vollkommenem Glück aufgenommen werden in das Vaterland, das von der Herrlichkeit des Herrn erfüllt ist. »Dem aber, der Macht hat, gemäß der in uns wirkenden Kraft weitaus mehr zu tun als alles, was wir erbitten oder ersinnen, ihm sei Ehre in der Kirche und in Christus Jesus durch alle Geschlechter von Ewigkeit zu Ewigkeit. Amen« (Eph 3, 20–21).

Karl Rahner – Gebet für die Kirche[1]

Für die Kirche soll ich beten, mein Gott. Ich tue es ja jeden Tag bei der Feier des Abendmahls Jesu. Mein Glaube kann doch nur leben in der Gemeinschaft derer, die zusammen die Heilige Kirche Jesu bilden. Und darum ist (neben vielem anderen) für mein Heil unerlässlich, dass sie auch wirklich die Heimat und Grundfeste meines Glaubens sein kann. Natürlich weiß ich, dass sie dies durch die Macht deiner reuelosen Gnade immer ist und für mich immer sein kann. Aber weil sie auch immer die Kirche der armen Sünder ist, kann sie in verschiedenem Maße Grund und Haus meines Glaubens sein: sie kann es mir leichter und schwerer machen, an dich und deine siegreiche Liebe für mich zu glauben. Ich halte mich wahrhaft nicht für besser als andere in der Kirche; ich weiß, dass ich selbst alles andere bin als ein glanzvoll strahlendes Argument für die Herkunft der Kirche aus Gottes Gnadenwillen – ich, der ich ja selbst ein Glied dieser Kirche bin und sie repräsentieren sollte. Aber darum darf ich doch auch sagen, dass meine Schwestern und Brüder in dieser Kirche mir oft ebenso zur Anfechtung werden, wenn ich beten soll: Ich glaube die eine, heilige, katholische und apostolische Kirche, Gemeinschaft der Heiligen und (von daher) das ewige Leben. Wie langweilig, greisenhaft, nur auf das Renommee des Apparats bedacht, wie kurzsichtig, wie herrschsüchtig kommen mir manchmal die »Amtsträger« in der Kirche vor, wie in einem schlechten Sinn konservativ und klerikal. Und wenn sie dann salbungsvoll dazu sind, wenn sie penetrant ihren guten Willen und ihre Selbstlosigkeit zu Schau tragen, dann wird es noch ärger, weil ich kaum einmal höre, dass sie auch öffentlich und deutlich ihre Fehler und Missgriffe bekennen und wünschen, dass wir heute an ihre Unfehlbarkeit glauben und vergessen, was sie gestern an kapitalen Schnitzern und Versäumnissen begangen haben. Wie oft sind sie in heiliger Entrüstung über eine bestimmte Tat; den heiligen Zorn über eine soziale Ordnung, die letzte Ursache dafür ist, spüre ich weniger deutlich. Sie moralisieren viel, aber von dem allen Geist und Herz zersprengenden Taumel der Freude über die Botschaft von deiner Gnade, in der du dich selbst schenkst, ist oft weit weniger zu spüren. Und doch hätte ihre Moralpredigt viel mehr Aussicht

1 K. Rahner, Gebet des Lebens, Freiburg 1984, 141–144.

gehört zu werden, wenn sie so eine kleine Nebenbemerkung in diesem Lobpreis deiner herrlichen Gnade wäre, der Überfülle des Lebens, das du uns mitteilen willst. Davon, dass das amtliche Gehabe deiner Kirche mir oft so lähmend späteuropäisch erscheint, als ob die Kirche nicht die Weltkirche, sondern eine europäische Kirche mit Exporten in alle Welt wäre, davon will ich schon gar nicht reden. Vor dreihundert Jahren hat man bei uns Hexen verbrannt, und es konnte einem sehr übel bekommen, wenn man daran zweifelte, dass es Hexen gäbe. Heute gibt es diesen Massenwahn in der Kirche nicht mehr, aber wissen wir sicher, dass nicht andere Arten von Massenwahn da sind, bei denen die Kirche naiv mitmacht? Unter den Anhängern des alten Massenwahns waren ja auch heilige, gelehrte und fromme Leute von gutem Willen, die nicht merkten, wie sehr ihr Tun dem Evangelium Jesu widersprach. Ist die Kirche heute von vornherein gegen all solchen Greuel immun? Woher sollte ich das wissen? Wie sollte man eine solche Immunität beweisen? Mein Gott, hab Erbarmen mit uns armen engen und sündigen Toren, die wir deine Kirche bilden, hab mit denen Erbarmen, die sich deine Stellvertreter nennen (ich finde das Wort, ehrlich gestanden, nicht gut, weil sich Gott doch nicht vertreten lassen kann). Hab Erbarmen mit uns. Ich will nicht zu denen gehören, die die Amtspersonen in der Kirche tadeln und noch mehr als sie dazu beitragen, dass deine Kirche unglaubwürdig erscheint. Ich will noch weniger zu denen gehören, die sich töricht überlegen, ob sie »noch« in der Kirche bleiben wollen. Ich will mich auch immer wieder um helle Augen bemühen, die die Wunder deiner Gnade sehen können, die auch heute in der Kirche sich ereignen. Ich gestehe, dass ich diese Wunder deutlicher bei den Kleinen in der Kirche sehe (bei Andrea z.B., die während ihres Studiums ein Jahr lang umsonst in einem Heim die Wäsche der gestrandeten Jugendlichen wusch) als bei den Großen in der Kirche, denen es doch unvermeidlich meist auch bürgerlich sehr gut geht. Aber vielleicht sind meine Augen trübe, und bin ich affektgeladen gegen »Herrschaft« und »Macht«. Man kann auch legitime Hochgesänge auf die heilige Kirche singen. Sie bekennt ja durch alle Zeiten hindurch deine Gnade und dass du über alles, was außer dir gedacht werden kann, unaussprechlich erhaben bist. Und darum hat sie bis zum Ende der Zeiten eine Existenz, auch wenn ich dann das Reich Gottes erwarte, das auch die Kirche aufhebt. Aber auch ein etwas bitterer Klagesang und ein Flehen, um das Erbarmen Gottes für die Kirche preist diese Kirche und dein Erbarmen.